Thomas Blubacher

Weimar unter Palmen – Pacific Palisades

THOMAS BLUBACHER

WEIMAR UNTER PALMEN – PACIFIC PALISADES

Die Erfindung Hollywoods
und das Erbe des Exils

PIPER

Mehr über unsere Autorinnen, Autoren und Bücher:
www.piper.de

Von Thomas Blubacher liegen im Piper Verlag vor:
Gebrauchsanweisung für Bali
Gebrauchsanweisung für Kreuzfahrten
Gebrauchsanweisung für das Tessin
Weimar unter Palmen – Pacific Palisades

Zur besseren Lesbarkeit wurden Zitate behutsam
der geltenden Rechtschreibung angepasst.
Sprachliche Besonderheiten wurden beibehalten.

Unser Versprechen für mehr Nachhaltigkeit
• Klimaneutrales Produkt
• FSC®-zertifiziertes Papier
• Hergestellt in Deutschland

FSC www.fsc.org MIX Papier aus verantwortungsvollen Quellen FSC® C014496

ISBN 978-3-492-07207-6

Satz: Eberl & Koesel Studio GmbH, Krugzell
Gesetzt aus der Adobe Garamond Pro
Palmenvignette: freepik.com
Litho: Lorenz & Zeller, Inning am Ammersee
Druck und Bindung: GGP Media GmbH, Pößneck
Printed in Germany

Inhalt

Ein wahres Schloss am Meer

Die Luft ist frühlingshafte 22 Grad mild, es riecht nach Bougainvilleen und frisch geschnittenem Gras. Kolibris schwirren durch den blühenden Garten der Villa Aurora. Bei mir zu Hause in Basel zeigt das Thermometer jetzt, im Januar 2002, zehn Grad minus. In New York, wo ich einen Zwischenstopp eingelegt habe, um in der Public Library für mein Projekt zu recherchieren, die erste Biografie der 1935 ins amerikanische Exil gegangenen Geschwister Eleonora und Francesco von Mendelssohn, war es in den letzten Tagen kaum wärmer. Von meinem Fenster blicke ich vorbei an einem schattenspendenden Eukalyptusbaum und zwei hohen, dünnen Palmen, wie sie das bekannte Straßenbild von Los Angeles prägen, auf die Bucht von Santa Monica, deren Lichter nachts funkeln, und auf den spiegelglatten, offenbar wirklich stillen Ozean. Hier, im unmittelbar am Meer gelegenen Stadtteil Pacific Palisades, ist von der berüchtigten dicken Dunstglocke der Stadt der Engel nichts zu sehen.

Die im spanischen Kolonialstil erbaute Villa, in der ich drei Monate lang als *writer-in-residence* wahrlich residieren darf, wirkt unscheinbar vom Paseo Miramar aus, einer Serpentinenstraße, die sich, kurz bevor der Sunset Boulevard auf die Küste stößt, rechter Hand den steilen, von Büschen bewachsenen Hügel hinaufwindet. Von der schmalen Pforte mit der Hausnummer 520 führt eine Treppe hinab zu einem mit Azulejo-Mosaiken versehenen Patio. Erst drinnen und von der Südseite her eröffnet sich die imposante Dimension: 14 Zimmer mit 622 Quadratmetern Wohnfläche, die sich über drei

Etagen erstrecken, auf einem 1765 Quadratmeter großen Grundstück. »Ein wahres Schloss am Meer«,[1] staunte Thomas Mann, und Hermann Kesten bemerkte ironisch: »So sollten Schriftsteller wohnen, [...] mit zwanzig Zimmern, mit 11 Tausend Büchern [...], einem hügeligen Park mit zwei Acres, einer Sekretärin und einer Frau, die kocht, gärtnert, bäckt, chauffiert und dem großen Dichter aufs Ergebenste dient, was für ein Leben.«[2] Jetzt wohne also ich dort, zusammen mit einer kasachischen Komponistin und einem österreichischen Filmemacher, ohne Sekretärin und Frau natürlich, aber der Garten wird von Juan gepflegt, die famose Betty hält unsere Zimmer in Ordnung – die beiden sind aus Mexiko und Guatemala immigriert –, und unter der Woche kümmern sich Joachim und Claudia im Büro um sämtliche Wünsche. In der Tat: Was für ein Leben.

Vor 60 Jahren war die Villa Aurora einer der wichtigsten Treffpunkte europäischer und amerikanischer Intellektueller. Zu Marta und Lion Feuchtwangers Gästen zählten neben Thomas Mann dessen Bruder Heinrich, Bertolt Brecht, Alfred Döblin, Bruno Frank, Franz Werfel mit Gattin Alma Mahler-Werfel, Arnold Schönberg und Kurt Weill, Ludwig Marcuse und Max Horkheimer, Charles Laughton, Peter Lorre, Ingrid Bergman und Charles Chaplin. Jetzt schlafe ich in Lion Feuchtwangers Bett. Der Schreibtisch, an dem ich arbeite, gehörte einst Franz Werfel. Er saß daran, als sein Herz zu schlagen aufhörte und er von seinem Drehsessel auf den Boden sank. Viele Jahre später wurden Werfels Möbel ebenso in die Villa Aurora gebracht wie ein mäßig bequemes Sofa Hanns Eislers. Auf dem Blüthner-Flügel von Ernst Toch spielt meine Mitstipendiatin, deren künstlerische Kompromisslosigkeit von der Presse gerühmt wird, nun unter Ausschluss der Öffentlichkeit, nur für uns, leicht konsumierbare Songs von Mariah Carey, aufmerksam beobachtet von Toch, dessen von Gustav Mahlers Tochter Anna geschaffene Büste auf einem Sims steht. Daneben zeigt eine weiße Schrift auf grünem Grund den Weg ins Exil. Heiner Müller, der 1995 als erster Gast die frisch renovierte Künstlerresidenz sozusagen trockenwohnte, machte mithilfe von Tesafilm aus dem »Exit« des Notausgangzeichens ein »Exil«. Das Exil als Notausgang, der Notausgang ins Exil. Die 34-registrige Unterhaltungsorgel, die erst noch wieder nutzbar gemacht werden wird, stand von Anfang an hier; einst diente ein solches Instrument als Statussymbol wie später ein Swimmingpool. Hanns Eisler intonierte darauf anlässlich von Feuchtwangers Einzug ÜB' IMMER TREU UND REDLICHKEIT.

Auch 22000 Bände aus Feuchtwangers letzter Bibliothek sind in der Villa Aurora geblieben, nur die 8000 wertvollsten Bücher, darunter eine Nürnberger Chronik aus dem Jahr 1493, hat man in der University of Southern California untergebracht. In einer Vitrine werden Feuchtwanger-Memorabilien aufbewahrt: ein Medikamentenfläschchen, ein Brieföffner, Papierscheren, ein Tintenfass, ein Tintenlöscher, eine Lackschatulle, ein kleines Metallkästchen und das Große Bundesverdienstkreuz, mit dem Marta Feuchtwanger 1966 geehrt wurde. Auf einem Zettel kann man in Feuchtwangers Handschrift lesen: »Ich bin ein deutscher Schriftsteller, / Mein Herz schlägt jüdisch, / Mein Denken gehört der Welt.« Doch wie in einem Museum fühlen wir uns in der Villa Aurora keine Sekunde. Nur als wir ein in die Jahre gekommenes Schnapsglas fallen lassen, durchzuckt uns der beschämende Gedanke, dass es mit ziemlicher Sicherheit Marta gehörte und vielleicht schon Einstein oder Brecht daraus getrunken haben.

Ihre Geister lassen uns in Frieden. Die großen Namen, die uns begegnen, sind andere. Pacific Palisades, das mit seinen 27000 Seelen wie eine beschauliche Kleinstadt wirkt, mit drei Supermärkten, sieben Tankstellen, keinem Kino, aber immerhin einer bis spätabends geöffneten Buchhandlung im überschaubaren, bezeichnenderweise »The Village« genannten Zentrum, ist der Wohnort der Reichen und Berühmten. Michael Douglas, Nicole Kidman und Arnold Schwarzenegger sollen hier leben, höre ich, Anthony Hopkins, Sylvester Stallone und Whoopi Goldberg. Tatsächlich sitzt Tom Hanks im Starbucks-Café, wo ich einen Americano trinke, und an der Kasse von Gelson's wartet Steven Spielberg. Aufgrund seiner abgeschiedenen Lage bietet Pacific Palisades ausreichend Privatsphäre. Anders als in Beverly Hills fahren durch die Straßen keine Busse auf *stargazing tour,* mit Neugierigen, die die Palazzi der Prominenz ablichten wollen und aufgeregt in jedem Gärtner eine Celebrity vermuten, auch Paparazzi lauern nur selten auf Beute. Wer hier wohnt, hat ohnehin regelmäßig mit Menschen, die die meisten nur von der Leinwand kennen, zu tun, sei es beruflich, sei es beim Elternabend in der Schule.

In einem Nachbarhaus der Villa, in das wir Stipendiaten eingeladen werden, um dort beim unbezahlbaren Blick über das Lichtermeer von L. A. den von einem mexikanischen Dienstmädchen servierten Kaviar in für uns gleichfalls unbezahlbaren Mengen zu löffeln – ein beinahe surreales Erlebnis –, bemühe ich mich um den sozial erforderlichen Small Talk mit einer jungen Frau, die neben mir auf der Couch lümmelt. Ich lobe die bis hin zum passenden Coffee Table Book konsequent balinesische Einrichtung. Meine Gesprächspartnerin bedankt sich, als hätte ich ihr ein Kompliment gemacht, und tatsächlich zeichnet Constance für das *interior design* verantwortlich. Das alles sei noch ganz neu, viele Häuser würden alle paar Monate anders möbliert und umdekoriert, zurzeit kümmere sie sich um das Anwesen von Sharon Stone. Als ein anderes Mal die Rede auf Tom Cruise kommt, fragt mich Doug, ein arrivierter junger Dramatiker, der gerade an einem Stück über den einst mit Francesco von Mendelssohn befreundeten Pianisten Vladimir Horowitz arbeitet und bei dem ich einige der interessantesten Künstler von L. A. kennenlerne – die meisten links, jüdisch und schwul –, ganz lapidar, ob ich den Megastar treffen möchte: »Shall I call him?« Viel wichtiger ist mir, dass ich Mickey Rooney kennenlernen darf, der vor fast einem Menschenleben, vor 67 Jahren, in Max Reinhardts A MIDSUMMER NIGHT'S DREAM den Puck spielte.

Schon lange vor meiner Ankunft habe ich gelesen, dass Alfred Döblin einst über die »furchtbare Gartenstadt«[3] jammerte und Vicki Baum monierte, man könne nicht zu Fuß unterwegs sein, ohne sich verdächtig zu machen – was Thomas Mann indes nicht vom täglichen Spaziergang durch die Palisades abhielt. Also miete ich einen tomatenroten Mitsubishi, und schon bald habe ich mich nicht nur an den anfangs für mich beängstigenden Verkehr auf den vielspurigen Highways gewöhnt, sondern auch daran, fast täglich Strecken zurückzulegen wie sonst nicht in Wochen. Autofahren ist in Los Angeles eine Lebensform. Den linken Arm aus dem auf Knopfdruck heruntergefahrenen Fenster gelehnt – zu Hause muss ich natürlich noch kurbeln –, im Radio 94.7 The Wave eingestellt, sause ich zu Smooth Jazz den Paseo Miramar hinab und kaufe im Supermarkt Vons an der Ecke von Sunset Boulevard und Pacific Coast Highway rasch ein paar Bagels, Shrimps oder eine Flasche Cabernet Sauvignon, fahre nach Santa Monica, wo ich das Thai-Restaurant mit dem besten Panang Nua der ganzen weiten Welt ausfindig gemacht habe, oder kutschiere gemächlich auf dem mäandernden Sunset Boulevard durch Beverly Hills in Richtung Hollywood und Downtown, um eine Bibliothek aufzusuchen oder ins Theater zu gehen. Gleich in der ersten Woche stolpere ich eher zufällig in eine meine Vorurteile über kommerzielle amerikanische Spielpläne widerlegende Aufführung von MEPHISTO nach Klaus Manns Exilroman, im kleinen Actors' Gang Theater inszeniert vom Hollywoodstar Tim Robbins. Mit Bill Cusack, dem jüngeren Bruder von John und Joan, der die Rolle des Sebastian Bruckner spielt, also quasi Klaus Mann, komme ich in ein langes Gespräch über Deutschland und die Emigration.

Überhaupt erstaunt mich, wie eng verquickt mir die beiden Grundthemen meines Aufenthalts, Hollywood und das Exil, ständig begegnen. Nicht nur als im Garten, auf der großen Terrasse und im Salon der Villa, den wir mittlerweile als unser Wohnzimmer empfinden, die Film- und Kulturszene zusammenkommt, um am Vorabend der Academy-Awards-Vergabe die deutschen Hoffnungen zu feiern. Auf der Steinbank, auf der, wie ein bekanntes Foto dokumentiert, einst Feuchtwanger und Brecht diskutierten, sitzen jetzt Udo Kier und die 68er-Ikone Uschi Obermaier, auf Martas Sofa Jürgen Prochnow und der Muskelberg Ralf Moeller. Apropos Berge: Dass die Lebensgefährtin eines Hollywoodstars, als ich erzähle, ich komme aus der Schweiz, ihre Brüste entblößt, sich rücklings auf dem Teppich rekelt und »Here are the mountains!« ruft, hätte Lion vermutlich amüsiert – seit ich in seinem Bett schlafe, wage ich, ihn zu duzen.

Als Bühnenregisseur brenne ich darauf, mehr über die in Amerika entwickelten Schauspieltechniken zu erfahren, und als Stipendiat der Villa Aurora öffnen sich mir, auch dank der Hilfe von Claudia und Joachim, sonst verschlossene Türen. Der Schauspieler Ron Gilbert, geboren als Ronald Goldstein und, wie könnte es anders sein, Sohn eines jüdischen Emigranten, verschafft mir Zugang zum legendären Actors Studio. Es ist keine Schauspielschule, sondern eine gemeinnützige Organisation, deren Mitglieder, allesamt arrivierte Profis, ihre Fähigkeiten in einer experimentellen Umgebung verfeinern möchten. Vielleicht dreißig, vierzig von ihnen kommen zweimal pro Woche zusammen, um sich Spielszenen ihrer Kolleginnen und Kollegen anzusehen, von denen manche bereits das Greisenalter erreicht, aber ganz offenbar das Bedürfnis, immer besser zu werden, nicht verloren haben, und um die Arbeit im Anschluss zu kommentieren. Typisch amerikanisch sorgt Ron mit Charme und Chuzpe dafür, dass alle mich beachten. Frances Fisher kenne ich aus dem Blockbuster TITANIC als Mutter von Rose, Bruno Kirby aus Filmen wie BIRDY, WHEN HARRY MET SALLY oder CITY SLICKERS und natürlich als Vito Corleones Freund Peter Clemenza in THE GODFATHER PART II. Wo meine Kenntnisse erschöpft sind, hilft Ron mir diskret auf die Sprünge, bei Terry Moore etwa, die schon als junges Mädchen nicht nur mit Shirley Temple und Judy Garland drehte, sondern auch mit Emigranten wie Albert Bassermann, später Filmpartnerin von Burt Lancaster und Fred Astaire war und – nach eigenen Angaben – von 1949 an die geheime Ehefrau von Howard Hughes, was Ron selbstverständlich erwähnt und ihr damit ein Lächeln entlockt.

So fahre ich nun immer mittwochs und freitags in die knapp 30 Kilometer entfernte De Longpre Avenue 8341 zum einstigen Haus des Westernhelden William S. Hart, von dessen großer Bedeutung für die Historie von Pacific Palisades ich freilich noch nichts ahne. Als *foreign observer* darf ich an allen *sessions* teilnehmen, mich aber nicht zu Wort melden. Später werde ich in New York erleben, wie streng das dort von den *moderators* Ellen Burstyn, Lee Grant und Estelle Parsons gehandhabt wird. Hier an der Westküste geht alles deutlich entspannter zu, bei Kaffee und Cookies vor Beginn und in den Pausen ohnehin. Wieder bin ich verblüfft ob des unerwartet großen Interesses an deutscher Kultur, erstaunt vor allem darüber, dass man mich ausgerechnet hier, im Mekka des Method Acting, das den typisch amerikanischen Schauspielrealismus, wie er das Hollywoodkino bis heute prägt, zur Vollendung gebracht hat, auf Bertolt Brecht anspricht und dessen Verfremdungseffekt diskutieren will.

Auch der Oscargewinner Martin Landau interessiert sich dafür. Der Sohn eines aus Österreich eingewanderten Juden, welcher darum kämpfte, seine Verwandten vor der Shoah zu retten, besuchte als junger Schauspieler das Actors Studio in

New York gemeinsam mit James Dean und Steve McQueen, jetzt teilt er sich die Leitung des Studios West mit Mark Rydell, dem Regisseur von Filmen wie ON GOLDEN POND mit Katharine Hepburn und Henry Fonda oder FOR THE BOYS mit Bette Midler. Wie Marty stammt auch Mark von jüdischen Immigranten ab, seine Großväter Abraham Rubinstein und Michael Cohen kamen in den 1880er-Jahren aus Russland nach New York. Vor allem von ihm werde ich in den nächsten Wochen viel lernen.

So allgegenwärtig und groß mir das Thema Emigration in L.A. zu sein scheint, ich schreibe an der Lebensgeschichte zweier Berliner, die in den 1930er-Jahren hierherkamen, und interessiere mich vor allem für die Zeit, in der Pacific Palisades zum »Weimar unter Palmen« wurde, und das im doppelten Sinne: Zwischen den Bergen und der Bucht von Santa Monica versammelten sich einige der wichtigsten Exponenten des Kulturlebens der Weimarer Republik auf ähnlich kleinem Raum wie einst die bedeutenden Geistesgrößen im Weimar der Goethezeit. Mit Marta Feuchtwanger sei 1987 die letzte Repräsentantin des deutschen Exils in Los Angeles gestorben, heißt es gewöhnlich, und sie war tatsächlich die Letzte aus dem engeren erlauchten Kreis ebenjenes sonnenbeschienenen, palmenbeschatteten Weimars. Noch aber scheint dessen Erbe lebendig, und einige Menschen, die Zeugnis von jener Zeit ablegen können und die ich nun kennenlernen darf, sind trotz ihres Alters höchst agil.

Wenige Meter bergauf von meinem temporären Zuhause lebt im Paseo Miramar 540 der fast 90-jährige Konrad Kellen, der einstige Privatsekretär Thomas Manns. Zwei Jahre nur war er für den »Zauberer« tätig, vor nunmehr sechs Jahrzehnten, doch nichts scheint präsenter in seinem Leben als der hochverehrte Autor. »Er schrieb damals jeden Tag von neun bis zwölf am vierten Band des JOSEPH, alles mit der Hand, und gab mir das zur Abschrift«,[4] erinnert sich Kellen und zeigt in seiner Bibliothek stolz eine gerahmte Fotografie des Dichters, gewidmet »Konrad Katzenellenbogen – dankbar für seine Hilfe«.

Als Konrad Moritz Adolf Katzenellenbogen kam er 1913 in Berlin zur Welt. Seine Familie gehörte zum deutsch-jüdischen Großbürgertum; der Vater Ludwig hatte ein Firmenimperium aufgebaut und war unter anderem Generaldirektor der Brauerei Schultheiß-Patzenhofer. In der Stadtvilla und auf dem stattlichen Rittergut in der Nähe von Oranienburg mit dem schönen Namen Freienhagen verkehrte die beste Gesellschaft, Albert Einstein gehörte zur Verwandtschaft. Kunst und Kultur waren selbstverständlicher Bestandteil des Familienalltags. Die Mutter nannte eine bedeutende Sammlung französischer Impressionisten ihr Eigen, der Vater finanzierte das linkspolitische Theater des avantgardistischen Regisseurs Erwin Piscator und heiratete 1930 in zweiter Ehe die Schauspielerin Tilla Durieux, die meistporträtierte Frau ihrer Zeit, die unter anderem von Corinth, Kokoschka, Liebermann, Renoir, Slevogt und Stuck gemalt worden war.

Auf Wunsch des Vaters, der sich erhoffte, dass sein Sohn die Nachfolge in der Firmenleitung antreten werde, begann Konrad in Heidelberg das Studium der Rechte, nach einem Semester wechselte er an die Universität München. Dort hielt der Rektor bei einer Gedenkfeier »eine zündende Rede über die herrliche Schlacht von Langemarck«, die im Herbst 1914 in der deutschen Propaganda zum Mythos jugendlicher Kriegsbegeisterung verklärt wurde. Noch heute merkt man Kellen die Erregung an: »Kaum war er damit fertig, ging zu meiner Überraschung und zu meinem Entsetzen ein ungeheurer Jubel der Studentenschaft los. Und ich sagte mir: Um Gottes willen, hier kann man doch nicht leben, besonders nicht als Rechtsstudent. Hier muss ich weg.« Er übersiedelte nach Paris, hielt sich in Holland und Jugoslawien auf, plante die

Auswanderung nach Indonesien – und emigrierte schließlich nach New York. »Da ich es aber weder zu Geld noch zu Ruhm gebracht habe in New York, bin ich nach Los Angeles gekommen, um mein Glück zu versuchen.«

Durch Erika Mann erfuhr er, dass deren Vater einen Sekretär suchte, und bewarb sich. »Wie viele deutsche Knaben und deutsche Mädchen war ich ein Bewunderer seiner Werke, besonders des Felix Krull.« Thomas Mann fand Gefallen an »Konny«, und so kam dieser ab 1941 täglich zu ihm, tippte jeweils zwei bis drei neue Manuskriptseiten ab und half ihm bei seiner umfangreichen Korrespondenz. Natürlich lernte Konrad auch andere Exilanten wie Bruno Frank, Lion Feuchtwanger oder den Dirigenten Bruno Walter kennen, doch blieb der Kontakt flüchtig: »Die Emigranten waren alles gesetzte Herren, die sich groß über die Zukunft der Welt unterhalten haben, aber ich war in den Zwanzigern und war ein junger Mann.« Die Faszination, die Thomas Mann auf Kellen ausübte, ist noch heute ungebrochen. »Er war eher ein Hörer als ein Erzähler. Das war den Leuten nie klar, die sich mit ihm über die Welt unterhalten wollten. Er hat zwar gerne zugehört, aber er hat selbst keine großen Aussprüche getan. Das hat die Leute immer frustriert, die glaubten, wenn sie mit dem großen Mann sprechen, dann muss er vor Weisheit nur so träufeln in ihre Köpfe. Wenn ihm jemand von einer Reifenpanne erzählt hat, dann hat das Thomas Mann mehr interessiert, als wenn er ihm seine Meinung über Goethe gesagt hat.«

Im August 1943 wurde Kellen, wie sich Katzenellenbogen nach einem kurzen Versuch mit dem Namen Bogen nun nannte, in die Armee eingezogen und diente in einer Propagandaeinheit. »Man musste mich als Soldaten gegen die Festung Europa werfen, um den Krieg zu gewinnen«, scherzt er. Nach Kriegsende als Besatzungsoffizier in Deutschland stationiert, war er an den zunehmend laxer werdenden Entnazifizierungsverfahren beteiligt, später dann in den USA im Staatsdienst tätig. Stets hielt Kellen den Kontakt zu Thomas Mann aufrecht, auch nachdem dieser Pacific Palisades verlassen und sich in Kilchberg am Zürichsee niedergelassen hatte. »Er hat sich in der Schweiz wohlgefühlt, das hat er sich nach dem Kriege in Deutschland nie. Er war enorm von den Deutschen enttäuscht nach dem Kriege. Vor allen Dingen hat ihn erschüttert, dass so furchtbar viele Deutsche keine richtigen Antinazis waren, sondern immer irgendetwas an den Nazis haben gelten lassen. Er hat gesprochen von den ›Menschen mit verjauchten Gehirnen‹. Und diese Sucht der Deutschen, sich zu entschuldigen für den Nazismus und ihn mit reinzuziehen, hat ihn ungeheuer entfremdet von den Deutschen.«

Mit großer Skepsis hat Kellen daher im letzten Jahr Heinrich Breloers viel gelobten Fernsehdreiteiler über die Familie Mann mitsamt den publizistischen Begleiterscheinungen verfolgt, die er »das Gefeiere da« nennt. Breloer hatte unter anderem in der Villa Aurora gedreht und auch Kellen über dessen einstigen Arbeitgeber befragt: »Ich wusste nicht, was die Leute über Mann hören wollen. Eine Weile haben sie ihn geradezu gehasst, jetzt wird er groß gefeiert. Das hätte ihm nicht gefallen. Ich kann nicht für ihn sprechen, aber da bin ich sicher. Die Deutschen wollen Thomas Mann vereinnahmen, aber er war wirklich ein Weltbürger geworden, und deswegen hat er auch in der neutralen Schweiz so gerne gelebt.«

Auch für Kellen selbst kam eine Rückkehr nach Deutschland nie infrage: »Nichts war mir ferner auf dieser ganzen Welt einschließlich dem Mond, als je nach Deutschland zurückzugehen. Das ist für mich eine unvorstellbare Angelegenheit. Das soll nicht heißen, dass ich die Deutschen hasse, aber unter den Deutschen zu leben, das wäre für mich, wie unter den Hottentotten zu leben.« Der höfliche, fast bescheiden wirkende alte Herr sagt das ganz ruhig, ohne sich zu echauffieren, formuliert bewusst, manchmal zögernd. »Es ist schade, dass ich den täglichen Umgang mit meiner Muttersprache verloren habe«, verabschiedet sich, völlig akzentlos, der sportlich wirkende Greis vor seinem flachen, lang gestreckten Haus, in dessen Garten die üppigen Blüten in der kalifornischen Sonne leuchten. »Aber vielleicht könnte ich ja versuchen, etwas auf Deutsch zu schreiben, für eine Schweizer Zeitung?«

Bei einer Veranstaltung in der Villa Aurora komme ich mit Walter Arlen ins Gespräch, geboren 1920 als Walter Aptowitzer in Wien. Nachdem sein Vater 1938 von den Nationalsozialisten festgenommen und in ein Konzentrationslager deportiert, seine Mutter in eine Nervenheilanstalt eingeliefert worden war, wanderte er im März 1939 allein zu Verwandten nach Chicago aus; 1946 konnte er seine Familie in London wiedersehen. Erst arbeitete er in einem Kürschnergeschäft und studierte nebenbei Komposition, 1952 bis 1980 schrieb er Musikkritiken für die *Los Angeles Times,* 1969 gründete er die Musikabteilung der Loyola Marymount University, der er bis 1990 vorstand. Als ich ihn nach den Mendelssohns frage, erinnert er sich an eine Max-Reinhardt-Inszenierung von MARIA STUART mit Eleonora in der Titelrolle, die er knapp 14-jährig im Wiener Theater in der Josefstadt gesehen hat. Viele der Mitwirkenden gingen später wie er ins amerikanische Exil, auch der 24-jährige Darsteller von Maria Stuarts Liebhaber Mortimer, Herbert Berghof, der dann in New York als Schauspiellehrer Weltstars wie Al Pacino, Robert De Niro und Liza Minnelli ausbildete.

Eine Dame Anfang sechzig stellt sich als Barbara Zeisl Schoenberg vor. Die Tochter des 1959 in Los Angeles verstorbenen österreichischen Komponisten Eric(h) Zeisl, eines Spätromantikers, der im Exil Filmkomponist bei Metro-Goldwyn-Mayer in »Schein-Heiligenstadt«,[5] wie er Hollywood doppelbödig bezeichnete, und auf Empfehlung Igor Strawinskys Kompositionslehrer am City College war, und Schwiegertochter des ungleich berühmteren Schöpfers der Zwölftontechnik Arnold Schönberg[6] ist ausgestattet mit einer Mischung aus verblichenem Wiener Charme und unverwüstlichem jüdischem Humor. Promoviert wurde sie mit einer Dissertation über den Kaffeehausliteraten Peter Altenberg; passenderweise lädt sie mich zum Kaffee zu sich ein und nimmt mir auch die Dreistigkeit nicht übel, mit der ich eine selbst gebackene Sachertorte erbitte.

Einige Tage später läute ich in der North Rockingham Avenue 116, der Villa im spanischen Kolonialstil in Brentwood, die Schönberg im Mai 1936 bezog und bis zu seinem Tod 1951 bewohnte. In prominenter Nachbarschaft: In der Straße lebten der Komponist Cole Porter, die Filmstars Tyrone Power, Johnny Weissmuller, Paul Henreid, Bette Davis und Shirley Temple. Letztere, in Nummer 231 zu Hause, verdiente 1938 mit 307014 Dollar etwa 60 mal so viel wie ihr Nachbar Schönberg. Früher seien die Sightseeing-Busse im Schritttempo vorbeigefahren, erzählt Barbara, zu Shirley Temples ehemaligem Anwesen auf der gegenüberliegenden Straßenseite seien es nur wenige Schritte. Seit einigen Jahren aber konzentriere sich das Interesse auf die North Rockingham Avenue 360, obschon das Haus, in dem der des Mordes an seiner Exfrau Nicole angeklagte ehemalige American-Football-Spieler O.J. Simpson wohnte, mittlerweile abgerissen wurde.

Im Haus der Schoenbergs – Barbaras Mann Ronald, der seinem Vater frappant ähnelt, sagt nur kurz Hallo – spürt man noch immer die Aura des berühmten Komponisten. Die Einrichtung im Salon scheint unverändert, auf dem Flügel steht ein Foto, das Schönberg an ebenjenem Instrument zeigt, über dem Sofa hängt ein entsprechendes Bild. Barbara erzählt von ihrem Sohn Randol, der sich als brillanter Anwalt Maria Altmanns, der Nichte und Erbin des 1945 im Schweizer Exil gestorbenen Wiener Zuckerfabrikanten und Kunstsammlers Ferdinand Bloch-Bauer, gerade um die Rückgabe einiger

Klimt-Gemälde bemüht. 2006 werden sie von der Republik Österreich tatsächlich restituiert werden, vier davon werden bei Christie's in New York 192,7 Millionen Dollar einbringen. Das berühmteste, Ferdinands Ehefrau darstellende Bild ADELE BLOCH-BAUER I, die »Goldene Adele«, wird der Unternehmer Ronald Lauder für 135 Millionen Dollar erwerben und Randol Schoenberg laut Presseberichten 40 Prozent des Erlöses erhalten. 2015 wird der Spielfilm WOMAN IN GOLD in die Kinos kommen, mit Helen Mirren als Maria Altmann, Ryan Reynolds als Randol und Frances Fisher, die ich im Actors Studio kennengelernt habe, als Barbara.

Die echte Barbara berichtet mir im Januar 2002 nicht nur sichtlich stolz von ihrem Filius, sie zeigt sich auch an meiner Arbeit interessiert. Als sie hört, Francesco von Mendelssohn habe einige Jahre als Cellist konzertiert, greift sie zum Telefon, ruft eine Freundin aus dem Tennisclub an und kündigt ihr unseren Spontanbesuch an. Auf dem kurzen Weg in den South Bundy Drive 400 erzählt sie mir lediglich, der längst verstorbene Mann ihrer Freundin sei ebenfalls Cellist gewesen, es sei doch möglich, dass diese etwas wisse, das ich für meine Biografie verwenden könnte.

Die Tür wird von einer 90-Jährigen im Overall geöffnet, die augenscheinlich bis eben mit Bildhauerarbeiten in ihrem Atelier beschäftigt gewesen ist, sie zeigt nicht ohne Schaffensstolz einige Skulpturen, abstrahierte Vögel aus Alabaster und völlig Abstraktes aus Carrara-Marmor, dann bittet sie uns in den Salon. Freundlich, aber bestimmt erklärt sie, sie könne mir nicht helfen, sie habe sich nie für den Beruf ihres Mannes interessiert. Der war, so höre ich nun, Gregor Piatigorsky, und ich weiß zwar, dass er zu den bedeutendsten Cellisten des letzten Jahrhunderts zählte, wie eng »Grischa« und »Cecso« befreundet waren, weiß ich aber leider noch nicht, und da ich folglich nicht nachbohre, erfahre ich es an diesem Nachmittag auch nicht. Und doch wird dieser mir unvergesslich bleiben:

Über der alten Dame hängt an der Wand ein Gemälde von Modigliani, und als ich es rühme, fragt sie, ob ich mich für Kunst interessiere: »Vous vous intéressez pour l'art?« – sie parliert ausschließlich französisch mit mir. Als ich, weiß Gott nicht aus Höflichkeit, bejahe, führt sie mich zu Bildern von Chagall, Degas, Manet, Pechstein, Soutine und Toulouse-Lautrec, einer Sammlung von Impressionisten und Expressionisten, um die sie manches Museum beneiden dürfte.

Erst auf der Rückfahrt klärt mich Barbara lachend auf: »Habe ich dir nicht gesagt, dass Jacqueline eine geborene Rothschild ist?« Die Tochter des Bankiers Édouard de Rothschild floh kurz nach Kriegsbeginn mit ihrem Gatten aus Frankreich in die USA, auch sie waren einst in der Villa Aurora regelmäßig zu Gast bei den Feuchtwangers. Ihre von keinem Geringeren als Frank Lloyd Wright umgebaute Villa, in der ich Jacqueline Rebecca Louise de Rothschild Piatigorsky besucht habe, wird nach deren Tod mit 100 Jahren abgerissen werden, und nicht wenige der von mir bewunderten Kunstwerke werden, vom Auktionshaus Christie's nur unzulänglich in einem Storage in Brooklyn gelagert, dem Hurrikan Sandy zum Opfer fallen.

Zur bei Weitem eindrücklichsten Begegnung wird für mich aber jene mit Ann Sommer, die noch ein Jahr älter als Jacqueline Piatigorsky ist, also 91. Die Witwe des 2000 verstorbenen Filmkomponisten Hans Sommer lerne ich ebenfalls bei einer Veranstaltung in der Villa Aurora kennen und besuche sie von da an regelmäßig in ihrem Häuschen im Mount Holyoke Drive 569, genau acht Fahrminuten vom Paseo Miramar entfernt. Auch Ann sitzt noch selbst am Steuer, fährt weit schneller und furchtloser als ich, und jedes Mal bin ich erleichtert, wenn wir heil bei dem chinesischen Lokal ankommen, das sie liebt, weil man für eine Handvoll Dollar vom Buffet schlemmen kann, so viel man möchte. Nach und nach erzählt mir die gebürtige Berlinerin von ihrer Familie, ihrer Flucht, ihren Exilerfahrungen. Für mich ist das mindestens so interessant wie die Lektüre von Marta Feuchtwangers Erinnerungen oder von Thomas Manns Tagebüchern, es ist unmittelbarer und berührt mich mehr. Auch, weil ihre Schwiegertochter Veronika meint, »Moppi«, die seit 1939 nie mehr deutschen Boden betreten hat, habe noch nie so freimütig und ausführlich berichtet.

»Ich war ein High-Society-Girl«,[7] lacht Ann, die in ihrer Jugend von einem heute nur noch schwer vorstellbaren Luxus umgeben war, dem verlorenen Reichtum aber keine Träne nachweint und lediglich eines vermisst: eine großformatige Zeichnung, die Max Liebermann von ihrem Großvater Oscar Huldschinsky angefertigt hatte und die bis zur Emigration 1939 im Salon ihrer Eltern hing. Nicht nur zum Porträtierten hat Ann einen engen Bezug, auch mit dem Maler ist sie um ein paar Ecken verwandt: Seinen ersten Malkasten hatte Liebermann als Kind aus den Händen seines Onkels Ferdinand Reichenheim bekommen, der wiederum Anns Urgroßonkel war. Ihr Großvater zählte zu den wichtigsten Repräsentanten der schlesischen Schwerindustrie in Berlin; das Jahrbuch des Vermögens und Einkommens der Millionäre in Berlin listet ihn 1913 mit einem Vermögen von 27 Millionen Mark auf Rang zwölf der reichsten Einwohner. Oscar Huldschinsky und seine aus der Wiener Bankiersfamilie Brandeis-Weikersheim stammende Frau Ida besaßen neben einer Stadtwohnung eine repräsentative Sommervilla am östlichen Ufer des Wannsees, deren Räume eine Sammlung alter Meister schmückte, Gemälde von Frans Hals, Rembrandt, Rubens, Botticelli, Tiepolo und Sebastiano del Piombo sowie der einzige Raffael in einer deutschen Privatsammlung. Oscars jüngste Tochter Susanne heiratete den Physiker Otto Reichenheim, einen Freund Albert Einsteins und späteren Kollegen von Otto Hahn und Lise Meitner; auch er gehörte zu einer der bekanntesten jüdischen Familien Berlins, die mit vielen anderen einflussreichen Familien verschwägert war. So hatte zum Beispiel seine Cousine Charlotte, im Familienkreis »Tante Lotte Fettgenick« gerufen, 1902 den Bankier Paul von Mendelssohn-Bartholdy geheiratet und ebenfalls eine erlesene Kunstsammlung zusammengetragen, zu der schon um 1910 Werke Pablo Picassos zählten.

Ich horche auf, nicht Picassos wegen, sondern beim Namen Mendelssohn. Ja, auch mit Eleonora und Francesco habe sie verkehrt, erzählt Ann, und sie sei mit Anthony Goldschmidt befreundet, der als Kind Francesco bei seinem Großvater Jakob Goldschmidt erlebt habe und inzwischen ein »ganz kolossal erfolgreicher Filmproducer« sei. Ich müsse Anthony unbedingt treffen, der kenne »eine ganz reizende Anekdote«[8] …

Otto und Susanne Reichenheim, Anns Eltern, lebten verglichen mit den Mendelssohns oder Anns Großvater Oscar Huldschinsky bescheiden, doch auch in ihrem Haushalt sorgten eine Köchin und ein Küchenmädchen, zwei Dienstmädchen und eine Kammerjungfer, ein Gärtner und ein Chauffeur für ein angenehmes Leben; gab man größere Gesellschaften, lieh man sich Diener von Huldschinsky aus. Um die 1910 geborene Anna-Susanne warben mehrere Millionärssöhne, doch zum Entsetzen ihres Großvaters verliebte sie sich in den Pianisten, Komponisten und Dirigenten Hans Sommer, dessen Jazzmusik sie schon als 14-jähriger Backfisch mit Begeisterung im Radio gelauscht hatte. »Manche Leute heiraten ihren Kutscher«,[9] soll der standesstolze Huldschinsky, der sogar den ihm vom Kaiser offerierten Adelstitel abgelehnt hatte, angesichts dieser Mesalliance mit einem Künstler, der noch dazu kein Jude, sondern ein »Goj« war, ausgerufen und seiner Enkelin mit Enterbung gedroht haben. Gut fünf Wochen nach dem Tod ihres Großvaters heiratete Anna-Susanne 1931 den von ihm als »Gaukler« beschimpften Hans

Sommer. Von 1933 an war er vorwiegend für den Film tätig; bis heute am bekanntesten ist JAWOHL, MEINE HERR'N, ein übermütiges Lied, das Hans Albers und Heinz Rühmann 1937 in der Kriminalfilmparodie DER MANN, DER SHERLOCK HOLMES WAR singen und das zum veritablen Schellack-Hit wurde. Um weiterhin im Reich arbeiten zu können, war er, nachdem er »den Nachweis der arischen Abstammung bis zu den Großeltern ordnungsgemäß«[10] erbracht hatte, der Reichsfachschaft Film beigetreten.

Im Dezember 1937 wurde Sommer während einer laufenden Theatervorstellung verhaftet und zur Gestapozentrale in der Wilhelmstraße gebracht. Er sollte eine Erklärung unterzeichnen, dass er sich von seiner jüdischen Frau scheiden lasse – dass sie überhaupt jüdisch war, war Anna-Susanne bis zur Machtübergabe an die Nazis kaum bewusst gewesen, noch nie hatte sie eine Synagoge besucht. Da für Sommer eine Trennung nicht infrage kam, wurde er im Januar 1938 aus der Reichsmusikkammer ausgeschlossen; als »jüdisch Versippter« besaß er gemäß Paragraf 10 der I. Durchführungsverordnung zum Reichskulturkammergesetz vom 1. November 1933 nicht »die erforderliche Eignung im Sinne der nationalsozialistischen Staatsführung«.[11] Doch ein halbes Jahr später erteilte ihm Joseph Goebbels, der wie Hermann Göring und Adolf Hitler insbesondere von einem Marsch begeistert war, den Sommer für den Film KINDERARZT DR. ENGEL geschaffen hatte, eine »jederzeit widerrufliche Sondergenehmigung«,[12] weil er sich die Komposition von »Kindermärschen« wünschte.

In der Pogromnacht vom 9. auf den 10. November 1938 wurde Anna-Susannes Onkel Paul Huldschinsky, der im Jahr zuvor in die USA emigriert, aber wieder nach Berlin zurückgekehrt war, um seine Familie abzuholen, in einem Hotel festgenommen und ins KZ Oranienburg verschleppt. Dank einflussreicher Kontakte konnte Hans Sommer seine Freilassung erwirken und erwartete ihn am 22. November persönlich am

Lagertor. Paul Huldschinsky, seine Frau, deren Tochter aus erster Ehe und die gemeinsame Tochter bestiegen in Hamburg die *SS President Roosevelt* und fuhren nach New York.

Hans Sommer, der natürlich um die Gefährdung seiner jüdischen Frau und des 1935 geborenen Sohnes Michael, laut den »Nürnberger Rassegesetzen« »Mischling 1. Grades«, wusste, forcierte nun die Auswanderung seiner kleinen Familie. Mit guten Beziehungen zu Bekannten, die er selbst als »Gangsterbande« bezeichnete, und mit 15 000 Reichsmark gelang es ihm am 9. Januar 1939, Reisepässe zu besorgen. Als kurz vor der geplanten Abfahrt der Telefonanruf einer früheren Geliebten von Hans, die nun mit einem hohen SS-Würdenträger liiert war, die Sommers vor der unmittelbar bevorstehenden Verhaftung warnte, verließen sie ihr Berliner Zuhause fluchtartig. Die Lichter ließen sie brennen, die Nachbarn sollten glaubten, sie seien noch daheim. Durch Vermittlung von Freunden hatten sie ein einmonatiges Visum für Dänemark erhalten. Harry Warner, einer der vier Warner-Brüder, und Louis B. Mayer von Metro-Goldwyn-Mayer (MGM) hatten Affidavits für die USA ausgestellt. Am 10. Februar 1939 schiffte sich die Familie in Kopenhagen auf der *SS Erria* ein, über Jamaica und durch den Panamakanal ging die Fahrt nach Los Angeles, wo der Ocean-Liner am 18. März anlegte. Beachtliche 38 Koffer hatten sie mitgenommen, und Ann erzählt, die Amerikaner hätten sich kringelig gelacht, als sie ihr aufgesticktes Monogramm auf der Bettwäsche gesehen hätten: ASS. Anna-Susanne Sommers Mutter Susanne Reichenheim starb noch im Februar 1939 an einer Lungenentzündung, der Vater überlebte die Shoah in England, die vier Geschwister gingen ins Exil nach Brasilien, England und in die Schweiz.

Zunächst kamen die Sommers bei Paul Huldschinsky im Rodeo Drive 310 in Beverly Hills unter. Hans wurde in den Warner-Studios von Harry Warner persönlich empfangen, der nicht nur mit Interesse Anna-Susannes Pass mit dem eingefügten Namen »Sara« begutachtete, sondern ihrem Mann einen Fünfjahresvertrag mit einer Wochengage von 100 Dollar anbot. Da sie aber nur befristete Besuchervisa besaßen, mussten sie noch einmal ausreisen. Wie fast alle in dieser Lage fuhren die Sommers nach Mexiko und harrten in Nogales an der Grenze zu Arizona aus, wo Hans sich und seine Familie als Barmusiker durchbrachte. Trotz der Unterstützung durch Warner Bros. und MGM erhielten sie abermals nur *visitor visa,* reisten damit am 12. Juni beim texanischen El Paso wieder in die USA ein, wohnten vorübergehend bei Paul Huldschinsky, der inzwischen in die Via Florence 370 in Pacific Palisades gezogen war, und kehrten kurz darauf nach Mexiko zurück, abermals in der Hoffnung, die USA endlich als legale Einwanderer mit *quota visa* betreten zu können. Diesmal brachte man sie ins 85 Kilometer südlich von Mexico City gelegene Cuernavaca, wo sich in der Pension Mueller Juden und Nazis beim gemeinsamen Frühstück, Mittag- und Abendessen die Hand reichten.

Ich merke, wie schwer es Ann fällt, von diesen gut anderthalb Jahren in Mexiko zu erzählen, erfahre nur, dass ihr Mann lebensbedrohlich an Ruhr erkrankte, sie selbst an einer Gehirnhautentzündung, beinahe sei sie erblindet.

Am 31. Mai 1941 konnten die Sommers in Mexico City endlich ein Flugzeug nach Los Angeles besteigen und sich dauerhaft dort niederlassen. Zunächst lebten sie erneut bei Paul Huldschinsky, der zu dieser Zeit mit Thomas Mann die Inneneinrichtung von dessen geplantem Neubau im San Remo Drive besprach, dann fanden sie ein kleines Haus in der Cheremoya Avenue 2271 in Hollywood. Mit dem Kriegseintritt der Vereinigten Staaten am 8. Dezember 1941 wurden sie wie alle Deutschen über 14 Jahren zu *enemy aliens,* feindlichen Ausländern. Jeden Abend mussten sie von acht Uhr an zu Hause sein und durften sich nur noch in einem Fünfmeilenradius um ihre Wohnung bewegen. Zwar konnte Hans Sommer für die Warner-Studios in Burbank arbeiten, aber nie mehr an seine Erfolge in Deutschland anknüpfen; unzählige Komponisten, darunter viele Emigranten, konkurrierten um die Aufträge. Später schrieb er die Musik zu Douglas Sirks 1950 gedrehtem Drama THE FIRST LEGION, 1954 dirigierte er Bronisław Kapers Musik für das Filmmusical LILI, die er arrangiert und teilweise mitkomponiert hatte und die mit einem Oscar ausgezeichnet wurde.

Hans Sommer beantragte in der Bundesrepublik Wiedergutmachungszahlungen für sich, nicht aber für seine Frau Ann, wie sie sich nun amerikanisiert nannte. Teils aus Stolz, weil er der Ernährer der Familie sein wollte, teils, weil er zeit seines Lebens unter der Verfolgungserfahrung litt, mit deutschen Behörden möglichst wenig zu tun haben und schon gar nicht auf Anns jüdische Abkunft verweisen wollte – so zumindest erzählt es mir Ann. Erst 1979 habe es Hans Sommer gewagt, bei der GEMA eine vollständige Liste seiner in Deutschland noch immer gespielten Musikstücke einzureichen, um die ihm zustehenden Tantiemen zu erhalten, doch habe man ihn mit der Anerkennung von lediglich zwei Titeln abgespeist. Als sie selbst, die als Immobilienmaklerin den Lebensunterhalt für die finanzielle Not leidende Familie verdient habe, endlich von Gesetzes wegen auch ohne Einwilligung des Ehemannes ihre Ansprüche hätte geltend machen können, sei die Einklagefrist für Reparationen bereits abgelaufen gewesen. Auf meine Frage, wie sie die schwere Zeit der Emigration habe überstehen können, lächelt Ann: »Ich bin als Kind so geliebt und so mit von Herzen ausgesuchten Geschenken überschüttet worden, dass es mir Kraft für mein ganzes Leben gab.«

Ich bleibe mit Ann, der letzten Bewohnerin von Pacific Palisades, die noch aus eigenem Erleben vom »nervösen Schrecken der Heimatlosigkeit« und vom »Herzasthma des

Exils«[13] berichten kann, wie das Thomas Mann formulierte, auch nach meiner Zeit in der Villa Aurora in Kontakt; schon ein Jahr später, als ich für eine Theaterregie nach Los Angeles zurückkehre, sehe ich sie wieder.

Das letzte Mal besuche ich Ann, die 2009 unverschuldet Opfer eines Verkehrsunfalls werden wird, am 25. Februar 2007 – das Datum kann ich im Rückblick mühelos eruieren, denn wir feiern unsere kleine, private Oscarparty. Tags zuvor war ich auf dem traditionellen Empfang für die deutschen Nominierten in der Villa Aurora, ein wenig wehmütig, fünf Jahre nach meinem Stipendium. Nun sitzen die bald 97-Jährige und ich in ihrem altersschwachen Häuschen in Pacific Palisades nebeneinander auf dem Sofa, trinken Sekt, essen Canapés und verfolgen die viele Stunden dauernde Liveübertragung der Zeremonie. Ich finde alles schrecklich glamourös, Ann scheint enttäuscht: »Früher waren die Kleider schöner.« Über Hollywood und seine Stars haben wir nie gesprochen, jetzt erzählt sie während der nicht gerade raren Werbeunterbrechungen, wen sie in den 1940er-Jahren alles kennengelernt hat, schwärmt von Greta Garbo, vom MGM-Chefkostümbildner Gilbert A. Adrian und dessen eleganten Kreationen – und von der Oscarverleihung 1945, die sie in Grauman's Chinese Theatre miterlebt hat. »Onkel Paul bekam einen Academy Award für die Bauten zu George Cukors GASLIGHT mit Ingrid Bergman. Und als er gefragt wurde, woher er die brillante Idee für die Einrichtung genommen habe, da hat er geantwortet: ›Ich habe den Set ganz einfach so eingerichtet, wie wir zu Hause in Berlin gelebt haben.‹«

Fritz springt von der Klippe, die Sioux tanzen, und Christus kehrt auf die Erde zurück

Fritz, so hieß die erste Berühmtheit, die sich 1911 in Pacific Palisades niederließ, oder vielmehr auf jenem Gelände, über das sich später der Ort erstrecken sollte. Wie nach ihm noch viele vereinte Fritz Lichtspielkunst und Literatur, war er doch nicht nur der erste dort ansässige Filmstar, sondern auch der allererste Autor. 1922, im Gründungsjahr von Pacific Palisades, veröffentlichte er seine Erinnerungen: Told Under A White Oak Tree. Dass ein Ghostwriter den 51 Seiten schmalen, in Boston verlegten und für einen Dollar feilgebotenen Band verfasst hatte, war und ist bei Starmemoiren durchaus üblich, niemand erwartet, dass Sportler oder Reality-TV-Promis ihre eigenen Bücher schreiben. Im Fall von Fritz allerdings war es unvermeidbar, stand er doch erst im 15. Lebensjahr, vor allem aber war er ein Pferd, genauer gesagt ein trotz seines deutschen Namens aus Nevada stammendes Pinto-Pony. Natürlich nicht irgendein Pferd, sondern das berühmteste seiner Zeit, das erste, das im Filmvorspann als Co-Star seines Reiters William S. Hart[1] genannt wurde, und vermutlich das einzige, das Fanpost bekam, welcher die Bewunderer nicht selten Zuckerwürfel beilegten. Berühmt war Fritz nicht nur für sein besonders schön geschecktes Fell, braun mit weißem Maul, einem weißen Streifen auf beiden Seiten der Flanke und weißen Vorder- wie Hinterbeinen, sondern auch dafür, dass er sämtliche Stunts selbst ausführte, in reißende Flüsse, durch Glasfenster und über Feuer sprang. Mit einer einzigen

Ausnahme, einem Klippensprung in seinem letzten Streifen SINGER JIM MCKEE, der 1924 auf die Leinwand kam: In fünfwöchiger Arbeit baute man eine lebensechte Puppe, die man am Rand einer Klippe mithilfe von Klavierdrähten in aufrechter Haltung positionierte. Der Hauptdarsteller bestieg sie, die Drähte wurden durchgeschnitten, Dummy und Reiter, der sich abrollen konnte und nur einige Kratzer davontrug, stürzten den Abhang hinunter.

Als Fritz in den Santa Ynez Canyon kam, war sein Herr und Meister noch nicht der zum Westernhelden auf- oder vielleicht auch abgestiegene einstige Shakespeare-Mime William S. Hart, das Tier gehörte dem Filmproduzenten Thomas Harper Ince.[2] Auch der nach eigenen Angaben 1882, tatsächlich aber 1880 geborene Ince begann seine Karriere auf den weltbedeutenden Brettern und trat, wie es sich damals für das Kind einer Bühnenschauspielerin und ihres Kollegen beinahe gehörte, schon als Sechsjähriger erstmals auf. Nach ein paar Jahren in umherreisenden Truppen, man könnte auch sagen bei der Schmiere, debütierte er noch als Teenager am New Yorker Broadway, 1908 stand er das erste Mal als Darsteller vor einer Kamera. Während das europäische Filmgeschäft, 13 Jahre nachdem die ersten bewegten Bilder das Publikum fasziniert hatten, eine erste Krise durchlitt, weil die Besucherzahlen stark zurückgingen, expandierte die Filmindustrie in den USA immer weiter, ja, sie explodierte förmlich. Unersättlich gierten die Menschen nach neuen Leinwandabenteuern.

Die Chance, hinter die Kamera zu wechseln, erhielt Thomas H. Ince 1911 von einem Schwaben. Der gebürtige Laupheimer Carl Laemmle war 1884 als mittelloser 17-Jähriger nach Amerika ausgewandert, sollte 1912 die Universal Film Manufacturing Company gründen, aus der dann mit Universal Pictures eine der größten Filmfirmen der Welt hervorging, 1915 auf dem Gelände einer alten Hühnerfarm südlich des Los

Angeles River die Universal City Studios eröffnen und zwei Jahrzehnte später rund 300 im »Dritten Reich« Verfolgten die Flucht in die USA ermöglichen – einige strandeten in Pacific Palisades. 1911 aber, als der ehrgeizige Ince ihm begegnete, leitete Laemmle noch die zwei Jahre zuvor ins Leben gerufene Independent Motion Pictures Company. Sie war zwar in New York ansässig, drehte ihre Filme aber größtenteils auf Kuba, das außer Reichweite der Motion Pictures Patent Company lag. Der Edison Trust, wie man die Firma nannte, die 1908 auf Initiative der bis aufs Jahr 1894 zurückreichenden Edison Manufacturing Company und der im Jahr darauf gegründeten Biograph Company entstanden war, verfügte über Thomas Alva Edisons Patente und scheute sich nicht, gegen Konkurrenten mithilfe organisierter Schlägertrupps vorzugehen, die, von der Polizei gedeckt, Kinos demolierten, nicht lizenzierte Kameras beschlagnahmten oder zertrümmerten und dabei auch die Filmteams nicht verschonten, bis der Oberste Gerichtshof der Vereinigten Staaten 1912 das Patent auf Rohfilme und 1915 auch alle übrigen Patente des Unternehmens aufhob.

So führte Ince zunächst im formell souveränen, tatsächlich aber von den USA abhängigen Inselstaat Kuba Regie, unter anderem bei einem Kurzfilm mit »America's Sweetheart« Mary Pickford, die gerade zur beliebtesten Darstellerin ihrer Zeit avancierte. Noch 1911 wechselte er zur New York Motion Picture Company, für die er Western realisieren sollte – in Los Angeles. Die Pazifikküste schien ebenfalls ausreichend weit von den brancheninternen Kämpfen in New York entfernt, dort zu drehen war günstiger, vor allem aber einfacher: Wegen des noch sehr lichtschwachen Filmmaterials war man auf die Sonne angewiesen, die nun mal in Kalifornien deutlich intensiver scheint als an der Ostküste. Es gab billiges Bauland, genügend Arbeitskräfte, und unterschiedlichste Landschaften von Wüsten bis zu Schneebergen ließen sich ohne Probleme erreichen. Allein 1911 übersiedelten 16 Unternehmen vom Hudson in den »Stechpalmenwald«, so die wörtliche Übersetzung von Hollywood, einem 500 Seelen zählenden Kaff, das 1910 von Los Angeles eingemeindet worden war und innerhalb weniger Jahre zur unangefochtenen Traumfabrik der Nation aufstieg. Schon bald meinte man mit Hollywood nicht mehr allein den geografischen Ort, der Name wurde zum Symbol für eine ganze Industrie. In den 1930er-Jahren, als 60 Prozent aller kalifornischen Streifen in Culver City entstanden, propagierte dessen Handelskammer den Slogan: »Culver City, where Hollywood Movies are made.«[3]

Nach einem kurzen Intermezzo in den firmeneigenen Bison Studios im damals eigenständigen Stadtteil Edendale – längst gehört dessen Areal zu Echo Park und Silver Lake – pachtete Thomas H. Ince noch im selben Jahr 1,9 Quadratkilometer Land unweit der Stelle, wo heute der Sunset Boulevard auf den Pacific Coast Highway trifft, und taufte es Bison Ranch. Die Lage schien wegen der Fülle unterschiedlichster Motive, des unmittelbaren Nebeneinanders von Pazifik und feinem Sandstrand, hoher, schroffer Klippen, einer fotogenen Hügellandschaft und den Ausläufern der Santa Monica Mountains geeignet, auch wenn die Verkehrsverbindung ins Stadtzentrum nicht die beste war. Keine zwei Kilometer von der neuen Bison Ranch entfernt hatte man 1894 südlich des Potrero Canyons den Long Wharf eröffnet, den damals längsten Pier der Welt, der 1400 Meter weit ins Meer ragte und als Fracht- und Passagierhafen von Los Angeles diente, allerdings durch den 1907 gegründeten, wesentlich größeren Hafen in San Pedro an Bedeutung verloren hatte; 1920 wurde er abgerissen. Eine seit 1908 elektrifizierte Straßenbahnlinie bediente den Hafen, führte durch einen 100 Meter langen Tunnel hinauf zur Kreuzung von Ocean Avenue und Colorado Avenue in Santa Monica, wo sie an die Santa Monica Air Line ins Zentrum von Los Angeles angebunden war, und verkehrte zwischen 6:35 Uhr morgens und 22:40 Uhr abends. Wer nicht wie viele Handwerker ohnehin auf dem Gelände wohnte, aber auch kein Auto besaß, und zu jenen Glücklichen gehörten die wenigsten, musste also mit einem dieser sogenannten Red Cars zum Long Wharf fahren und den Rest des Weges zu Fuß oder auf dem Pferd bewältigen, falls er nicht von einem der Studioautos abgeholt wurde.

Ince ließ Werkstätten und Garderoben errichten, vor allem aber die Kulissen einer kompletten Westernstadt. Auch Innenszenen wurden in jenen Jahren mangels leistungsfähiger Scheinwerfer im Freien aufgenommen: Auf einem Holzpodest baute man zwei, selten drei Seitenwände auf, oftmals auch nur einen Rücksetzer. Manchmal ermöglichten Rollen, den Set dem sich verändernden Stand der Sonne anzupassen. Wenn der Wind durch den angeblich geschlossenen Raum wehte und Tischdecken und Kleider zum Flattern brachte oder Insekten um die Darsteller schwirrten, störte das niemanden. Immerhin konnte man sich darauf verlassen, dass selbst im Januar die Temperatur kaum einmal unter acht Grad sank, während an der Ostküste, wo an kalten Tagen die Atemluft sichtbar wurde, die Darsteller, um das zu kaschieren, die ganze Szene hindurch rauchen mussten, und man ihre Kolleginnen anwies, den Mund zu halten. Erst allmählich setzten sich gläserne Aufnahmeateliers durch.

Völlig in Sicherheit vor der Motion Pictures Patent Company war man auch in Kalifornien nicht. Angeblich war es Ince, der dort einen der letzten Kämpfe gegen die Monopolisten ausfocht: Einer modernen Legende nach soll er, als eine Schlägertruppe des Trusts die Küstenstraße in Richtung des Filmgeländes heraufkam, mit einigen Kanonen, die er in einem Bürgerkriegsfilm verwendet hatte, das Feuer eröffnet, die Männer in die Flucht geschlagen und so die Zukunft Hollywoods gerettet haben. Se non è vero …

Neue Standards in der Annäherung an Authentizität setzte

Ince, indem er noch während der Bauarbeiten die winters im neun Kilometer südöstlich gelegenen Venice einquartierte »Miller Brothers' 101 Ranch Real Wild West Show« anheuerte, mit 150 Cowboys und Cowgirls, Pferden, darunter auch Fritz, Bisons, Kühen und nicht zuletzt einem 100-köpfigen Stamm der Lakȟóta, die auf dem Gelände ihre Tipis aufstellten. »Als ich sie übernahm, musste ich ein Abkommen mit dem Commissioner of Indian Affairs in Washington unterschreiben, wonach die Indianer Schulunterricht erhalten sollten. Außerdem musste ich die volle Verantwortung für ihr Wohlergehen und ihre Versorgung übernehmen. Bald wurde mir bewusst, was ich da freiwillig auf meine Schultern geladen hatte, denn sie waren schwer zu handhaben. Sie waren stur und nicht kommunikativ und hatten eine starke Abneigung, etwas zu machen, wozu sie gerade keine Lust hatten. Sie waren friedlich und faulenzten lieber, als das zu tun, was die Filme erforderten«, erinnerte sich Ince einige Jahre später. »Ihre Wut derart zu erregen, dass ihre Attacken auf die Feinde realistisch wirkten, war eine der härtesten Aufgaben meiner ganzen Filmkarriere.«[4]

Schon im Jahr darauf konnte Ince das Gelände erwerben und nach dem Erfolg des Westerns War on the Plains durch die Pacht weiterer 73 Quadratkilometer ergänzen, die sich durch den Santa Ynez Canyon gut zwölf Kilometer in die Santa Monica Mountains erstreckten. In Custer's Last Fight, inszeniert vom auch als Schauspieler aktiven Francis Ford, dem älteren Bruder John Fords, des späteren Rekordpreisträgers unter den Regisseuren der Oscargeschichte, stellten mehr als 1000 weiße Kleindarsteller und ebenso viele Sioux die Schlacht am Little Bighorn vom 25. Juni 1876 nach. Anders als heute empfand man Western in den 1910er-Jahren keineswegs als Historienfilme; die Erinnerung eines Großteils des Kinopublikums an die Pionierzeit, deren angeblich wildes und gesetzloses Leben freilich oft verklärt und romantisiert wurde, war höchst lebendig. Schließlich hatte das berüchtigte Massaker der US-Armee an über 300 Lakȟóta am Wounded Knee, das symbolisch das Ende des »Wilden Westens« markiert, erst im Dezember 1890 stattgefunden. Der berühmte Chiricahua-Apache Geronimo, eigentlich Goyaałé, »der Gähnende«, der 1837 als Achtjähriger hatte miterleben müssen, wie der weiße Händler James Johnson 400 Apachen abschlachtete und skalpierte und durch seinen bis 1886 andauernden Kampf gegen die Weißen amerikanische Geschichte schrieb, war 1909 in die ewigen Jagdgründe entschwebt, und der nicht nur durch die Schießerei am O. K. Corral nahe der Stadt Tombstone im Jahr 1881 legendäre Revolverheld, Büffeljäger, Glücksspieler und Gesetzeshüter Wyatt Earp lebte sogar noch bis 1929.

Hatte Ince anfangs pro Woche ein *two reel picture* hergestellt – eine Filmrolle entsprach 305 Metern und damit einer Laufzeit von ungefähr 15 Minuten –, steigerte er die Produktion bald auf zwei, schließlich drei Halbstundenfilme wöchentlich. Dass die Streifen parallel gedreht und geschnitten wurden, bedeutete, dass ein Darsteller wie Francis Ford morgens als Häuptling für den einen, nachmittags in der Maske Abraham Lincolns für einen anderen Streifen vor der Kamera agierte, vor allem aber bedurfte es einer sorgfältigen Organisation. War es üblich gewesen, dass der Regisseur die Crew versammelt und man aufgrund einer groben Grundidee die Handlung improvisiert hatte, forderte Ince nun Skripts mit detaillierten Informationen über jede Szene, die mitwirkenden Figuren, erforderlichen Kulissen und Requisiten, die eine penible Vorbereitung ermöglichten. Die Produktion sollte wie am Fließband ablaufen – übrigens machte ein anderer Ford, der Automobilhersteller namens Henry, der 1913 in seinen Fertigungshallen zum ersten Mal ein Fließband laufen ließ, gemeinsam mit Thomas Alva Edison den Studios seine Aufwartung. Natürlich verzögerte jeder unerwartete Zwischenfall die Arbeiten und verursachte damit hohe Kosten, etwa im April 1915 die Unachtsamkeit eines Requisiteurs, der 50 Kilogramm Reis, den man für eine Hochzeitsszene im Film THE ITALIAN erworben hatte, über Nacht im Freien lagerte, wo heftiger Regen ihn aufquellen ließ und unbrauchbar machte. THE ITALIAN war ein *five-reeler:* Mittlerweile produzierte man sogenannte *feature films,* wie Langfilme von mindestens 70 Minuten Länge genannt wurden, die im Kino dann die Hauptattraktion der Vorstellung bildeten, flankiert von einem *short,* einem Kurzfilm, einem Cartoon, einem *travelogue film,* einer kurzen Reisedokumentation, oder einem *newsreel,* der wöchentlich neu produzierten Zusammenstellung von Filmberichten über politische, gesellschaftliche, sportliche und kulturelle Ereignisse.

Inces nachhaltigste Tat war, dass er eine Reihe heute selbstverständlicher Hierarchien und Abläufe bei der Filmproduktion etablierte. Selbst als Schauspieler vor und in den verschiedensten Funktionen hinter der Kamera erfahren, verteilte er die Aufgaben von Drehbuchautor, Regisseur und Cutter, die bis dahin in einer Hand gelegen hatten, auf mehrere Personen und definierte die Rolle des Produzenten neu: Dieser besaß die absolute Kontrolle über den Film von der Vorbereitung bis zum fertigen Produkt; noch heute wird in Hollywood nur wenigen einflussreichen Regisseuren das Recht auf den Final Cut, die endgültige Schnittfassung, vertraglich zugestanden. Ince kümmerte sich um jedes noch so kleine Detail, formulierte sogar die Zwischentitel seiner Stummfilme, bestimmte deren Schrifttype und Anordnung. Zahlreiche Presseartikel würdigten diese Arbeitswut, und der publicityversessene Ince, der das Image eines von früh bis spät unermüdlich aktiven Workaholics pflegte, der »wie ein Wirbelwind«[5] arbeitet, informierte die Öffentlichkeit nur zu gerne darüber, dass er seine Mittagspause von fünf auf drei Minuten habe reduzieren können, weil er auf ein belegtes Brot verzichte und sich mit einem Glas Milch bescheide. Um Zeit zu sparen, ritt er sogar zu den verschiedenen Sets auf dem riesigen Gelände und führte mitunter vom Sattel aus Regie, oftmals begleitet von seiner Ehefrau Elinor, die trotz der 1909, 1912 und 1915 geborenen Söhne des Paares aktiv in der Leitung des Studios mitarbeitete. 1913 erfand Ince, der allein in diesem Jahr 150 Filme fertigstellte, die Funktion des Unit Production Managers, des Filmproduktionsleiters, der die Koordination aller organisatorischen, finanziellen und technischen Details zu überwachen hatte – natürlich nach den Anweisungen und unter der Kontrolle des Produzenten.

Der klein gewachsene und deshalb mit dem Spitznamen »Napoleon von Inceville« bedachte Ince, offiziell Vizepräsident der New York Motion Picture Company und General Manager einer Produktionsgruppe, zu der Broncho Pictures, Domino Pictures und Kay-Bee Pictures gehörten, gilt heute als der erste eigentliche Filmtycoon. Inceville war der Prototyp aller modernen Hollywoodstudios und, so rühmte man sich zumindest, das größte Studio der Welt. Auf seinem Zenit lebten dort dauerhaft 700 Personen, darunter verschiedene Stämme der Sioux und der Blackfeet, die Regierung hatte eine eigene Poststelle bewilligt, und es wurde ernsthaft erwogen, Inceville zu einer eigenständigen Gemeinde zu erheben. Es gab 300 Garderoben, luxuriöse Bungalows für die Stars, einfachere Unterkünfte für die weißen Arbeiter und Zeltstädte für die nicht immer gut behandelten Indigenen, eine Kantine, die die bis zu 1000 Angestellten verköstigte, ein Schwimmbad, Ställe für 300 Pferde, zeitweise auch für Elefanten und Kamele, Gehege für Bisons und Rinder, einen umfangreichen Fuhrpark mit Planwagen und Kutschen, aber auch den neuesten Ford-Automobilen, Anbauflächen für Gemüse sowie ein Treibhaus, zudem riesige Lagerräume für Kulissen und Requisiten, einen Kostümfundus, Produktionsbüros, Werkstätten, die vom Türschlüssel bis zum Königsschloss alles herstellen konnten, was für Dreharbeiten benötigt wurde, und acht Glasateliers.

Im Lauf der Jahre mehrten sich vor allem die Außensets: Man baute einen Leuchtturm und eine Puritanersiedlung, wie es sie Mitte des 17. Jahrhunderts in Neuengland gegeben hatte, eine Missionsstation, eine hölzerne Kirche, ein komplettes Fort, einen orientalischen Basar, ein malaiisches, ein schottisches und ein holländisches Dorf samt Windmühle und Kanal, Straßenzüge aus London und New York, Schweizer Chalets und 1915 für den Film THE CAPTIVE GOD einen Aztekentempel; vor der Küste ankerte ein nachgebautes Piratenschiff. Auch ein japanisches Dorf entstand: Ende 1913 engagierte Ince die in Kalifornien lebende japanische Schauspielerin Tsuru Aoki und ihren Bühnenpartner Sessue Hayakawa für eine Reihe von Filmen, deren Beliebtheit beim Publikum noch stieg, als sich die Filmpartner auch im wahren Leben verliebten und 1914 heirateten. Statisten für die in Nippon handelnden Filme konnte er ohne größeren Aufwand rekrutieren, gab es doch ganz in der Nähe ein kleines, von 300 japanischen Familien und einigen wenigen Russen besiedeltes Fischerdorf zwischen dem Long Wharf am Ende des Potrero Canyons und dem Ende des Temescal Canyons – dort, wo sich heute der Will Rogers Beach State Park befindet –, bis es 1916 durch einen Brand zerstört wurde. Die meisten ehemaligen Bewohner, die ihren Lebensunterhalt mit dem täglichen Fang in der Santa Monica Bay bestritten hatten, verdingten sich fortan als Gärtner und Wäscher.

1914 drehte Ince mit 800 Statisten THE BATTLE OF GETTYSBURG, aufgenommen aus verschiedenen Blickwinkeln mit acht Kameras gleichzeitig, und im selben Jahr begann er, den schon fast 50-jährigen William S. Hart zum Star aufzubauen, dem wichtigsten nicht nur seines Studios, sondern einem der populärsten und einflussreichsten überhaupt, auf Augenhöhe mit Mary Pickford, Douglas Fairbanks und Charlie Chaplin. Ince kannte Hart aus seinen frühen Theaterjahren, sie waren gemeinsam am Broadway aufgetreten und hatten sich, knapp bei Kasse, eine Zeit lang sogar ein Zimmer geteilt. Das Spiel von Hart, der als Teenager im Wilden Westen nicht nur Cowboys und Viehzüchtern, Blackfeet und Sioux, Goldgräbern und Bürgerkriegsveteranen begegnet war, sondern neben Reiten und Jagen auch Lakȟótiyapi, die Sprache der Lakȟóta, erlernt hatte, galt als authentisch und blieb bis in die 50er-Jahre das Vorbild aller Westernhelden. Hart verzog vor der Kamera kaum eine Miene und schien Gesichtszüge aus Granit zu haben. Er verkörperte nicht strahlende Helden, sondern gebrochene Figuren, fast immer den von ihm selbst kreierten Typus des *good bad man,* eines gesetzlosen Antihelden. Durch eine Gewissenskrise, die Religion oder die Liebe zu einer jungen Frau, die er aus einer Notlage rettet, wird er geläutert und findet auf den Weg der Rechtschaffenheit, rächt sich an irgendwelchen Schurken und hinterlässt dabei mehr Leichen als vor seiner Konversion vom Saulus zum Paulus. Meist nehmen Harts Filme, die um maximalen Realismus bemüht waren, ein tragisches Ende, die blonde Schöne sinkt also nicht in die Arme des ambivalenten Helden, sondern der hartgesottene Desperado läuft davon oder stirbt sogar einen tragischen Sühnetod, beinahe wie in einem antiken Drama oder einer Shakespeare-Tragödie, schon wenige Jahre später wurde das undenkbar.

In gleich sechs Western agierte Hart an der Seite von Louise Glaum, die bekannt für ihre Vamp-Rollen war, also meist eine für Männer gefährliche Frau spielte, die ihre Verführungskünste zu ihrem Vorteil einzusetzen weiß. Sein Lieblingspartner wurde jedoch Fritz. Erstmals spielte er mit dem Pony 1915 in THE TAKING OF LUKE McVAIN, präsentiert von W. H. Productions Co., seiner eigenen Produktionsfirma oder besser -gruppe, denn im Vorspann heißt es: »produced by

Thos H. Ince«. 1917 gelang es Hart endlich, Ince das Pferd abzukaufen, was diesem lange widerstrebt hatte, weil er glaubte, solange er Fritz besitze, werde Hart nicht zur Konkurrenz wechseln. Und letztlich sollte wirklich Fritz zum Bruch zwischen dem Filmmogul und seinem lange Jahre treuen Star führen: Ince störte sich zusehends daran, dass der 1,88 Meter große Hart auf dem nur 1,40 Meter hohen Pony ritt und dabei seine Füße fast den Boden berührten, er fand, das sehe lächerlich aus, und zwang ihn, ein passenderes Reittier zu verwenden. Sobald er konnte, löste Hart seinen Vertrag. Er lebte mit Fritz zusammen, ließ sich mehrfach mit ihm porträtieren und ihn 1938 in einer feierlichen Zeremonie beisetzen, unter einem Steinmonument mit der Bronzetafel: »To Bill Hart's Pinto Pony Fritz. Age 31 Years. A Loyal Comrad.«

Nachdem die Filme immer länger geworden waren – meist drehte man nun rund 75-minütige *five-reeler* – und ihre Herstellung immer kostspieliger, rief der »König der Western« Thomas H. Ince 1915 zusammen mit D. W. Griffith, dem Begründer des Erzählkinos und Schöpfer des Meisterwerks BIRTH OF A NATION, sowie dem »Vater der Slapstick-Komödie« Mack Sennett, bei dem Charlie Chaplin im Jahr zuvor seine Tramp-Figur kreiert hatte, die Triangle Motion Picture Company ins Leben. Deren erster großer Erfolg wurde die romantische Komödie PEGGY mit Billie Burke, der Ehefrau des Theaterproduzenten Florenz Ziegfeld, die vor allem als gute Hexe Glinda im Filmklassiker THE WIZARD OF OZ aus dem Jahr 1939 in Erinnerung geblieben ist. Begleitet von ihrem Dienstmädchen, war sie in einem privaten Triebwagen in Los Angeles angekommen, nach Inceville chauffiert und dort fürstlich bewirtet worden, dann hatte Ince sie sogar noch zu einem luxuriösen Urlaub auf die vor der kalifornischen Küste liegende Insel Catalina fliegen lassen, der sie gnädig stimmen sollte, einen Vertrag mit Triangle zu unterzeichnen – nicht vergebens. Der Streifen wurde nicht nur ein Sensationserfolg für die neue Produktionsgesellschaft, er hatte auch nachhaltige Folgen für die Modewelt, zeigte er doch Burke im Pyjama. Konservative Medien fanden das skandalös, viele Frauen aber folgten dem Beispiel.

Bald schienen die Möglichkeiten, die Inceville bot, zu limitiert für die steigenden Ansprüche der Triangle Motion Picture Company. Man investierte eine halbe Million Dollar in den Bau eines neuen Studios in Culver City, technisch auf dem neuesten Stand, von Downtown Los Angeles schneller erreichbar und weniger den vom Meer auf das Land ziehenden Nebelbänken ausgesetzt, die in Inceville hängen blieben, alles in ein undurchsichtiges Grau hüllten, Hunderte Menschen zwangen abzuwarten, bis sie sich verzogen hatten, und so erhebliche Kosten verursachten – offenbar trotz der Bemühungen der *Native Americans,* die um ihre Jobs bangten: Die *Los Angeles Times* berichtete im Februar 1916 von einem von Trommelklängen begleiteten nächtlichen Tanz unter Leitung der Medizinmänner »Einsamer Bär« und »Wohlklingende Krähe«, an dem über 100 Personen teilnahmen, um den Nebel zu vertreiben. Dennoch wollte man das nun Triangle Ranch genannte Inceville auch weiterhin für Außenaufnahmen nutzen, insbesondere für Western, zumal ja weiterhin ein Stamm der Sioux unter Führung seines Chiefs »Adlerauge« dort ansässig war.

Wenige Tage vor dem Umzug der Produktionsbüros nach Culver City brach am späten Nachmittag des 11. Januar 1916 in einem Schneideraum in Inceville ein Feuer aus, bei dem es 14 Verletzte gab, darunter Ince, der von den Flammen in seinem Büro eingeschlossen wurde, das er wegen einer Beinverletzung nur mit Mühe verlassen konnte. Bewusstlos geworden, wurde er von einem Lakȟóta gerettet und überlebte mit erheblichen Verbrennungen, erschien aber, den Kopf bandagiert und den rechten Arm in einer Schlinge, am nächsten

Morgen zur gewohnten Zeit im Büro. Der Brand vernichtete zwei vollendete und sechs halb fertige Filme, 35 Drehbücher und 300 weitere Manuskripte; die Presse kolportierte Schadenssummen zwischen 110 000 und 250 000 Dollar, was einer heutigen Kaufkraft von 2,7 bis 6,3 Millionen Dollar entspricht.

Drei Monate später machte ein Erdrutsch über mehrere Wochen den Zugang zum Gelände unmöglich und legte alle Arbeiten lahm. Inces anspruchsvollstes Projekt, der letzte Film, bei dem er selbst Co-Regie führte, an dem er ein gutes Jahr lang gearbeitet und für den ungefähr dort, wo heute die Marquez Charter Elementary School steht, 60 Schreiner in dreimonatiger Arbeit für 80 000 Dollar die im fertigen Film kaum länger als eine Minute zu sehende Kulisse einer Stadt errichtet hatten, war glücklicherweise fertiggestellt: CIVILIZATION hatte am 17. April 1916 Premiere.

Der König von Wredpryd, dessen Bevölkerung maximal teutonisch wirkt, dessen Palast aber dem Capitol in Washington ähnelt, befiehlt dem Grafen Ferdinand, der ein neues U-Boot erfunden hat, die *Pro Patria* zu torpedieren, ein Schiff, das auch zivile Passagiere transportiert. Der gläubige Graf verweigert den Gehorsam (»Wir sind keine Schlächter!«), versenkt das U-Boot und ertrinkt dabei. Umgeben von leidenden, nackten Menschen, begegnet er im Fegefeuer Christus – George Fisher war der erste Akteur, der als Gottessohn vor einer Filmkamera agierte –, der in Ferdinands Körper in die Welt zurückkehrt, um mit dessen Stimme um Frieden zu flehen, aber vom pickelbehaubten König als Verräter vor Gericht gestellt und zum Tode verurteilt wird. Tausende Nonnen und Mütter bestürmen den Regenten, den Krieg zu beenden, als diesen die Nachricht ereilt, der Graf sei seinem Urteil entkommen, er liege tot in seiner Zelle. Als der König sie aufsucht, entsteigt dem Leichnam Jesus und führt ihn über die Schlachtfelder, worauf der bekehrte Monarch einen Friedensvertrag unterzeichnet. Kinder tanzen glücklich auf der Straße, Schafe weiden friedlich, ihr Hirte bläst in sein Horn. Ende.

Ungeniert warb man mit Herstellungskosten in Höhe von einer Million Dollar, obschon der Streifen nur ein Zehntel davon gekostet hatte, 40 000 Menschen seien an der Herstellung beteiligt gewesen, 10 000 Pferde, 40 Flugzeuge. Ince lieferte der Presse beinahe pausenlos Erfolgsmeldungen, war stolz, dass US-Präsident Thomas Woodrow Wilson den Film angesehen hatte, und meldete, auch der deutsche Kaiser, der englische und der spanische König sowie Papst Benedikt XV. hätten ihr Interesse bekundet. Der pazifistische Film spielte beachtliche 800 000 Dollar ein, bis man ihn im April 1917 nach dem Kriegseintritt der USA zurückzog.

Am Tag, nachdem Ince am 26. Juni 1917 einen Vertrag mit Paramount unterzeichnet, die Triangle Motion Picture Company also verlassen hatte, taufte diese in einer kleinen Zeremonie Inceville zu Ehren von William S. Hart in Hartville um, ließ einen Grundstein setzen und ein riesiges Namensschild anbringen – ohne Erfolg; Hart blieb Ince treu und arbeitete weiterhin für ihn. Nur ein Jahr später löste sich die Triangle Motion Picture Company auf, ihr Studio in Culver City wurde von Samuel Goldwyn übernommen. Später entstanden dort MGM-Klassiker wie THE WIZARD OF OZ mit Judy Garland, SINGIN' IN THE RAIN mit Gene Kelly und BEN-HUR mit Charlton Heston. Hartville wurde an die amerikanische Niederlassung des britischen Außenhandels- und Filmvertriebsunternehmens Robertson-Cole verkauft, die es R. C. Ranch nannte und nur noch sporadisch nutzte. Thomas H. Ince errichtete 1918 in Culver City ein neues Studio, das David O. Selznick 1939 für GONE WITH THE WIND und Steven Spielberg 1982 für E. T. nutzen sollten.

Ende Mai 1921 besuchte Ince zum ersten Mal seit seinem Abschied und zugleich zum letzten Mal in seinem Leben sein einstiges Studio, das schnell heruntergekommen war. Die

Presse bezeichnete Inceville bereits als »das Pompeji der Geisterstädte«:[6] Viele Kulissen befanden sich in unterschiedlichen Stadien des Verfalls; auf dem Hügel, auf dem einst die für CIVILIZATION gebaute königliche Hauptstadt gethront hatte, erhob sich nur noch eine einsame Reiterstatue, auf einem anderen ein großes Kreuz aus demselben Film. »Es gab nie ein Studio wie dieses«,[7] soll Ince beim Anblick der Überreste wehmütig ausgerufen haben. Am 13. Oktober 1923 zerstörte ein Buschfeuer, das sich von den Bergen durch den Santa Ynez Canyon bis an die Küste ausbreitete, was von Inceville übrig war – immerhin rund 100 Gebäude. Nur die steinerne Kirche, die man 1915 für PEGGY erbaut hatte, blieb noch einige Jahre lang stehen, als letztes Relikt des glanzvollen Studios.[8]

Die epochalen Leistungen des für 800 Filme verantwortlichen Thomas H. Ince, der das amerikanische Studiosystem etabliert, Arbeitsteilungen und -abläufe entwickelt hatte, die bis heute die Filmproduktion nicht nur in Hollywood prägen, sollten angesichts seines Todes in den Hintergrund rücken: Angeblich hatte der mächtige Medientycoon William Randolph Hearst nach einer wilden Party auf seiner Jacht *Oneida* den Filmemacher, dessen 44. Geburtstag man am 16. November 1924 feierte, mit seinem diamantenbesetzten Revolver erschossen – versehentlich, die Kugel soll Charlie Chaplin gegolten haben, weil der sich lüstern Hearsts Geliebter Marion Davies genähert habe. Es sprechen jedoch allerhand Fakten gegen diese filmreife Todesversion, die ein Menschenleben später tatsächlich verfilmt wurde, 2002 von Peter Bogdanovich mit dem Titel THE CAT'S MEOW. Die wirkliche Todesursache war Herzversagen, der Todesort Inces Villa in Beverly Hills, der Todestag der 19. November 1924.

Einen Teil des Geländes, auf dem einst Inceville gestanden hatte, erwarb 1950 die Self-Realization Fellowship, die Gemeinschaft der Selbstverwirklichung, gegründet drei Jahrzehnte zuvor vom heute als Vater des abendländischen Yoga berühmten Paramahansa Yogananda. 1893 unter dem Namen Mukunda Lal Ghosh als Sohn einer gut situierten bengalischen Familie im indischen Gorakhpur geboren, wurde er mit 17 Jahren Schüler des Swamis Sri Yukteswar und hatte 1920 während einer Meditation eine göttliche Vision, die ihn anwies, im Westen zu lehren. Er gründete ein erstes Meditationszentrum in Boston und 1925 in Los Angeles den internationalen Hauptsitz der Self-Realization Fellowship, die die allen großen Religionen der Welt zugrunde liegende Einheit betont. Bei einem Aufenthalt in Indien 1935, in dem Jahr, in dem die Self-Realization Fellowship rechtlich als gemeinnützige religiöse Organisation eingetragen wurde, verlieh Sri Yukteswar seinem einstigen Jünger, den er als eine Inkarnation göttlicher Liebe bezeichnete, den höchsten geistigen Titel: Paramahansa, wörtlich übersetzt »Höchster Schwan«.

Keine zwei Jahre vor seinem Tod weihte Yogananda am 20. August 1950 den Lake Shrine in Pacific Palisades ein, einen sich über vier Hektar erstreckenden Meditationsgarten am Sunset Boulevard 17190, der den Lake Santa Ynez umrahmt, welcher sich 1927 bei Erdarbeiten gebildet hatte. Neben dem Nachbau einer holländischen Windmühle aus dem 16. Jahrhundert, 1940 errichtet vom damaligen Besitzer, dem Twentieth-Century-Fox-Mitarbeiter H. Everett »Big Mac« McElroy, der mit seiner Frau Adeline auf einem ebenfalls erhaltenen Mississippi-Hausboot auf dem See lebte, befinden sich dort mehrere Tempel und Pavillons sowie ein riesiger weißer Torbogen, der von goldenen Lotusblüten gekrönt wird. Im Mahatma Gandhi World Peace Memorial birgt ein Sarkophag einen Teil der Asche Mahatma Gandhis, die einzigen außerhalb von Indien aufbewahrten sterblichen Überreste des fast wie ein Heiliger verehrten Weltveränderers. Heute gilt der Lake Shrine der Self-Realization Fellowship als einer der bedeutendsten spirituellen Orte Kaliforniens.

Methodisten campen, und ein vereinsamter Schwabe baut einen japanischen Palast

Dass »The World's Greatest Christian Center«,[1] das angeblich größte christliche Zentrum der Welt, just an dem Ort entstand, an dem ein paar Jahre zuvor Christus auf die Erde zurückgekehrt war, geschah aus reinem Zufall. Der Kintopp war den Methodisten herzlich egal, ohnehin, wenn es sich um einen Film wie CIVILIZATION handelte, über den der Kritiker der *Los Angeles Times* vernichtend geurteilt hatte, er verletze nicht nur den guten Geschmack, sondern alle gläubigen Christen, die ihn »für respektlos halten« müssten. Juden dürften ihn »mystisch und übertrieben«, »Nicht-Kirchgänger« »absurd und undramatisch« finden, gefallen werde er also wohl nur Menschen, die zu keiner dieser drei Gruppen gehörten.[2]

Der Niedergang von Inceville hatte längst eingesetzt, als die Huntington Beach Assembly der 1784 gegründeten Methodist Episcopal Church auf den Plan trat. Auf dem namensgebenden Areal in Huntington Beach, wo man in den letzten zehn Jahren Sommercamps abgehalten hatte, waren immer mehr Wohnbauten entstanden, zudem hoffte die Kirche, dort schon bald nach Öl bohren zu können, was lukrativer schien, als sich nur in bohrende Glaubensfragen zu vertiefen. Die Stadt Huntington Beach sollte derlei Aktivitäten allerdings beschränken, die auf das schwarze Gold versessene Kirche Ende 1922 vergeblich dagegen klagen. Erst einmal aber gab Adna W. Leonard, der Bischof von San Francisco, dem Superintendenten der Huntington Beach Assembly, Reverend Dr. Charles Holmes Scott, im Jahr 1920 die Order, ein auf Dauer nutzbares, weitläufiges Ersatzgelände zu suchen. Fündig wurde Scott nahe Santa Monica auf dem Gelände des Rancho Boca de Santa Monica.

Die damals gut 15 000, heute knapp 100 00 Einwohnerinnen und Einwohner zählende Stadt war auf einem ursprünglich von den indigenen Stämmen der Chumash und Tongva besiedelten Areal entstanden, benannt nach der heiligen Monika von Tagaste, der Mutter des Kirchenlehrers Augustinus. 1839 hatte Juan Bautista Valentín Alvarado y Vallejo, der Gouverneur von Alta California, wie die mexikanische Provinz nach Erlangung der Unabhängigkeit 1821 hieß, dem Offizier Francisco Sepulveda 130 Quadratkilometer Land überlassen, das dieser Rancho San Vicente y Santa Monica nannte. Im selben Jahr erhielten Ysidro Reyes und Francisco Marquez jeweils zur Hälfte den südlich und westlich davon gelegenen, 27 Quadratkilometer großen Rancho Boca de Santa Monica. Marquez, ein Schmied, baute dort, wo heute die San Lorenzo Street verläuft, ein Haus aus luftgetrockneten Lehmziegeln, das erste im Canyon. Bis heute erhalten hat sich der kleine Friedhof der Familie Marquez in der San Lorenzo Street 637. Der Teertransporteur Reyes, zugleich Besitzer eines der größten Weingüter der Gegend, unterhielt eine Ranch, die an der Stelle stand, an der sich heute Adelaide Drive und Entrada Drive treffen.

Nach dem Mexikanisch-Amerikanischen Krieg von 1846 bis 1848 kam Kalifornien unter amerikanische Kontrolle, am 9. September 1850 wurde es der 31. US-Bundesstaat. 1872 erwarb Colonel Robert Symington Baker, den 1849 der Goldrausch nach Kalifornien gelockt hatte, für 50 000 Dollar von Sepulvedas Erben den Rancho San Vicente y Santa Monica, zudem von Reyes' Witwe Maria für 6000 Dollar deren Besitz im Rancho Boca de Santa Monica. 1874 veräußerte Baker zwei

Drittel an John Percival Jones, den aus England stammenden republikanischen Senator von Nevada. Kurz darauf heiratete er die Witwe Arcadia Stearns, geborene Bandini, die führende Society-Lady von Los Angeles, und vereinte damit zwei der größten kalifornischen Vermögen. 1875 ließen Baker und Jones eine Bahnlinie nach Los Angeles bauen, versteigerten am 15. Juli die ersten Grundstücke zu Preisen von 75 bis 500 und für insgesamt 85 000 Dollar und trieben so das Wachstum von Santa Monica energisch voran; Ende Juli waren bereits 21 Holzhäuser fertiggestellt. Noch 1880 laut einer Volkszählung nur 417 Seelen zählend, wurde es 1886 offiziell zur Stadt erklärt und entwickelte sich zum Bade- und Vergnügungsort für den Großraum Los Angeles, mit saisonal geöffneten Hotels, Restaurants und Badehäusern sowie einem Tanzpavillon. Hauptattraktion war und ist bis heute der 1909 gebaute Pier.

Die Stadt der Engel war zu jener Zeit selbst noch verhältnismäßig jung: 1781 als El Pueblo de Nuestra Señora la Reina de los Ángeles von 44 Pobladores genannten Menschen aus der mexikanischen Provinz Sonora gegründet, genau gesagt 22 Erwachsenen und 22 Kindern, von denen knapp die Hälfte afroamerikanische oder indigene Wurzeln hatte, 1821 mexikanisch geworden und 1847 unter die Kontrolle der Amerikaner gekommen, hatte L. A. offiziell 1610 Köpfe gezählt, als es am 4. April 1850 amerikanisches Stadtrecht erhalten hatte. Ein halbes Jahrhundert später war deren Zahl auf 100 000 gewachsen; heute sind es 4 Millionen und in der Metropolregion, zu der natürlich auch die eigenständige Stadt Santa Monica gehört, 13 Millionen.

Im Auftrag der Methodisten erwarb Reverend Scott am 30. April 1921 relativ bescheidene 15 Hektar im Rustic Canyon, die bis dahin größtenteils als Forststation genutzt worden waren, 1893 initiiert von Senator Jones, Arcadia Bandini de

Baker und Abbot Kinney, von dem noch die Rede sein wird, betrieben von der University of California. Zweck der Forststation war es gewesen, die Nutzbarmachung von Neophyten wie dem Eukalyptus zu erforschen. Daran angrenzende sieben Hektar hatte Scott schon zuvor erstanden, zugleich führte er weitere Verhandlungen. Am 17. Mai 1921 unterzeichnete man den Kaufvertrag für ein 4,45 Quadratkilometer großes Gelände im Temescal Canyon und auf der östlich angrenzenden Mesa – so der aus dem Spanischen stammende Begriff für ein erhöhtes, flaches Gelände, eine Art Tafelberg. Das seit 14. Juni 1916, dem Tag der »Westgate annexation«, zur Stadt Los Angeles gehörende Gelände, auf dem sich heute Pacific Palisades erstreckt,[3] besteht aus mehreren solcher Mesas, getrennt unter anderem durch den Santa Monica Canyon, den Rustic Canyon, den Temescal Canyon und den Santa Ynez Canyon.

Geplant war Kolossales: Insgesamt vier Millionen Dollar, was einer heutigen Kaufkraft von rund 55 Millionen Dollar entspricht, wollte man investieren, um innerhalb von fünf Jahren eine Siedlung für 10 000 Bewohnerinnen und Bewohner zu errichten, die zwar nicht allein Methodisten offenstehen, aber ausschließlich Menschen, die deren christliche Ideale teilten, vorbehalten sein sollte. Der profilierte Landschafts- und Städteplaner Clarence Parkman Day aus Pasadena, wo Reverend Scott wohnte, wurde beauftragt, ein Straßen- und Grundstückskonzept zu entwickeln.

Zum Vorbild hatte man Chautauqua erkoren. Wörtlich übersetzt bedeutet dieses irokesische Wort »zwei zusammengebundene Mokassins«, was aber für die Namensgebung keine Rolle spielte. Chautauqua heißt so, weil es 1874 auf einem drei Quadratkilometer großen Gelände am kleinen Chautauqua Lake gegründet wurde, 20 Kilometer südöstlich des dank Theodor Fontane in Deutschland schulbekannten Eriesees. Anfangs als sommerliche Ausbildungsstätte für methodistische Sonntagsschullehrende konzipiert, fanden dort bald vielfältige Lehrprogramme und Veranstaltungen mit dem Ziel, Bildung und Kultur zu verbreiten, statt. Mehr als 100 000 Menschen schrieben sich in den ersten zehn Jahren für Lesezirkel ein, 1883 öffnete die Chautauqua-Universität ihre Pforten, die als erste in den USA Fernstudiendiplome ausstellte. Noch heute stehen während der neunwöchigen Sommersaison jedes Jahr über 2000 Veranstaltungen auf dem Programm.

Ausgehend von diesem Urchautauqua hatten sich überall in den USA unabhängige Chautauquas gegründet, die die Idee weitertrugen. Neben permanenten Chautauquas als Sommercamps mit aus Holz errichteten Versammlungs- und Sozialgebäuden gab es wandernde Zeltchautauquas mit Vorträgen, Theater- und Opernaufführungen sowie Diskussionen über politische, soziale und kulturelle Themen. Auf dem Höhepunkt der Bewegung um 1915 zählte man 1000 permanente und über 10 000 wandernde Chautauquas, allein nach Boulder in Colorado pilgerten jeden Sommer an die 100 000 Menschen. Bei Santa Monica sollte nun das größte Zentrum der amerikanischen Westküste entstehen; der neue Name Pacific Palisades, den man ihm gab, erklärt sich leicht: Palisades nennt man eine geologische Formation aus einer Reihe von Klippen, die sich an einem Gewässer befinden, in diesem Fall dem Pazifischen Ozean, und die an die Palisaden eines Forts erinnern.

Reverend Scott, 1877 in Lapeer im US-Bundesstaat Michigan geboren, darf heute als Vater von Pacific Palisades gelten. Der designierte Präsident der am 9. August 1921 zum Zwecke der Gründung einer religiösen und pädagogischen Stätte ins Leben gerufenen Pacific Palisades Association hatte dieses ambitionierte Projekt bei einem Bankett am 17. Juni des Jahres vorgestellt. Ins Dachcafé des Broadway Department Store, eines beachtliche 45 000 Quadratmeter großen Warenhauses an der Südwestecke von Broadway und 4th Street in Downtown Los Angeles, hatte man 400 Menschen geladen, die das religiöse, politische und ökonomische Leben repräsentierten, darunter William D. Stephens, den Gouverneur von Kalifornien, und George Edward Cryer, den bereits gewählten künftigen Bürgermeister von Los Angeles, sowie eine ganze Reihe einflussreicher Geschäftsleute: Robert Conran Gillis, seit 1906 im Besitz der 120 Quadratkilometer großen Ländereien der 1897 von Senator Jones und Arcadia Bandini de Baker gegründeten Santa Monica Land & Water Company, Harry Chandler, den Verleger der *Los Angeles Times* und schon bald Eigentümer des größten Immobilienimperiums in den USA, den Straßenbahnpionier General Moses Hazeltine Sherman, der ebenfalls einer der erfolgreichsten Bauträger in Kalifornien war, Paul Shoup, den Vizepräsidenten der Southern Pacific Railroad, den »Orangenkönig« Charles Clarke Chapman und den Bankier Andrew M. Chaffey.

Finanzieren sollte das Vorhaben der Verkauf von 1000 Dollar teuren Zertifikaten, die die Inhaber, die *founders,* berechtigten, noch vor dem offiziellen Gründungstag ein Grundstück auszusuchen und es während des 99 Jahre laufenden Erbbaurechtsvertrags gegen Entrichtung eines Erbbauzinses zu nutzen, und die ihnen zugleich den kostenfreien Zugang zu allen Chautauqua-Veranstaltungen ermöglichten. Eigentümerin sollte also die Kirche bleiben, die so kontrollieren wollte, dass auch langfristig nur Menschen dort leben durften, die sich gemäß den moralischen Standards der Methodisten verhielten, der Verkauf von Tabak und Alkohol etwa war strikt untersagt. Doch schon 1924 würde man das Prinzip des Erbbaurechts aufgeben und die Parzellen veräußern. Ein Viertel des durch die Zertifikate eingenommenen Geldes wollte man für den Bau von Gemeinschaftseinrichtungen des geplanten pazifischen Chautauqua verwenden, für ein Auditorium und Räume für Bibelstunden, aber auch eine Schule, Verwaltungsgebäude, eine Bibliothek und eine Kunstgalerie, und man hatte keine Zweifel, dass von alleine ein kleines Zentrum mit Geschäften entstehen würde.

Anfang August 1921 schlug man im baumbeschatteten, kühlen Grund des Temescal Canyons, etwa dort, wo sich heute nördlich der Palisades High School die Temescal Canyon Road und der Sunset Boulevard kreuzen und der Temescal Canyon Trail beginnt, 225 Zelte auf und veranstaltete ein mehrwöchiges religiöses Sommercamp. Die organisatorischen Abläufe oblagen Charles Hoss, einem ehemaligen Kassierer der First National Bank in Earlville, der sein Haus in Corona vermietet hatte und mit seiner Frau vorübergehend hierhergezogen war, um sich um die Finanzen der geplanten Siedlung zu kümmern. Bis November konnte er für 30 000 Dollar Zertifikate verkaufen. Man gab bekannt, dass die neue Kolonie Anfang des kommenden Jahres eröffne.

Am Vormittag des 14. Januar 1922, des bis heute zelebrierten »Founders' Day« von Pacific Palisades, trafen sich knapp 200 der nun 275 Gründer auf der grünen Wiese unter einer mächtigen Eiche. Wo diese einst stand, lädt heute auf der Founders' Oak Island inmitten der Haverford Avenue, auf Höhe des Pierson Playhouse, des bescheidenen, 125 Plätze umfassenden Theaters von Pacific Palisades, im Westen und des prätentiös Chateau Paliset genannten Wohnhauses am Sunset Boulevard 15510 im Osten gelegen, eine Parkbank zum andächtigen Innehalten ein. Die Gründer suchten sich Grundstücke aus und verpflichteten sich, sie innerhalb von drei Jahren mit Wohnhäusern zu bebauen. Erst nachdem sie gewählt hatten, kamen jene 300 Menschen, die nicht zu den Gründern gehörten, aber bereits eine Teilzahlung geleistet hatten, zum Zuge. Die offizielle Eröffnung von Pacific Palisades wurde am Mittwoch, dem 22. Februar 1922, um 10:30 Uhr mit Ansprachen verschiedener religiöser Führer und einem kostenlosen Picknick für alle Anwesenden gefeiert.

Dass weitere Investoren ihre Chance witterten, erstaunt kaum. Frank E. Bundy aus Santa Monica etwa erstand von der Santa Monica Canyon Land & Water Company ein unmittelbar benachbartes Areal mit Platz für mehr als 600 Baugrundstücke; bald würde er zudem mehrere Baugrundstücke an der Mesa Road erwerben, die Grenzzäune entfernen und die Bundy Ranch als Familiensitz erbauen lassen.

Als erstes großes Event fand in Pacific Palisades, das man als das »Chautauqua der Pazifikküste« pries, am frühen Morgen des 16. April 1922 ein »mammoth Easter sunrise service«[4] statt, ein Mammut-Oster-Sonnenaufgangs-Gottesdienst, der auf dem Hügel abgehalten wurde, auf dem man schon bald mit dem millionenteuren Bau eines Gotteshauses beginnen wollte. Glaubt man zeitgenössischen Berichten, machten sich 5000 Menschen auf in die Palisades, um der Predigt von Reverend Edgar Fay Daugherty aus Los Angeles zu lauschen. Richter William R. Garrett aus Santa Monica rezitierte das Gedicht God of the Open Air von Henry van Dyke, 50 Musiker der First Methodist Church von Los Angeles begleiteten einen 500-köpfigen gemischten Chor unter Führung des Santa Monica Bay Women's Club.

Allein im Monat Mai erzielte man 182 000 Dollar Einnahmen. Reverend Scott, Präsident der treuhänderisch für die Huntington Beach Methodist Assembly agierenden Pacific Palisades Association, deren Kuratorium der ehemalige Vizegouverneur Albert Joseph Wallace vorstand, ein Republikaner, gläubiger Methodist und aktiver Abstinenzler, konnte Anfang Juni 1922 stolz verkünden, man habe am 30. Mai die Millionengrenze überschritten. 725 der 1600 Grundstücke auf einem 141 Hektar großen Teil des Geländes waren vergeben. Gefeiert wurde das mit einem festlichen »Million-Dollar-Dinner« im City Club. Die Via de la Paz und insgesamt knapp zehn Kilometer Nebenstraßen waren asphaltiert worden, die ersten vier Häuser befanden sich in Bau, die Pläne von acht weiteren waren genehmigt, und bis Jahreswechsel rechnete man optimistisch mit einer Bevölkerung von mindestens 500 Menschen.

Das allererste Wohngebäude war im sogenannten Founders Tract No. 1 errichtet worden, in den Alphabet Streets, die zunächst tatsächlich nur mit Buchstaben, dann, beginnend mit der Albright Street und dem Bestor Boulevard, nach bekannten Methodisten benannt worden waren. Auf der 483 Quadratmeter großen Parzelle Hartzell Street 819 bot das Haus 105 Quadratmeter auf einem Stock, zwei Schlafzimmer, ein Bad. Es existiert, natürlich renoviert und modernisiert, aber nicht vergrößert, bis heute und ist fast ein Kuriosum in einer Nachbarschaft, in der Anwesen mit der zehnfachen Wohnfläche keine Seltenheit sind. 2019 brachte der Ex-Boxer Sugar Ray Leonard seine 1551-Quadratmeter-Villa am Amalfi Drive 1550 für 52 Millionen Dollar auf den Markt, und zwei Jahre später blätterte der 26-jährige Jungunternehmer Austin Russell für eine rund 300 Quadratmeter größere Villa am San Onofre Drive 1601 sogar 83 Millionen hin.

Hatte man den von schmalen Straßen gegliederten Founders Tract No. 1 in überschaubare Parzellen aufgeteilt, auf denen erschwingliche Häuschen für pensionierte Kirchenleute und Witwen entstehen sollten, waren die Grundstücke im Founders Tract No. 2 deutlich größer. Er lag südlich des Beverly Boulevards, der 1925 gepflastert und im Juli 1934 Teil des Sunset Boulevards wurde. Ein im Vergleich zu den bisherigen Häusern mit 360 Quadratmetern großzügiges, aber keineswegs luxuriöses Heim ließen sich Reverend Scott und seine ebenfalls tiefreligiöse Frau Anna errichten, die getreu dem ersten Buch Mose, Kapitel 1, Vers 28 fruchtbar gewesen waren und das Menschengeschlecht um sechs Nachkommen vermehrt hatten. Nachdem sie ein Jahr in einer Hütte im Temescal Canyon untergekommen waren, bezogen sie in der ansonsten noch unbebauten Via de la Paz das Haus, das heute die Nr. 631 trägt, in der Mitte zwischen dem geplanten Geschäftszentrum von Pacific Palisades und dem Ozean. Im oberen der beiden Stockwerke gab es ein Zimmer für die vier Jungs und ein weiteres für die Mädchen, beide konnten die Eltern, die man wohl nur mit viel Wohlwollen als fürsorglich bezeichnen möchte, aus ihrem Schlafzimmer durch Löcher in der Wand überwachen.

Am 29. Juni 1922 begann die Pacific Young People's Conference als Auftakt des ersten, bis 19. August terminierten, dann aber wegen des großen Erfolgs bis 2. September verlängerten Chautauqua-Sommerprogramms. Gruppen des Bible Institute of Los Angeles und der United Presbyterian Synod reisten an. Am 11. Juli eröffnete Gouverneur William D. Stephens offiziell Pacific Palisades als »the Great Permanent Chautauqua on the Pacific Coast«.[5] Mehr als 200 Zimmerleute hatten einen 700 Personen fassenden Speisesaal und eine ebenso große Cafeteria errichtet, ein provisorisches Gotteshaus, das 1500 Gläubige fasste, ein Auditorium für 2000 Menschen, einen Lebensmittelladen, Spiel- und Tennisplätze, ausreichend sanitäre Einrichtungen sowie 250 Hütten mit Schlafsälen. 250 Zweierzelte wurden zu sechs Dollar wöchentlich vermietet.

Erwartet wurden insgesamt 20 000 Teilnehmende, die im Rahmen verschiedener Konferenzen und Zusammenkünfte unter anderem am 18. Juli einem Konzert der »größten Kontraaltistin der Welt«[6], Ernestine Schumann-Heink, lauschen konnten, die seit 1878 an Bühnen in Dresden, Berlin, London, Paris, Bayreuth und an der Met in New York geglänzt und 1909 in der Uraufführung von Richard Strauss' ELEKTRA in Dresden die Klytämnestra kreiert hatte – und energisch darauf bestand, auch in der christlichen Zeltstadt von keinem anderen Instrument als einem Steinway-Flügel begleitet zu werden. Es gab eine Vorstellung von Shakespeares Komödie AS YOU LIKE IT, inszeniert von Eleanor Miller von der School of Expression and Music in Pasadena, zahlreiche Kammer- und Orchesterkonzerte. Die ihrerzeit sehr bekannten James Foley und Frieda Peycke rezitierten aus eigenen Werken, Charles Wakefield Cadman spielte seine Kompositionen, die auf authentischen Melodien des indigenen Volkes der Omaha basierten. Reverend Benjamin Sherwood Haywood sprach über eine Reise nach Palästina, und auch Rufus Bernhard von KleinSmid, Präsident der University of Southern California, der sich noch nicht durch seine Befürwortung der Eugenik und entsprechender Sterilisationsprogramme diskreditiert hatte, hielt einen Vortrag. Bestimmte Tage waren Veranstaltungen der Presbyterianer, Baptisten oder Kongregationalisten vorbehalten, darüber hinaus wurden Sport- und Handarbeitsaktivitäten sowie Kurse zu unterschiedlichsten Themen offeriert, von Literatur über die bolschewikische Gefahr bis zur gesunden Ernährung – Letzteres ein Lebensthema von Reverend Scotts Gattin Anna.

Als am 14. September 1923 an der Ecke von Marquez Avenue und Terminal Avenue ein Postamt eröffnete, hatten die Kirche und die Pacific Palisades Association, die am 1. Juli das 4,45 Quadratkilometer große Gelände von Ersterer erworben und erhebliche weitere Mittel durch den Verkauf von Anleihen akquiriert hatte, bereits Millionen investiert. Unter anderem in den Erwerb weiteren Landes im Wert von 1 575 000 Dollar, für den Bau von elf Kilometer betonierten Gehwegen, Rinnsteinen und asphaltierten Straßen, für Strom-, Gas- und Telefonleitungen sowie eine Hochdruckwasserleitung mit 35 Zentimetern Durchmesser. 1925 waren in den Palisades die ersten 100 Häuser errichtet, fast ausnahmslos von Menschen, die der Methodist Episcopal Church nahestanden, die Einnahmen beliefen sich auf rund 4 780 000 Dollar.

Mit der Gestaltung des Ortszentrums, Village genannt, hatte man 1923 als Nachfolger von Clarence Parkman Day ein bekanntes Landschaftsarchitekturbüro aus Brookline, Massachusetts, namens Olmstead Brothers beauftragt. So war gegenüber einem begrünten Dreieck, dem heutigen Village Green Park am Sunset Boulevard 15290, der ebenfalls von der Pacific Palisades Association finanzierte Business Block entstanden. Entworfen vom Architekten Clifton Nourse, bot er 2800 Quadratmeter für Geschäfte und Büros, darunter ab 1928 auch jenes der Santa Monica Land & Water Company. Der 1924 eröffnete neochurrigueresker Backsteinbau, mit seinem hellrosa Anstrich, den Stuckverzierungen und den dunkelgrünen Markisen über den Fenstern ein Architektur-Highlight der Gemeinde, hätte 1983 einer Shopping Mall weichen sollen, blieb aber dank der Proteste vieler Palisadians, darunter prominenter Einwohner wie Peter Graves und Walter Matthau, stehen und steht noch heute. Er beherbergt unter anderem eine Bank- sowie eine Starbucks-Filiale. Hauptanziehungspunkt in der Ortsmitte ist seit 2018 indes das Outdoor-Shoppingcenter Palisades Village.

1924 wollte die Methodist Episcopal Church Reverend Scott nach Hawaii versetzen. Er quittierte seinen Dienst an Gott und den Menschen, um sich fortan hauptberuflich als Bauträger und Immobilienhändler zu betätigen, ermutigt durch seine guten Beziehungen zu erfolgreichen Investoren. 1927 verließen Scott und seine Familie Pacific Palisades und zogen ins benachbarte Brentwood, später ins Zentrum von Los Angeles.

Die Siedlung entwickelte sich rasch zu einer kleinen Gemeinde mit nahezu vollständiger Infrastruktur. Am 4. Mai 1928 erschien zum Preis von fünf Cent die erste Ausgabe der achtseitigen Wochenzeitung *The Palisadian,* die über alles Wichtige informierte, am 1. Juli 1929 wurden eine Feuerwache und eine Polizeistation in Betrieb genommen, am 18. August – mittlerweile zählte man gut 350 Häuser und rund 1000 Seelen – legte man an der Nordwestecke von Via de la Paz und

Bowdoin Street den Grundstein für die 350 Gläubige fassende United Methodist Episcopal Church, damals das einzige Gotteshaus der Gemeinde. Das Kreuz, das heute ihren Turm krönt, ist jenes, unter dem sich auf dem Peace Hill oberhalb der Via de la Paz die Gläubigen zum Gottesdienst versammelten. Am 12. Juni 1931 konnte auf der gegenüberliegenden Seite der Via de la Paz die erste Grundschule eröffnen, die Pacific Palisades Elementary School.

Zu diesem Zeitpunkt hatte die Umbildung der auf gemeinsamen religiösen Überzeugungen basierenden Gemeinschaft zum Refugium der Reichen längst begonnen: 1923 erwarb Ölmillionär Alphonzo E. Bell, der im Jahr zuvor den Nobelstadtteil Bel Air gegründet hatte, 22 000 Hektar Land von der Santa Monica Mountain Park Company und der Santa Monica Land & Water Company und begann mit der Entwicklung der Riviera, jenem Viertel von Pacific Palisades, das sich vom Amalfi Drive im Westen und Norden bis zum San Remo Drive im Osten und dem Sunset Boulevard im Süden erstreckt. Ab 1927 vermarktete der vom Schaufensterdekorateur zum Architekten und Bauträger aufgestiegene Frank L. Meline die Riviera. Im selben Jahr eröffnete auf rund 100 Hektar am Capri Drive 1250 der Riviera Country Club mit 18-Loch-Golfplatz, 26 Tennisplätzen und einem Reitzentrum; ein Clubhaus im Spanish Revival Style folgte im Jahr darauf. Wer dem privaten Club, zu dessen Mitgliedern im Lauf der Jahre Charlie Chaplin, Walt Disney, Howard Hughes, Humphrey Bogart, Katharine Hepburn und Spencer Tracy zählten, heute angehören will, muss 250 000 Dollar Aufnahmegebühr hinblättern.

Wenige Jahre später sollte sich Vicki Baum in der Riviera niederlassen, schließlich kamen Hanns Eisler, Emil Ludwig, Max Horkheimer und viele andere Exilierte, nicht zuletzt Thomas Mann, der dort ein ihm würdig dünkendes Zuhause fand. Später folgten Tom Cruise, Tom Hanks und Steven Spielberg, um nur drei der zahlreichen Hollywoodgrößen zu nennen, die an den breiten, gewundenen Straßen des Viertels residierten, die Namen wie Capri Drive, Napoli Drive oder Sorrento Drive tragen.

Ein Megastar wurde schon 1924 in Pacific Palisades ansässig: Will Rogers, einer der populärsten und höchstbezahlten Entertainer der Vereinigten Staaten und als Autor einer Kolumne in der *New York Times,* in der er sich unterhaltsam mit Themen wie Politik und Gesellschaft auseinandersetzte, der bekannteste Humorist seit Mark Twain. Als Filmkomiker und Autor in Vergessenheit geraten, mag er heute allenfalls als Namensgeber des Will-Rogers-Phänomens geläufig sein, das einen Effekt in der Mittelwertbildung von Gruppen beschreibt: Durch den Wechsel eines Elements zu einer anderen Gruppe kann der Mittelwert in beiden Gruppen steigen. Oder in den – angeblichen – Worten von Rogers, der aus Oklahoma stammte: »When the Okies left Oklahoma and moved to California, they raised the average intelligence level in both states.« (Einwohner, die von Oklahoma nach Kalifornien umzogen, hoben die durchschnittliche Intelligenz in beiden Staaten an.) Will Rogers investierte 1924 stattliche 400 000 Dollar in 80 Hektar Land zwischen den Palisades und dem eröffneten Los Angeles Athletic Club, um darauf eine 31-Zimmer-Ranch für sich und seine Familie bauen zu lassen, samt Gästehäusern und Pferdeställen, einem Polofeld und einem Golfplatz. Sukzessive arrondierte er seinen Besitz, und als er 1935 bei einem Flugzeugabsturz ums Leben kam, maß dieser 145 Hektar. 1944 schenkte Rogers' Witwe Betty ihn den California State Parks. Bis heute gehört der Will Rogers State Historic Park zu den schönsten Naherholungsgebieten von Pacific Palisades.

Die Pacific Palisades Association kaufte Ende 1925 für 1 625 000 Dollar 93 Hektar Küstenland zwischen Rustic Creek und Potrero Canyon, vorgeblich, um den Bau des Mount St. Mary's College, einer katholischen Mädchenschule, zu verhindern, in Wahrheit aber wohl mit weit ambitionierteren Plänen. Schon 1887 hatte Abbot Kinney, der dann 1905 Venice entwickelt hatte, die Mesa westlich des Santa Monica Canyons von Marquez' Erben erworben, um dort die Santa Monica Heights zu gründen. Noch immer aber war das Land unbebaut. Mit Blick über den Ozean sollten nun in den nach einem Vorbesitzer, dem Eisenbahn-Tycoon Collis Potter Huntington, benannten Huntington Palisades großzügige Villen für gehobene Ansprüche entstehen. Den Verkauf der Grundstücke überließ die Pacific Palisades Association der zu ihrer exklusiven Vertreterin ernannten Santa Monica Land & Water Company, die dafür eine Provision von 25 Prozent einstreichen durfte; analoge Vereinbarungen traf man auch für andere Areale.

Schon bald jedoch kam es zu Differenzen zwischen den Gesellschaften; am 30. April 1928 übertrug Robert Conran Gillis den Vertrag und die damit verbundenen Rechte an die Pacific Land Corporation Ltd. Den Streit um Zinsen und Schuldverschreibungen, darüber, welche Gesellschaft nun welches Land an wen zu welchem Preis verkauft oder verpachtet habe und wer wem welche Provision schulde, en détail zu schildern, würde hier zu weit führen. Jedenfalls wollte er kein Ende nehmen, es kam zu Klagen, Gegenklagen, Gerichtsurteilen. Von einem bescheidenen Zuhause für fromme Methodisten war längst keine Rede mehr. Anfang Januar 1929 inserierte die Santa Monica Land & Water Company, man verkaufe Grundstücke in Pacific Palisades, in den Huntington Palisades und am Beverly Boulevard zu Preisen bis zu 80 000 und fertige Häuser für bis zu drei Millionen Dollar.

Letztlich führten der Börsencrash von 1929 und die folgende Weltwirtschaftskrise dazu, dass die rasche Entwicklung der Palisades stagnierte, und zumindest indirekt auch dazu, dass die Pacific Palisades Association zwar formell noch eine Zeit lang weiterexistierte, aber im Frühjahr 1934 nicht mehr liquide und eigentlich bankrott war. Die vorhandenen Werte, in erster Linie Hunderte Baugrundstücke, übernahm am 15. Mai 1934 die Palisades Corporation, ebenso das Gelände im Temescal Canyon, das die Association aber noch bis 30. September für Sommercamps nutzen durfte. Schon in den Jahren zuvor hatte sie es zudem immer wieder Gruppen wie den Pfadfindern, der YMCA oder deren weiblichem Pendant, der YWCA, überlassen, aber auch an Kriegsveteranen und eine private *military academy* für Kinder verpachtet. Fortan wurden die Pacific Palisades Assembly Camps von der Palisades Corporation veranstaltet, die sich im September entschloss, Vermarktung und Verkauf ihrer Grundstücke in den Huntington und Pacific Palisades exklusiv der Santa Monica Land & Water Company zu übergeben. Das ehemalige Chauatuqua-Gelände wurde 1943 von der Presbyterian Church erworben, 1994 kaufte es die Santa Monica Mountains Conservancy und machte den von Eichen und Bergahornen bestandenen Temescal Gateway Park zu einem der populärsten in den Santa Monica Mountains.

Doch zurück ins Jahr 1926: Die Eröffnungszeremonie ebenjener noblen Huntington Palisades fand am 20. Januar statt. Ende des Jahres war das erste Haus fertiggestellt, eine 12-Zimmer-Kolonialstilvilla im Ocampo Drive 601. Überhaupt schossen nun riesige, oft geradezu schlossartige Anwesen, wie sie bis heute Pacific Palisades prägen, fast Pilzen gleich aus dem Boden – etwa in den Miramar Estates am Westhang des Santa Ynez Canyons, wo jenes Los Angeles Times Demonstration Home erbaut wurde, das 1943 für einen Spottpreis in den Besitz Lion Feuchtwangers übergehen sollte, oder im 1926 von Frank L. Meline entwickelten Ortsteil Castellammare westlich des ehemaligen Inceville-Studios. Als eines der ersten Häuser dort entstand im Porto Marina Way 17948 die nach dem Vorbild des Petit Trianon in Versailles entworfene, rund eine Million Dollar teure Villa de Leon als repräsentativer Wohnsitz des 1894 eingebürgerten russischen Wollhändlers Leon Kauffman. 1115 Quadratmeter Wohnfläche boten Platz für 35 Räume, darunter einen fast zehn mal zwanzig Meter messenden Salon, einen runden Speisesaal, eine Bibliothek, neun Schlaf- und zehn Badezimmer, deren aus Italien importierte Fliesen mit Gold verfugt worden waren; die Mahagonivertäfelungen anderer Räume stammten aus Thailand. Die Garage war groß genug für sieben Automobile, den Strand erreichte man über eine private Standseilbahn.

1928 errichtete man am heutigen Pacific Coast Highway 17575 zur Versorgung der Nachbarschaft ein Geschäftsgebäude, in dem 1934 Thelma Todd, bekannt als Blondine an der Seite der Marx Brothers, Stan Laurels und Oliver Hardys, ein Restaurant eröffnete, Thelma Todd's Sidewalk Café. Eigens für Todd hatte der Produzent Hal Roach die sogenannte Kartoffelklausel erfunden: Sollte sie mehr als fünf Pfund zunehmen, würde ihr Vertrag fristlos enden. Am 16. Dezember 1935 fand man sie in der Garage ihres Liebhabers in der nahen Posetano Road 17531 tot auf dem Fahrersitz ihres schokoladebraunen Lincoln Phaeton; sie trug ein blaues, paillettenbesetztes Abendkleid, einen Nerzmantel und Schmuck im Wert von 20 000 Dollar. Nie konnte aufgeklärt werden, ob es sich um Suizid, einen Unfall oder Mord gehandelt hatte, und wohl auch deshalb stellt das Gebäude, in dem sich einst ihr von der Hollywoodprominenz frequentiertes Lokal befand, für viele Reisende eine der größten Sehenswürdigkeiten von Pacific Palisades dar.

Während Kauffmans Villa noch heute zumindest aus der Ferne bestaunt werden kann, wurde ein ebenso spektakulärer Bau Anfang der 1950er-Jahre abgerissen: der japanische Palast eines schwäbischen Kunstsammlers. 1883 war der 16-jährige, in Ulm geborene Adolf Bernheimer seinem im Jahr zuvor ausgewanderten Bruder Eugen nach New York gefolgt, wo bereits ein weiteres Geschwister lebte. Sie stammten aus einer großen, zur kleinen jüdischen Landgemeinde des württembergischen Dorfes Buttenhausen zählenden Familie, der auch jene Bernheimers in München angehörten, die die Schlösser des Märchenkönigs Ludwig II. ausstaffierten und später Thomas Mann und die Krupps ebenso belieferten wie Hermann Göring.

Auch Adolph und Eugene, wie sich die feingeistigen, zeitlebens ledigen Brüder nun schrieben, besaßen ein Faible für Kunst und Antiquitäten. Vermögend geworden als Miteigentümer der New Yorker Bear Mill Manufacturing Company, die entgegen ihrem Namen weder eine Mühle war noch irgendetwas fabrizierte, sondern »orientalische Waren« wie Seide importierte, waren sie 1911 nach Los Angeles gekommen. Um ihre Asiatika-Sammlung, die Adolph auf 17 Reisen zusammengetragen hatte, angemessen präsentieren zu können, ließen sie von Franklin M. Small ein Haus nach dem Vorbild eines Tempels bei Kyoto entwerfen und bezogen es im November 1914. Während des Ersten Weltkriegs kam der Verdacht auf, sie seien deutsche Spione oder hätten zumindest solche unterstützt. Anhaltend darüber wie auch über die antisemitischen Anfeindungen verärgert, denen sie sich zusehends ausgesetzt sahen, veräußerten sie 1924 ihr Anwesen in der North Sycamore Avenue 1999 in Hollywood. Es diente dann dem Club der 400, einer exklusiven Vereinigung von Hollywoodstars und -regisseuren, als so originelles wie komfortables Zuhause und seit 1948 als Restaurant namens Yamashiro sowie gelegentlich als Set für Kultfilme wie SAYONARA mit Marlon Brando oder Quentin Tarantinos KILL BILL mit Uma Thurman. Heute ist es jedem zugänglich, der es sich leisten will, dort zu speisen.

Ende 1924 verstarb Eugene unerwartet, Adolph zog sich nach Pacific Palisades zurück. Von Alphonzo E. Bell erwarb er dort, wo heute am Sunset Boulevard 16980 die Pacific Garden Apartments stehen, ein drei Hektar großes Grundstück mit Meerblick oberhalb des heutigen Pacific Coast Highways, der bei der Einweihung 1929 zunächst den Namen Roosevelt Highway erhielt, und beauftragte den New Yorker Architekten Franklin Small mit dem Bau eines Herrenhauses im chinesisch-japanischen Stil. Umgeben war es von den weitläufigen, mit seltenen Gewächsen aus Japan, China und Tibet bepflanzten, mit Pagoden und kleinen, schwarz, mauve und goldfarben angestrichenen japanischen Häuschen bebauten Bernheimer Oriental Gardens. Sie waren geschmückt mit wertvollen Skulpturen, unter anderem einer ganzen Herde von Elefanten aus Bronze, die, warum auch immer, regelmäßig Berglöwen aus Fleisch und Blut anlockten. Alles in allem soll Adolph rund vier Millionen Dollar ausgegeben haben, um seinen japanischen Traum in Pacific Palisades Wirklichkeit werden zu lassen.

Von 1928 an der Öffentlichkeit zugänglich, wurden die Gärten eine Touristenattraktion, die mehr als zwei Millionen Menschen anzog, bis der Angriff auf Pearl Harbour in den USA die Freude an japanischer Gartenkultur mehr als trübte, zumal auch ein deutscher Besitzer, der noch dazu den Vornamen des »Führers« trug, nicht en vogue war, selbst wenn es sich um einen Juden handelte. Auch im wörtlichen Sinne rutschte der Garten 1944 in den Abgrund, zumindest teilweise, was viele Palisadians wenig erstaunte, hatten doch die Chumash schon immer geglaubt, unter dem Hügel seien böse Geister gefangen, weil gelegentlich Rauch und Schwefeldämpfe daraus aufstiegen. Adolph selbst erlag im selben Jahr den Folgen einer Lungenentzündung, umgeben von seinen Artefakten, darunter lebensgroßen Bronzestatuen von Lao-Tse und Konfuzius, die 1951 unter den Hammer kamen. Die Auktion sei mehr als eine kommerzielle Angelegenheit, schrieb die *Los Angeles Times,* sie sei »die Totenklage auf eine herrliche Vision«.[7]

»Lass Dich anstecken von ihrem: take it easy«

Der Niedergang der Filmstudios von Inceville und die Gründung von Pacific Palisades geschahen zwar parallel, aber völlig unabhängig voneinander. Hingegen wären die Palisades ohne die Filmindustrie wohl nie die heimliche Hauptstadt der deutschen und österreichischen Exilkultur geworden, nie das »Weimar am Pazifik«, ein Begriff übrigens, den die Exilierten nie gebrauchten und der heute gelegentlich auch für den gesamten Großraum Los Angeles verwendet wird. Nicht ohne Grund wählte die Wochenzeitschrift *The New Yorker* im Dezember 1941 für einen respektlos-ironischen Bericht über Thomas Mann den Titel »Goethe in Hollywood«.

Jene Traumfabrik, die sich als wesentlicher Motor für das rasche Wachstum von Los Angeles erweisen sollte, hatten fast ausnahmslos arme jüdische Einwanderer aufgebaut, viele davon Flüchtlingskinder, deren Familien Osteuropa nach den Pogromen Ende des 19. Jahrhunderts verlassen hatten. Die Branche war neu – es gab weder ein Establishment noch gesellschaftliche Schranken – und zog jene Leute an, die woanders wenig oder gar keine Chancen für sich sahen. Doch sie kannten die Träume und Sehnsüchte ihres Publikums, denn es waren die ihren, und zauberten ein mitunter von kitschigen Idealen und einem naiven Patriotismus geprägtes Amerika auf die Leinwand.

Der Universal-Gründer Carl Laemmle war aus dem schwäbischen Laupheim emigriert, Adolph Zukor, der Paramount Pictures gründete, aus dem tokajischen Ricse. Harry Warner, der mit seinen Brüdern Albert, Samuel und Jack L. als Warner Bros. in die Annalen der Filmkunst einging, war als Hirsch Moses Wonsal im damals zum russischen Kaiserreich gehörenden, heute polnischen Krasnosielc zur Welt gekommen. Harry Cohn, Mitbegründer von Columbia Pictures, war der Sohn eines deutschen Schneiders. William Fox alias Vilmos Fuchs, der die Fox Film Corporation ins Leben rief, entstammte einer deutschsprachigen Familie aus dem ungarischen Tolcsva. Joseph Schenck, dessen Twentieth Century Pictures 1935 mit der Fox fusionieren sollten, war als Ossip Schenker im russischen Rybinsk geboren worden. Marcus Loew, Sohn eines Immigranten aus Wien, und Louis B. Mayer aus Minsk bauten Metro-Goldwyn-Mayer auf, das Studio mit dem Löwen im Logo; der Mittelteil des Namens stammte von Samuel Goldwyn, als Szmuel Gelbfisz in Warschau geboren. Die Firma wurde spöttisch auch »Mayers ganze Mischpoche« genannt, da dieser dort große Teile seiner Verwandtschaft beschäftigte, darunter den Schweizer William Wyler, der später über drei Jahrzehnte als einer der führenden Regisseure Hollywoods gelten und zwölfmal für den Oscar in der Kategorie Bester Regisseur nominiert werden sollte.

In einer Zeit, in der zahlreiche Deutsche in die USA auswanderten, alleine zwischen 1923 und 1929 waren es 361 000, zogen natürlich auch die Studios Talente von dort an wie 1923 Ernst Lubitsch, den Regisseur leichter, geistvoller Komödien mit seinem unverwechselbaren, bald als »Lubitsch-Touch« berühmten Stil, der einer der einflussreichsten Deutschen in Hollywood wurde. Sein 1888 in Bielefeld mit dem eher unvorteilhaften Namen Friedrich Wilhelm Plumpe zur Welt gekommener Kollege Friedrich Wilhelm Murnau, der seinen Künstlernamen nach einem Liebeserlebnis mit dem expressionistischen Lyriker Hans Ehrenbaum-Degele in der oberbayerischen Kleinstadt Murnau gewählt und mit Streifen wie NOSFERATU – EINE SYMPHONIE DES GRAUENS, dem ersten

Vampirfilm der Geschichte, internationalen Ruhm erlangt hatte, drehte ab Herbst 1926 für die Fox den Film SUNRISE.

Sein Leben sollte er 1931 auf tragische Weise verlieren: Eine Woche vor der Premiere seines in der Südsee gedrehten Films TABU kam sein Wagen bei einem Ausweichmanöver von der Straße ab. Gerüchte machten die Runde, nicht Murnau, sondern sein 14-jähriger philippinischer Liebhaber habe am Steuer gesessen. Murnaus Leichnam wurde einbalsamiert, geschminkt und in einem Glassarg auf weißen Atlas gebettet, an der Trauerfeier in Hollywood nahmen elf Personen teil, dann wurden Murnaus sterbliche Überreste nach Berlin überführt und dort beigesetzt. Seine Totenmaske, die Greta Garbo hatte anfertigen lassen, entdeckte man Jahrzehnte später unter einer dicken Staubschicht auf dem Dachboden der Mabery Road 165 in Pacific Palisades, wo einst Salka Viertel, die engste Freundin der »Göttlichen«, gewohnt hatte.

Salkas Mann, der Regisseur Berthold Viertel, hatte 1927 durch Murnaus Vermittlung einen Dreijahresvertrag mit Hollywood erhalten. Viertel, Jahrgang 1885 und für die Literatur ebenso begabt wie für das Theater, war einst Mitarbeiter der *Fackel* von Karl Kraus und Theaterkritiker beim *Prager Tageblatt* gewesen, hatte an Bühnen in seiner Heimatstadt Wien, in Dresden, München, Düsseldorf und Berlin inszeniert und sich Mitte der 20er-Jahre der Filmregie zugewandt. Seine Frau Salka, als Salomea Sara Steuermann 1889 unter dem k. u. k. Doppeladler im galizischen Sambor, dem heutigen ukrainischen Sambir, am Fuße der Karpaten geboren, war an Theatern in Deutschland und Österreich aufgetreten, aber nie in die erste Reihe der Schauspielerinnen vorgerückt, nicht, weil es ihr an Talent mangelte, sondern vermutlich, weil sie nicht dem entsprach, was man eine klassische Schönheit nannte.

Ende März 1928 wurde das Ehepaar von den in Hollywood bereits arrivierten Deutschsprachigen herzlich empfangen.

Emil Jannings, bald darauf als erster Schauspieler der Filmgeschichte mit einem Oscar ausgezeichnet – bei einer glanzlosen Zeremonie im Hotel Roosevelt wurden in gerade mal fünf Minuten 13 Preise vergeben –, und seine Frau Gussy Holl gaben in ihrem prächtigen 20-Zimmer-Haus am Hollywood Boulevard eine Party für die Neuankömmlinge, zu der die Regisseure Ernst Lubitsch und Ludwig Berger sowie der Filmstar Conrad Veidt erschienen, zudem andere prominente Gäste aus Europa wie die Thomas-Mann-Sprösslinge Erika und Klaus, der fand, die Atmosphäre Hollywoods habe »bei aller Ödigkeit etwas Faszinierendes«, »sie zieht an, saugt auf, nimmt gefangen. Man verliert das Gefühl für die Zeit, wie im ZAUBERBERG, sie entgleitet, ohne dass man wüsste, welchen Inhalt sie hatte.«[1]

Doch die Zusammenarbeit zwischen Berthold Viertel und dem drei Jahre jüngeren, grandseigneural und arrogant wirkenden Murnau, die gemeinsam das Drehbuch zu CITY GIRL schreiben wollten, verlief problematisch und trübte auch die Beziehung zwischen »Murr« und Bertholds Frau. Salka fühlte sich einsam und versank in Depressionen. Ihre mittlerweile zerrüttete Ehe und die drei im Mai aus Europa nachgekommenen Söhne Hans, Peter und Thomas, um die sich die meiste Zeit Nena kümmerte, das in Breslau geborene Kindermädchen Helene Gnichwitz, füllten sie so wenig aus wie der Haushalt, den Elisabeth Hanelik aus dem rheinisch-westfälischen Hamborn führte und zu dem auch der Diener und Chauffeur Dewitt Fuller aus Kansas gehörte, trotz seines Vornamens, der »der Weiße« bedeutete, »ein sehr freundlicher, immer gut gelaunter Neger«.[2]

Vor allem konnte und mochte sich Salka nicht an das »sinnlose Gesellschaftsleben«[3] gewöhnen, an all die Partys, bei denen trotz der Prohibition Alkoholika in Hülle und Fülle konsumiert wurden. *Bootleggers,* illegale Wein- und Schnapshändler, versorgten die Stars bestens, selbst wenn gutes Bier zum Verdruss vieler Deutscher nur selten zu bekommen war. Salkas Freund Francesco von Mendelssohn, ein flamboyanter, vielfältig talentierter reicher Erbe, in dessen Berliner Villa sich Murnau und die Viertels 1926 kennengelernt hatten, versuchte bei einer Visite in den USA zu vermitteln: »Murr [...] hat mir ausdrücklich gesagt [...,] wie sehr er alle Störungen durch berufliche troubles bedauert, die gelegentlich das ›sich aussprechen‹, das er in ganz Amerika nur mit Dir haben kann, trüben. [...] Sieh Amerikanerinnen. Lass Dich anstecken von ihrem: take it easy, das ist gut und wenn auch für Dich *gewiss* nur als Passage brauchbar, doch *sicher* nützlich als Pause, um dann nachher wieder in die Tiefe zu gehen, in der man *nicht* unterbrechungslos leben sollte!! So, wie Du gestern und heute warst, kannst Du es ja in Deiner Haut nicht aushalten. Tu m'as fait pitié – wie ich Dir nicht sagen kann.«[4]

Zunächst bezogen die Viertels ein preiswertes Haus an der Fairfax Avenue in einem vorwiegend jüdischen Wohnbezirk westlich von Hollywood, dann konnte sich Salka, die sich nach wie vor wie in der »Verbannung«[5] fühlte, wenigstens mit ihrem Wunsch durchsetzen, in die Nähe des Ozeans zu ziehen, gegen die Bedenken ihres Mannes, der nicht im als feucht und neblig geltenden, weit von den Studios entfernten Santa Monica Canyon wohnen wollte. Im Juni 1929 mieteten sie in Pacific Palisades für vorerst drei Monate zu je 300 Dollar ein drei Jahre zuvor im sogenannten englischen Stil erbautes Haus, weiß, mit grün gestrichenen Fachwerkbalken und einem grünen Dach. Sie wurden damit die ersten Bewohner der Palisades, die später zur deutschsprachigen Emigrantenkolonie gehören sollten, mehr noch, Salka Viertel würde deren wichtigste Schlüsselfigur, ihr Haus zum Epizentrum werden.

Nach Ablauf des Pachtvertrags verhandelten die Viertels neu und konnten ihn zur halben Miete verlängern. Im April 1933 erwarben sie das Haus mit immerhin 348 Quadratmetern Wohnfläche schließlich für den moderaten Preis von

7500 Dollar. Im Erdgeschoss befand sich ein geräumiges Wohnzimmer mit Kamin und direktem Zugang zum Garten, der mit zwei Pinien, Hibiskussträuchern, einem Pittosporum-, einem Aprikosen-, einem Feigen- und einem riesigen Magnolienbaum bepflanzt und von einem mit Geißblatt, rosa und weißen Heckenrosen bewachsenen Zaun umgrenzt war. Neben dem Esszimmer lag die große Küche, im oberen Stock gab es Bäder, drei Schlafzimmer mit Blick über das Meer und ein viertes zur Straße hin. Salka ließ einige Erdbebenschäden reparieren, eine Zentralheizung und bequeme Dienstbotenzimmer einbauen, über der separat stehenden Garage ein Gästezimmer errichten, dem gesamten Anwesen einen neuen Anstrich verpassen und möblierte es neu. Nur wenige Meter vom Haus entfernt führte eine Treppe zu einem Tunnel unter dem Highway und hinunter zum Strand.

Bald gingen in der Mabery Road 165 bedeutende Filmschaffende ein und aus wie der russische Filmpionier Sergej Eisenstein oder Greta Garbo, die Salka bei einer Party Ernst Lubitschs kennengelernt hatte. Am sonntagnachmittäglichen Jour fixe, der erst rückblickend als Salon glorifiziert werden sollte, versammelten sich zum Tischtennisspiel, zu ernsthaften Diskussionen oder einfach zu amüsanten Plaudereien bei Tee und Gugelhupf Gäste wie der TARZAN-Darsteller Johnny Weissmuller, der Dramatiker Marcel Achard, der Dirigent Otto Klemperer, die französische Schauspielerin Françoise Rosay und ihr Mann, der Regisseur Jacques Feyder, oder der arrivierte amerikanische Drehbuchautor Oliver Garrett, der wenige Häuser weiter in der Mabery Road 49 wohnte und mit dem Salka 1931 eine bis 1934 dauernde Affäre begann.

Den im Oktober 1929 nach Hollywood übergesiedelten Wiener Fred Zinnemann, damals noch Regieassistent Berthold Viertels, später durch Werke wie HIGH NOON oder FROM HERE TO ETERNITY als Großmeister der Filmregie in die Geschichte eingegangen, machten die Begegnungen mit

Stars wie Chaplin »sprachlos und gelähmt«.[6] Salkas Haus – Berthold war oft, bald schon dauerhaft abwesend – diente nicht nur als geliebter Rückzugsort Greta Garbos. Die Mabery Road 165 wurde nach 1933 eine legendäre Adresse und besaß »als eine Zufluchtsstätte, Stätte herzlicher Hilfe und eine Art Oase in der immer weiter sich erstreckenden Wüste der Geistes- und Herzensverödung, des impotenten und leider nur zu potenten Hasses einen großen, weit bekannten Namen«,[7] so Berthold Viertel. Sie war bekannter noch als später der Paseo Miramar mit dem schlossartigen Anwesen der Feuchtwangers oder der San Remo Drive, an dem die Manns residierten.

Unter ihrem Mädchennamen Steuermann wirkte Salka Viertel in einigen Filmen mit, spielte eine Nebenrolle als sprechende Wachsfigur der russischen Kaiserin Katharina in SEVEN FACES, inszeniert von ihrem Mann, und agierte im Frühjahr 1930 unter der Regie Jacques Feyders im deutschsprachigen Remake von ANNA CHRISTIE nach dem gleichnamigen Stück von Eugene O'Neill, dem ersten Tonfilm Greta Garbos, in dem diese eine verbitterte, alkoholkranke schwedischstämmige Prostituierte gibt.

Das Aufkommen des Tonfilms hatte nicht nur die Hollywoodkarriere vieler Europäerinnen und Europäer beendet, die anders als die Garbo an der Herausforderung, ein verständliches Englisch zu sprechen, scheiterten, darunter Emil Jannings und Pola Negri. Es hatte auch die internationale Vermarktung erheblich eingeschränkt. Die englischen Dialoge wurden im Ausland kaum verstanden, Untertitel vom Publikum nicht angenommen. So experimentierte man, bis man probate Synchronverfahren entwickelt hatte, mit Sprachversionsfilmen: Die Streifen wurden in teilweise unterschiedlicher Besetzung in mehreren Sprachen parallel oder unmittelbar nacheinander gedreht, um sie in die entsprechenden Länder exportieren zu können. Dass die Garbo in der ausnahmsweise mit einigem zeitlichen Abstand realisierten deutschen Fassung gelöster wirkte als in der englischen, lag vor allem an Salka, die sie gecoacht hatte, zudem brachte deren übertrieben pathetisches, noch an den deutschen Filmexpressionismus erinnerndes Spiel die sparsamen Gesten Garbos bestens zur Geltung. Mittlerweile waren die beiden Frauen eng befreundet, und es war die Garbo, die Salka riet, sich dem Schreiben zuzuwenden. Bald galt Salka Viertel, von der die Idee zum Garbo-Streifen QUEEN CHRISTINA stammte, bei Metro-Goldwyn-Mayer als Spezialistin für Filme der geheimnisumwitterten Schwedin und nahm in Hollywood als deren wichtigste Beraterin eine nicht zu unterschätzende Position ein.

Berthold Viertel, der sich seit dem Frühsommer 1932 in Europa aufhielt, reiste zu den Vorbereitungen eines neuen Films ausgerechnet am 30. Januar 1933 nach Berlin, dem Tag, an dem Reichspräsident Paul von Hindenburg kurz nach elf Uhr Adolf Hitler zum Reichskanzler ernannte und abends uniformierte Anhänger der NSDAP und Zivilisten mit Fackeln enthusiastisch ihren »Führer« feierten. »Sinnloser Taumel«, notierte Joseph Goebbels über diese »spontane Explosion des Volkes«,[8] die in Wahrheit eine bestens inszenierte Demonstration der neuen Macht war. Schon zwei Tage später löste Hindenburg auf Drängen Hitlers den Reichstag auf und ordnete für den 5. März Neuwahlen an. Demonstrationsverbote wurden erlassen, die Verordnung vom 4. Februar zum »Schutz des deutschen Volkes« schränkte die Rede- und Pressefreiheit ein. Jüdische oder politisch unliebsame Bühnenschaffende wurden sukzessive entlassen, an den Preußischen Staatstheatern in Berlin am 27. Februar, wenige Stunden bevor abends der Reichstag brannte. Noch in jener Nacht erfolgten die ersten Verhaftungen, tags darauf setzte die »Verordnung zum Schutz von Volk und Staat« die demokratischen Grundrechte der Weimarer Verfassung außer Kraft. Berthold Viertel floh über Prag, Wien und Paris nach London; am 14. Juli traf er wieder in den USA ein.

Bei der Reichstagswahl vom 5. März erhielten die Nationalsozialisten 43,9 Prozent der Stimmen, zusammen mit der Deutschnationalen Volkspartei besaßen sie nun die absolute Mehrheit. Tags darauf begannen auf dem Berliner Kurfürstendamm planmäßige Übergriffe auf jüdische Deutsche. In vorauseilendem Gehorsam »arisierte« sich ein Großteil der Filmbranche. Am 29. März beschloss der Vorstand der Ufa, dass »mit Rücksicht auf die infolge der nationalen Umwälzung in Deutschland in den Vordergrund getretene Frage über die Weiterbeschäftigung von jüdischen Mitarbeitern und Angestellten [...] nach Möglichkeit die Verträge mit jüdischen Mitarbeitern und Angestellten gelöst werden sollen«.[9] Selbst Erich Pommer, der als Produzent von Filmen wie DAS CABINET DES DR. CALIGARI, METROPOLIS und DER BLAUE ENGEL Filmgeschichte geschrieben hatte, wurde entlassen.

Am 1. April 1933 kam es zu Boykottmaßnahmen, die sich gegen jüdische Geschäfte, Ärzte und Rechtsanwälte richteten, mit pogromartigen Willkürakten wurden Geschäfte demoliert, Menschen terrorisiert. Das »Gesetz zur Wiederherstellung des Berufsbeamtentums« vom 7. April 1933 erlaubte unter Missachtung aller verfassungsrechtlichen Bestimmungen die Entlassung von regimekritischen oder »nicht arischen« Beamten. Waren es in den ersten Wochen nach der Machtübergabe an die Nationalsozialisten vor allem deren politische Gegner gewesen, die das Reich aus Angst vor Repressalien und Verfolgung verlassen hatten – Zufluchtsländer für viele der insgesamt rund 30 000 bis 40 000 politischen Exilsuchenden waren zunächst Frankreich, die Schweiz und die Tschechoslowakei –, flohen nun auch zahlreiche jüdische Deutsche, anfangs ebenfalls vor allem in die Nachbarländer und nach Großbritannien. Allein im Jahr 1933 verließen rund 37 000 von ihnen ihre Heimat.

In diesem Jahr ließ sich die 1888 in Wien als Tochter einer

jüdisch-bürgerlichen Familie geborene Vicki Baum in Pacific Palisades nieder, der erste Medienstar der deutschen Literatur, die Starautorin der Weimarer Republik. »Manchmal, wenn ich daran denke, was dieser unersättliche Polyp von Stadt vor dreißig Jahren gewesen ist, werde ich ein bisschen sentimental«, heißt es in der Autobiografie, die die Erfolgsautorin bei ihrem Tod 1960 unvollendet hinterließ. »Seitdem wir hier in diesem verstopften, übel riechenden, kakifarbenen Smogzelt leben, wissen wir kaum noch, wie es damals gewesen ist; der enzianblaue Himmel, die kalten Nächte mit dem sternenübersäten Firmament und dem Jasminduft; der Tau morgens auf den Hängen und Gärten; in der Sonne alle wilden Farben van Goghs; die Luft so rein, man hätte sie nicht nur atmen, man hätte sie trinken mögen. Ich glaube, ich war damals wochenlang von dieser Luft trunken, dieser Sonne, dieser Schönheit der Berge und ihrer Menschen.«

Die aus wohlhabender Familie stammende Hedwig Baum hatte als Harfenistin gewirkt, bevor sie 1919 mit dem Roman FRÜHE SCHATTEN ihr literarisches Debüt gab. Von 1926 bis 1931 arbeitete die Autorin, deren Roman STUD. CHEM. HELENE WILLFÜER Anerkennung bei Kritik und Publikum gleichermaßen fand, als Zeitschriftenredakteurin für den Berliner Ullstein-Verlag, der 1929 den bis heute populärsten ihrer insgesamt mehr als 30 Romane, MENSCHEN IM HOTEL, publizierte, zunächst als wöchentliche Fortsetzung in der *Berliner Illustrirten Zeitung,* dann als Buch. Die Mischung aus Melodrama, Romanze und Kriminalroman traf den Nerv der Zeit; die Bühnenfassung wurde 1930 unter der Regie von Gustaf Gründgens in Berlin uraufgeführt und an über 120 weiteren Bühnen inszeniert. 1930 erwarb MGM die Filmrechte und beteiligte sich an der Broadway-Produktion des Stückes, die es zu einer Zeit, als man die heute üblichen Endloslaufzeiten von Musicals wie PHANTOM OF THE OPERA oder CHICAGO noch nicht kannte, auf sensationelle 459 Vorstellungen brachte.

Die dadurch international bekannte Autorin, vom Publikum geliebt, von Teilen der Literaturkritik etwas leichtfertig als Unterhaltungsschriftstellerin abgetan, ging 1931 in die USA, um im Auftrag der Paramount zwei Drehbuchentwürfe zu schreiben – für 2500 Dollar Wochenlohn, was heute einer Kaufkraft von rund 45 000 Dollar entspricht. Zwar stieß ihre Arbeit auf wenig Gefallen bei den Studiobossen, und man entließ sie, dafür bot ihr MGM an, am Drehbuch für GRAND HOTEL, so der englische Filmtitel von MENSCHEN IM HOTEL, mitzuarbeiten – für 2000 Dollar wöchentlich, was zwar weniger war als die Gage bei Paramount, aber immerhin der Summe entsprach, die sie insgesamt für die Filmrechte erhalten hatte. Entgegen der gängigen Studiopraxis wurden für GRAND HOTEL nicht zwei, sondern gleich fünf Topstars verpflichtet: Neben Greta Garbo spielten Joan Crawford, Lionel und John Barrymore und Wallace Beery.

Als Vicki Baum nach Berlin zurückkehrte, ahnte sie nicht, wie erfolgreich dieser Film werden würde, der dem Studio fast eine Million Gewinn einbringen sollte. Sie hatte sich aber bereits entschlossen, dauerhaft in die USA auszuwandern, beantragte für sich, ihren zweiten Mann, den Dirigenten Richard Lert, und die beiden Söhne *quota visa,* was 1932 noch kein Problem darstellte, und schiffte sich Ende März auf der *SS Europa* ein, in der Tasche einen lukrativen Vertrag mit MGM, der ihr 3500 Dollar wöchentlich garantierte. Am 12. April nahm sie in New York an der Weltpremiere von GRAND HOTEL teil. Nachdem auch ihre Familie dort eingetroffen war, übersiedelten alle gemeinsam am 12. Juli nach Kalifornien und bezogen zunächst ein Haus in der Nachbarschaft der Viertels. Im Februar 1933 erwarb Vicki Baum dann ein Grundstück in der Riviera von Pacific Palisades, im Amalfi Drive 1461, und gab den Bau einer Villa im spanischen Stil in Auftrag.

Schon im Spätsommer konnten sie und ihr Mann, der sein

letztes Konzert in Deutschland am 6. März 1933 gegeben hatte, das zweigeschossige, weiß getünchte Fugensteinhaus mit rotem Ziegeldach beziehen, zu dessen Besichtigung der Bauunternehmer zuvor in großen Anzeigen aufgefordert hatte. In der von einem 2590 Quadratmeter messenden Garten mit großem Swimmingpool umgebenen Villa befanden sich auf einer Wohnfläche von 654 Quadratmetern fünf Schlafzimmer und fünf Bäder, das größte davon mit Onyx verkleidet. Die meisten Räume im Parterre waren mit schwarzen und weißen Marmorfliesen ausgelegt. Eine drei Meter breite Fensterfront in Vicki Baums himbeerfarben gestrichenem, grau möbliertem Arbeitszimmer gab den Blick auf den Canyon frei, die angrenzende Bibliothek wurde von einem schwarzen Bauhaus-Dreisitzer dominiert und von einer Buddhafigur sowie einer geschnitzten bayerischen Madonna geschmückt. Ebenfalls im Erdgeschoss gab es eine geräumige Küche. Versorgt wurden Vicki Baum und ihre Familie von wechselndem Personal, stets aber People of Color, seien es Mattie, die als Empfangsdame in einem Edelbordell in Hollywood gearbeitet hatte und deren Mann Alex oder später die Köchin Velma aus Mississippi und das Dienstmädchen Leola aus Oklahoma.

Noch war der Amalfi Drive nur spärlich bebaut. Drei Parzellen weiter lebte im nordwestlich an Baums Grundstück angrenzenden Amalfi Drive 1515 eine andere österreichische Autorin: Die etwas zwielichtige Gräfin Caroline Zanardi Landi hatte sich vor ihrer Ehe mit einem italienischen Grafen als Köchin, Verkäuferin und Sprachlehrerin verdingt. In ihrem Buch THE SECRET OF AN EMPRESS behauptete sie, eine verheimlichte Tochter der österreichischen Kaiserin Sisi zu sein. Das 1925 wie die Villa Aurora vom Architekten Mark Daniels im spanischen Kolonialstil errichtete, The Cloisters getaufte Haus wurde nach der Gräfin und ihrer schönen, schauspielernden Tochter Elissa Landi vom Regisseur David O. Selznick bewohnt, während er GONE WITH THE WIND drehte. 1939 kaufte Douglas Fairbanks jr. es, vergrößerte es und vermietete es 1942 für 600 Dollar monatlich an Cary Grant und dessen zweite Frau, die Woolworth-Erbin Barbara Hutton. Zu den weiteren prominenten Besitzern zählte der Sänger Bobby Vinton, bekannt durch Titel wie BLUE VELVET und MR LONELY, der es 1985 an Steven Spielberg veräußerte, den einzigen Regisseur der Filmgeschichte, der in sechs verschiedenen Jahrzehnten für einen Oscar nominiert wurde.

Auch im Hause Lert herrschte in den 1930er-Jahren kein Mangel an Geld. Da Vicki Baum jedoch bei MGM auf eine Vertragsklausel bestanden hatte, die ihr erlaubte, sich sechs Monate im Jahr ihren Romanen zu widmen, reduzierte sich ihr Jahresverdienst de facto auf die Hälfte: »Ich war sozial noch eine Stufe tiefer gerutscht und gehörte jetzt zu der Schicht, die nur eintausendsiebenhundertundfünfzig Dollar pro Woche verdiente.« Das jährliche Durchschnittseinkommen einer amerikanischen Familie lag bei etwa 1500 Dollar, Vicki Baum verdiente also rund das 60-Fache, dazu addierten sich die Gagen ihres Mannes Richard Lert. »In Hollywood musste man aber mit den Wölfen heulen, oder man ging unter. So sah ich mich neben vielen anderen Schwierigkeiten dem Zwang gegenüber, das immerhin wohl recht hohe Einkommen für einen alles überwuchernden, übertriebenen Aufwand hinauszuwerfen, für Repräsentation, Prestige, Status, und zwar recht auffällig, denn was für einen Sinn hätte die Verschwendung gehabt, wenn sie nicht aufgefallen wäre? [...] Die Einladungen standen unter dem Gesetz Auge um Auge, Zahn um Zahn; und ich wurde pausenlos eingeladen. Das zwang mich, ein offenes Haus mit Dienern und Gärtnern zu führen und für die vielen Gesellschaften, die ich geben musste, Aushilfskräfte zu engagieren, Butler, Serviermädchen, Barmixer. Und wenn man in Hollywood sechzig Leute einlud, brachten sie vierzig Uneingeladene mit, und als echter Spross meiner Großmutter richtete ich dann natürlich Essen für hundertfünfzig. Wir beide, mein Mann und ich, rauchen und trinken nicht, in die durstigen Kehlen meiner Gäste aber flossen unaufhörlich Ströme von Alkohol – und im Zeichen der Prohibition waren schwarz beschaffte Drinks von guter Qualität unheimlich teuer.«[10] Bleibt hinzuzufügen, dass sich Baum im Untergeschoss des nach ihren Vorstellungen entworfenen Hauses einen *secret pub* einrichten ließ, eine versteckte Bar im »Speakeasy«-Stil, deren Zugang sich hinter einem Buchregal verbarg, das zur Seite gedreht werden konnte …

Vicki Baum wurde als Filmautorin nicht glücklich. »Meine Karriere in Hollywood ist und war nichts als eine Kette von Enttäuschungen und Ärgernissen«,[11] erklärte sie bereits Ende 1933. Im Frühjahr 1934 unterschrieb sie einen Vertrag mit dem Produzenten Samuel Goldwyn, kehrte schon bald reumütig zu MGM zurück, verdiente nun aber nur noch 1000 Dollar die Woche. Dazu kamen freilich Aufträge von Magazinen und Buchtantiemen, Baum zählte nach wie vor zu den Wohlhabenden und konnte weiterhin einen großbürgerlichen Lebensstil pflegen. 1935 erfüllte sie sich den lang gehegten Traum einer Balireise und suchte dort selbstverständlich auch Walter Spies auf, den einstigen Lebensgefährten Friedrich Wilhelm Murnaus, einen begnadeten Maler und talentierten Musiker, leidenschaftlichen Ethnografen, Archäologen und Naturforscher, Museumskurator und Reformator balinesischer Kunst und nicht zuletzt charmanten Gastgeber und Reiseführer der Reichen und Schönen. Tief beeindruckt fuhr sie ein Jahr später abermals nach Bali, bestaunte Zeremonien, Hahnenkämpfe und Tänze, die sie mit ihrer 16-Millimeter-Kamera filmte und später in Pacific Palisades oft und gerne ihren Gästen vorführte. Thomas Mann war von den »Jünglingen in ritueller Trance«, insbesondere einem »schönen jungen Inder-Tänzer«,[12] entzückt.

Zu Besuch bei Walter Spies war Vicki Baums zweiter Weltbestseller entstanden, LIEBE UND TOD AUF BALI, in dessen Hauptfigur Doktor Fabius man unschwer den Gastgeber erkennt. Mehr und mehr konzentrierte sie sich auf ihre belletristische Arbeit, und 1940, mit über 50 Jahren, schrieb die 1938 eingebürgerte Vicki Baum erstmals einen Roman in der Sprache ihrer neuen Heimat. Nicht unerhebliche Summen verdiente sie durch Filmlizenzen. So konnte sie die Rechte an ihrem Roman HOTEL BERLIN '43 im November 1943 für 50 000 Dollar an Warner Bros. verkaufen. Selbst Drehbücher verfassen mochte sie nach 1941 nicht mehr: »Was mich angeht, so habe ich, als ich meine Talentlosigkeit erkannte, ein für alle Mal die Finger davon gelassen. Nichts mit den Ateliers zu tun zu haben, ist für mich ein Luxus, den ich mir mit Wonne leiste. Wenn meine Agenten einmal einen meiner Romane bei einer Filmgesellschaft loswerden, freue ich mich, bin aber keineswegs entzückt; der Stoff gehört mir dann nicht mehr, und was mit ihm geschieht, ist mir gleichgültig. Das Produkt interessiert mich nicht im Geringsten, ich sehe es mir nicht einmal an. Dies ist eines der Geheimnisse, warum ich mich nicht betrinke und keine Aufputsch- und Beruhigungstabletten zu nehmen brauche.«[13]

Obschon sich auf Vicki Baums Teegesellschaften und Dinnerpartys auch Emigrierte wie die ebenfalls am Amalfi Drive residierende zweifache Oscargewinnerin Luise Rainer und deren in Santa Monica direkt an der Grenze zu Pacific Palisades im Adelaide Drive wohnender Kollege Peter Lorre tummelten, die Regisseure Otto Preminger und Fritz Lang oder die Schriftstellerin Gina Kaus, mit der Vicki Baum eng befreundet war, wahrte die Bestsellerautorin Distanz zu sämtlichen Exilzirkeln.

1942 vermieteten Vicki Baum und Richard Lert ihr Anwesen und zogen erst nach Pasadena, wo Lert die Leitung des Symphonieorchesters übernahm, dann 1945 in ein weniger repräsentatives Haus in Hollywood. Die Art-déco-Villa am

Amalfi Drive kaufte der englische Schauspieler David Niven, 1993 erwarb sie dessen aus Filmen wie Sister Act und Ghost bekannte Kollegin Whoopi Goldberg für 2547500 Dollar, bewohnte sie ein Vierteljahrhundert lang und veräußerte sie dann für 8795000 Dollar, annonciert mit dem ausdrücklichen Hinweis, sie sei ursprünglich für die »berühmte […] österreichische Autorin Vicki Baum«[14] errichtet worden. Anderthalb Jahre später erneut auf den Markt gekommen, aber ohne Interessenten geblieben, wurde das Haus der in Deutschland einst als Verfasserin von »seichten, amoralischen Sensationsromanen« diffamierten, der Shoah entkommenen »Jüdin Vicky Baum-Levy«,[15] kurz nachdem Goldberg Ende Januar 2022 mit ihrer Äußerung in einer Fernsehshow, der Holocaust habe nichts mit Rassismus zu tun gehabt, für Entsetzen gesorgt hatte, als Abbruchobjekt angeboten.

»What watch?« – »Ten watch.« – »Such much?«

Er hätte glauben können, er sei am Kurfürstendamm, berichtete der Filmjournalist Rolf Nürnberg 1932 nach seiner Rückkehr aus Hollywood, »so viel Deutsch wird da gesprochen«.[1] Davon, dass sich etliche Landsleute bereits vor der Machtübergabe an Adolf Hitler in Hollywood etabliert hatten, darunter als die wohl Prominenteste Marlene Dietrich, die 1930 einen Siebenjahresvertrag mit Paramount Pictures unterzeichnet hatte, profitierten nicht wenige der aus dem Reich vertriebenen rund 5000 Film- und Theaterschaffenden und 1500 schriftstellerisch Tätigen. Von den 105 000 Deutschen, die in den Jahren 1933 bis 1941 in die USA emigrierten – knapp drei Viertel davon zwischen 1938 und 1941 –, landeten etwa 15 000 in Südkalifornien, 70 Prozent davon hatten jüdische Wurzeln. Bis 1945 kamen weitere 27 000 Deutsche in die USA. Viele versuchten vergeblich, im Filmgeschäft Fuß zu fassen, doch immerhin rund 1500 von ihnen fanden Arbeit in der Filmmetropole Hollywood, die noch immer boomte: Im Jahr 1939 beispielsweise gab es in den USA mehr Kinos als Banken, wöchentlich frequentiert von gut 50 Millionen Menschen; jährlich produzierten die Studios über 400 neue Streifen. Nicht zuletzt deutsche und österreichische Filmschaffende, die vor dem NS-Regime geflohen waren, wurden zu Architekten der goldenen Ära Hollywoods. »Wisst ihr Burschen denn nicht, dass ihr in Hollywood seid? Sprecht gefälligst Deutsch!«[2], soll Otto Preminger einmal Emigranten, die sich auf Ungarisch unterhielten, gemaßregelt haben.

Man zählte jene Filmschaffenden zu den *emigrés,* wie man die überdurchschnittlich Gebildeten nannte, die nun das Kultur- und Geistesleben der USA bereicherten oder bereichern sollten, und unterschied sie tunlichst von den *immigrants,* welche auf der Suche nach einem besseren Auskommen aus aller Herren Länder gekommen waren. Viele der in der Filmbranche Tätigen wollten gar nicht als im Exil Schutzsuchende gesehen werden, sondern als Eingewanderte in ein gelobtes Land, das sie als neue Heimat begriffen und mit glühend patriotischer Hingabe in höchsten Tönen priesen. Anders als beispielsweise der Philosoph Ludwig Marcuse, der weiterhin so lebte, als befände er sich in Europa, auf Deutsch schrieb und fast ausschließlich mit anderen Exilierten verkehrte, amerikanisierten sie ihre Namen und bemühten sich um größtmögliche Integration. Nicht wenige vermieden den Anschluss an Emigrantenzirkel und machten sich über jene »Beiunskis« lustig, die ständig erklärten, »bei uns« in Wien oder in Berlin sei alles besser gewesen.

Fast alle, die nach Los Angeles kamen, besaßen lediglich ein befristetes Besuchervisum. Um dauerhaft bleiben zu dürfen, benötigten sie jedoch ein *immigrant visa.* 1924 hatte die US-Regierung eine Maximalzahl von 164 667 Immigrierenden jährlich festgelegt und die Anzahl derer, die aus jedem Land einwandern dürften, auf zwei Prozent des Anteils an der amerikanischen Bevölkerung gemäß der Volkszählung von 1890 begrenzt. Mit 51 227 möglichen Zuwandernden hatten die Deutschen die größte Gruppe vor den in Großbritannien und Nordirland Geborenen gestellt. Zweck des Gesetzes war es vor allem gewesen, Menschen aus Asien, aber auch aus Südeuropa auszuschließen. Italien etwa hatte ein Kontingent von 3845 erhalten, Griechenland wie China und Indien das absolute Minimum von 100. 1929 hatte man die gesamte Zahl auf 153 879 reduziert, die der Deutschen auf 25 957, doch noch 1937 übersiedelte nicht einmal die Hälfte, nämlich nur 10 895

Deutsche dauerhaft in die USA, die nach 1933 zunächst nicht zu den primären Zielen für aus dem »Dritten Reich« Vertriebene und Geflüchtete gehörten, von denen viele auf eine baldige Verbesserung der politischen Verhältnisse in Deutschland hofften und sich in Nachbarländern niederließen.

Nach der Annexion Österreichs im März 1938 kombinierten die USA die deutsche und die österreichische zu einer Gesamtquote von 27370, die 1939 erstmals ausgeschöpft wurde, die Zahl der Menschen auf der Warteliste war zugleich aber auf 240748 angestiegen. 1940 wurden 27355 Visa ausgestellt, 15 weniger als die erlaubte Höchstzahl, während die Warteliste nun schon 301935 Namen umfasste, doch 1941 erhielten nur noch 16994 Deutsche ein Visum. Im Juni 1941 wurden alle diplomatischen Vertretungen der USA in Deutschland und im besetzten Europa geschlossen, ab dem 23. Oktober galt im »Dritten Reich« ein Auswanderungsverbot, und zum 25. November entzog Deutschland allen außerhalb des Reichsgebiets lebenden jüdischen Deutschen, sofern sie nicht bereits individuell ausgebürgert worden waren, kollektiv die Staatsangehörigkeit, was deren Aufnahme in potenzielle Asylländer zusätzlich behinderte.

Für mit Besuchervisa in die USA Eingereiste war der einzige, wenn auch nicht gerade kurze Weg zu einem den dauerhaften Aufenthalt garantierenden *quota visa,* welches ausschließlich im Ausland beantragt werden konnte, die Aus- und erneute Einreise und führte folglich nach Mexiko. Schon Berthold und Salka Viertel hatten am 4. März 1932 die Grenze zwischen Tijuana nach San Ysidro überquert. Die meisten fuhren nun in die Grenzstadt Mexicali, stiegen in einem grenznahen Hotel wie dem Comercial ab, um dann nach dem Besuch des amerikanischen Konsulats und dem Erhalt des Quotenvisums in Calexico erneut amerikanischen Boden zu betreten – im wahrsten Sinne des Wortes, nämlich wie vorgeschrieben zu Fuß. Das bedurfte allerdings nicht nur allerlei vorab besorgter Unterlagen, die teilweise aus dem nationalsozialistischen Deutschland angefordert werden mussten, sondern auch eines *affidavit of support,* mit dem sich ein amerikanischer Staatsbürger oder eine amerikanische Staatsbürgerin unter Offenlegung der wirtschaftlichen Verhältnisse verpflichtete, gegebenenfalls mit dem gesamten Besitz für die antragstellende Person aufzukommen. Zusätzlich verlangten die US-Behörden ein *affidavit of sponsorship* oder *moral affidavit,* mit dem ein US-Bürger oder eine US-Bürgerin garantierte, dass der oder die Geflüchtete während des Aufenthalts in den USA nichts tun werde, was den Interessen des Landes zuwiderlaufe, und sich nur so lange dort aufhalte wie gestattet.

Pacific Palisades spielte als Wohnort für diese emigrierten Filmschaffenden in den ersten Jahren eine marginale Rolle. Weniger, weil es sich sukzessive zu einem eher kostspieligen Wohnort entwickelte – auch Beverly Hills oder die Hügel über Hollywood gehörten nicht zu den günstigen Gegenden –, sondern weil die Entfernung zu den Studios für jene, die sie, anders als Autorinnen wie Salka Viertel und Vicki Baum, fast täglich bewältigen mussten und auch nicht wie diese über einen Wagen mit Chauffeur verfügten, zu groß war. Doch auch die in anderen Vierteln von Los Angeles Ansässigen gehörten in vielen Fällen zum Beziehungsnetz des pazifischen Weimars – ein kleiner Exkurs zum Filmexil im Großraum Los Angeles scheint also angebracht.

Regisseure wie der schon 1930 nach Hollywood gekommene Wilhelm Dieterle aus Ludwigshafen am Rhein, der gebürtige Wiener Fritz Lang, der aus der Bukowina stammende Otto Preminger und der Dresdner Robert Siodmak machten früher oder später Karriere, mitunter im Spagat zwischen Kunst und Kommerz, ebenso der Meister des Melodrams Douglas Sirk, als Detlev Sierck in Hamburg zur Welt gekommen, der Komödienspezialist Samuel »Billy« Wilder aus Galizien und der im Karpatenvorland geborene Fred Zinnemann, in dessen Filmen künftige Stars wie Marlon Brando, Grace Kelly und Meryl Streep debütierten. Nicht zu vergessen der Berliner Hermann Kosterlitz alias Henry Koster, der lange nach dem Krieg in der Lachman Lane 1216 in Pacific Palisades ansässig werden sollte, und Kurt Bernhardt, nun Curtis Bernhardt, aus Worms, am Ende seines Lebens ebenfalls in Pacific Palisades am Berea Place 1350 wohnhaft. Mit B-Pictures konnten sich ihre Kollegen Reginald Gröbel, der seinen Namen in Le Borg umdrehte, John Brahm und Edgar G. Ulmer etablieren.

Filmtechniker, Kameraleute und Cutter arbeiteten ebenso erfolgreich für Hollywood wie die Komponisten Erich Wolfgang Korngold, Ernst Toch, Werner Richard Heymann, der einst der UFA Kassenschlager wie DIE DREI VON DER TANKSTELLE geliefert, oder Friedrich Hollaender, der für Marlene Dietrich ICH BIN VON KOPF BIS FUSS AUF LIEBE EINGESTELLT komponiert hatte. Franz Wachsmann, nun Waxman, in Berlin Mitglied der Weintraubs Syncopators, schrieb die Musik zu mehr als 200 Filmen und erhielt 1940 und 1941 in Folge den Oscar. Der Wiener Hans Salter, der rund 300 Filmmusiken schuf, galt durch seine Musiksequenzen zu *horror movies* als »master of terror and suspence« und wurde gleich sechsmal für den Academy Award nominiert. Ebenfalls aus Wien stammte Ernest Gold, eigentlich Ernst Siegmund Goldner, der aber auf seinen Durchbruch warten musste, bis er 1961 für die Musik zum Film EXODUS einen Oscar erhielt. Er war der erste Filmkomponist, der mit einem Stern auf dem Hollywood Walk of Fame verewigt wurde. Nach dem Krieg lebte auch er in Pacific Palisades, erst direkt neben der Villa Aurora im Paseo Miramar 500, zuletzt im Bellino Drive 269. Seine Frau Marni Nixon lieh ihre Gesangsstimme zahlreichen Filmschauspielerinnen, darunter Salka Viertels späterer Schwiegertochter Deborah Kerr in THE KING AND I, Natalie

Wood in West Side Story und Audrey Hepburn in My Fair Lady.

Als Drehbuchverfasser erfolgreich waren unter anderem Walter Reisch, bis zur Emigration einer der Spitzenautoren des deutschen Films, der Science-Fiction- und Horrorspezialist Curt Siodmak, Robert Siodmaks jüngerer Bruder, und George Froeschel – ganz im Gegensatz zu jenen filmunerfahrenen Schriftstellern, die 1940 auf Initiative des European Film Fund nur angestellt wurden, um ihnen die Einreise zu ermöglichen, wie Alfred Döblin oder Heinrich Mann.

Schauspielerinnen und Schauspieler taten sich oft schwer, im Exil, das so mancher als »Sonnengefängnis [...] mit Orangen vor dem Fenster«[3] empfand, auch einen Platz unter der Ateliersonne zu finden. Sie waren auf *accent roles* festgelegt, spielten nicht selten Nazischergen und verdingten sich damit »als Darsteller der Bestialität, deren Opfer man geworden ist«,[4] wie Alfred Polgar formulierte. Ihr Spielstil wirkte für amerikanische Gewohnheiten theatralisch, und das in Hollywood übliche *typecasting* machte ihnen zu schaffen, das heißt, sie wurden nicht gemäß ihren schauspielerischen Fähigkeiten besetzt, sondern nach der Wirkung ihres Typs. Der Starruhm, den sie in der Heimat erlangt hatten, zählte nichts.

Fritzi Massary etwa, in den 20er-Jahren in Berlin die ungekrönte Königin der Operette und dank ihrer erotischen Ausstrahlung, gepaart mit graziler Damenhaftigkeit und unwiderstehlichem Charme, das Idol einer ganzen Epoche, wurde bei der Twentieth Century Fox von einem Regisseur gefragt, ob sie über Bühnenerfahrung verfüge. Zwar war die Massary finanziell abgesichert und nicht auf Arbeit angewiesen, fühlte sich aber unausgefüllt und angesichts ihres Statusverlustes deprimiert. Sie schlug die Tage mit Spaziergängen und Gartenarbeiten tot und versuchte, wenigstens einen Rest jenes gutbürgerlichen Salonlebens aufrechtzuerhalten, wie sie es von ihrer Berliner Zeit gewohnt war. Die Schwiegermutter des Schriftstellers Bruno Frank pflegte freundschaftlichen Umgang mit Franz Werfel und dessen Frau Alma, mit dem Dirigenten Bruno Walter, mit Salka Viertel, Ludwig Marcuse und Thomas Mann, der bei der Feier ihres 65. Geburtstags in Ernst Lubitschs Villa in Bel Air »Operettenluft«[5] spürte. Aufgetragen wurden Sülze mit Zwiebeln, Bouletten und Kassler – Berliner Hausmannskost unter Palmen. Nicht grundlos lästerte Theodor W. Adorno: »In der Erinnerung der Emigration schmeckt jeder deutsche Rehbraten, als wäre er vom Freischütz erlegt worden.«[6]

Auch dem bedeutenden Bühnenkünstler Ernst Deutsch, einst der expressionistische Schauspieler par excellence, hatte Hollywood nichts Adäquates zu bieten. Er spielte ab 1942 unter dem Pseudonym Ernest Dorian vorwiegend Nazis und Offiziere. Und Fritz Kortner, in der Weimarer Republik als prototypischer Repräsentant eines modernen republikanischen Theaters stürmisch gefeiert, für die Nationalsozialisten »so ziemlich der schmierigste und übelste jüdische Typ, der je auf einer deutschen Bühne gestanden hat«,[7] musste erkennen, dass man in Tinseltown, wie man das glamouröse Hollywood nannte, Aufgaben nicht unbedingt »nach Verdienst und Können« erhielt: »Es war eher eine roulettetischhafte Verteilung des Berufsglücks. Für das Vorwärtskommen im amerikanischen Film war die gesellschaftliche Eignung zunächst ausschlaggebender als Begabung. Tennis- und Kartenspieler oder sonst unterhaltsame Partygäste waren die Privilegierten.«[8] Brecht hingegen erklärte Kortners Misserfolg mit dessen Akzent und Darstellungsstil: »kortner kann keine rolle bekommen. eisler erzählt, dass die leute bei RKO bei der vorführung laut gelacht hätten: er habe mit den augen gerollt. nun ist eigentliches spiel hier verpönt, man gestattet es nur den negern. die stars spielen nicht rollen, sondern kommen in ›situationen‹.«[9]

Nur wenigen gelang eine beachtliche Karriere. Albert Bassermann, der bedeutendste realistische Darsteller des frühen 20. Jahrhunderts, hatte seine Heimat 1933 wegen der jüdischen Herkunft seiner geliebten Frau verlassen, der wohl nur in seinen Augen noch begabteren Schauspielerin Else Schiff. Als das Paar 1939 mit Besuchervisa und gerade einmal 800 Mark in der Tasche in den USA eintraf, sprach er kaum Englisch, doch dem Selbstbewusstsein des 72-Jährigen tat dies keinen Abbruch. »Es müsste ein Film für mich verfasst werden mit der führenden Rolle, die in Bezug auf ihre Umgebung Ausländer ist, wegen meines immerhin hörbaren Akzents«,[10] schrieb er dem aus Teplitz-Schönau stammenden Paul Kohner, dessen 1938 eröffnete Künstleragentur am Sunset Boulevard eine zentrale Anlaufstelle für Emigrierte war und der persönlich für etwa 60 Menschen bürgte, um ihnen die Einreise in die USA zu ermöglichen.

Gleich mit seinem ersten Part als Robert Koch in William Dieterles DR. EHRLICH'SS MAGIC BULLET hatte Bassermann großen Erfolg, obwohl er seinen Text rein phonetisch gelernt hatte; den Namen dieses Schauspielers, so das einhellige Urteil, werde man sich merken müssen. Als van Meer in Alfred Hitchcocks FOREIGN CORRESPONDENT erhielt er eine Oscarnominierung als bester Nebendarsteller, für die Nationalsozialisten war seine Mitwirkung in diesem Film ein Grund, ihm 1942 die Staatsbürgerschaft abzuerkennen. In insgesamt 25 amerikanischen Filmen in sieben Jahren wirkte der Doyen der deutschen Schauspieler mit, der in Hollywood anfangs 250, zuletzt bis zu 2000 Dollar pro Woche verdiente.

Der Schauspieler Walter Weinlaub, nun Walter Wicclair, verdingte sich als Tellerwäscher, Gärtner und Arbeiter in der Flugzeugindustrie. Sein Kollege Manfred Fürst ging anfangs als Bürstenverkäufer von Tür zu Tür, dann erwirtschaftete er als Taxichauffeur bei neun Stunden Arbeit an sechs Tagen 60 bis 70 Dollar die Woche. Er betonte, »dass die finanzielle

Hilfsbereitschaft der Hollywooder Emigranten untereinander ganz enorm ist. […] Und dennoch bleibt ein seltsamer Umstand bestehen: Der selbstverständliche Wunsch, in der Sphäre des alten Berufes weiterleben zu können, stößt auf entschiedene Ablehnung. Man findet überall offene Türen, willige Hände, Geld – aber taube Ohren, sobald der alte, geliebte Beruf infrage kommt.«[11]

Seine Ehefrau Margarete Hruby, die am Wiener Burgtheater und unter Max Reinhardt gespielt hatte, betrieb einen Hundesalon. Die fünf Winzrollen, welche man bis 1945 Trude Berliner anvertraute, die von 1929 bis 1933 in Deutschland 30 Tonfilme gedreht hatte, trugen kaum zu deren Lebensunterhalt bei, sie arbeitete als Keramikmalerin in der Fabrik ihrer Schwägerin Hedi Schoop und betrieb später ein Tierheim. Leopoldine Konstantin, die 1907 bei Max Reinhardt am Deutschen Theater in Berlin debütiert und vier Jahre darauf die Buhlschaft in der Uraufführung von Hugo von Hofmannsthals JEDERMANN gespielt hatte, fristete ein tristes Dasein und musste sich als Fabrikarbeiterin durchschlagen. Erst 1946 durfte sie in Alfred Hitchcocks NOTORIOUS die tragende Rolle der besitzergreifenden Mutter eines Nazisympathisanten spielen – mit durchschlagendem, aber folgenlosem Erfolg.

Helene Weigel sollte in Fritz Langs HANGMEN ALSO DIE! als Gemüsefrau Dvorak besetzt werden, das hatte ihr Ehemann Bertolt Brecht, der am Drehbuch mitschrieb, mit Lang vereinbart und eigens für sie die Rolle beinahe stumm konzipiert. Doch ein Mitarbeiter Langs fügte »einige überflüssige Sätze« ein, Lang machte mit der Weigel »einen flüchtigen Tontest, versprach einen Totaltest, ließ sie darauf warten und arbeiten und drehte dann einfach mit jemand anderm, ohne es auch nur mitzuteilen«.[12] Zutiefst empört fragte sich Brecht, ob man »die alte Verpflichtung, gegen private Unmoralität heftig zu reagieren«, als »verfallen« ansehen müsse.[13] So stand Helene Weigel, durch ihren starken deutschen Akzent gehandicapt und überdies keineswegs eine Hollywoodschönheit, während der sechs Jahre in Kalifornien nur ein einziges Mal vor der Kamera, in Fred Zinnemanns Verfilmung von Anna Seghers' Roman DAS SIEBTE KREUZ, in der sie kein Wort sprach und gerade einmal 30 Sekunden lang zu sehen war.

»Mein bescheidener Lebenszweck schrumpft mehr und mehr zusammen. Und ich bringe es nicht mehr fertig, mich wichtig zu nehmen«,[14] klagte sie der befreundeten dänischen Autorin Karin Michaelis. Im kalifornischen Exil hatte sie wenig mehr zu tun, als sich um Haus und Garten zu kümmern. Sie kochte Orangen, Feigen und Aprikosen zu Konfitüre ein, und gelegentlich fuhr sie mit Salka Viertel, die ein kleines Packard-Kabriolett besaß, zum Einkaufen auf den preisgünstigen Grand Central Market von Los Angeles, wo man »für zehn oder zwölf Dollar für die ganze Woche einkaufen« konnte, wie Salka Viertel berichtete: »Es gab dort unrationiertes, sehr gutes Hammelfleisch, das die Supermärkte nicht führten, weil die verwöhnten Amerikaner nur das weit teurere Lammfleisch aßen.«[15]

Lotte Mosbacher, unvergessen als alte Shoah-Überlebende, die in John Schlesingers MARATHON MAN aus dem Jahr 1976 den von Laurence Olivier gespielten KZ-Arzt Szell erkennt und schreiend durch die 47. Straße von New York verfolgt, hielt sich zusammen mit ihrem ersten Ehemann Viktor Palfi als Köchin und Butler über Wasser. Lotte Palfi spielte erst unter dem Namen Jean Brooks, später als Lotte Andor während des Krieges in immerhin elf Filmen mit. Ihre 1983 verfassten Memoiren betitelte sie ICH WAR NIE EIN BERNHARDINER: »Während der größte Teil der Emigranten mit gebührender Wahrhaftigkeit über ihre [sic] Vergangenheit sprach, gab es auch einige, die – bewusst oder unbewusst – die vergangenen Umstände ausschmückten oder mit erfundenen Erfolgen prahlten. So kam die Geschichte zustande: Ein Emigrantendackel fragt einen anderen: ›Waren Sie früher auch ein Bernhardiner?‹«[16]

Zu den gut beschäftigten Charakterchargen zählten Siegfried Arno, der ab 1939 für Filme wie William Dieterles THE HUNCHBACK OF NOTRE DAME mit Charles Laughton vor der Kamera stand, und Curt Bois, als Kinderdarsteller einer der ersten Stars der Filmgeschichte, der 1934 in die USA emigriert war und 1937 seinen ersten Hollywoodfilm gedreht hatte. Er brachte es auf über 40 weitere Rollen und zuletzt eine Wochengage von 1250 Dollar. Sein Komikerkollege Felix Bressart stand ab 1938 als Darsteller von substanziellen Nebenrollen unter Vertrag bei MGM. Unter Ernst Lubitschs Regie agierte er in NINOTCHKA als verunsicherter sowjetischer Politkommissar, in THE SHOP AROUND THE CORNER als nervöser Ladenverkäufer und im Meisterwerk TO BE OR NOT TO BE als erfolgloser Kleindarsteller, der in einer dramatischen Szene den Shylock gibt.

Der 1904 als Ladislav Löwenstein im damals ungarischen Rosenberg, dem heutigen slowakischen Ružomberok, geborene Peter Lorre, unverwechselbar durch seine prägnante Physiognomie – seine geringe Körpergröße, sein rundliches Babygesicht und vor allem seine hervorquellenden Augen –, war Ende der 20er-Jahre in Berlin zum Bühnenstar aufgestiegen und 1931 als triebhafter Kindermörder in Fritz Langs Film M international berühmt geworden. 1933 zum Verlassen Deutschlands gezwungen, hatte Lorre in Wien, Paris und London gefilmt, bis ihn Columbia Pictures 1934 nach Hollywood verpflichtet hatten; in den ersten Jahren wohnte er mit seiner Frau, der Schauspielerin Cäcilie Lvovsky, unmittelbar an der Grenze von Pacific Palisades und Santa Monica im Adelaide Drive 326.[17] Populär wurde er als japanischer Detektiv Mr Moto in acht Kriminalfilmen und durch Nebenrollen wie Joel Cairo in John Hustons THE MALTESE FALCON, Dr. Einstein in Frank Capras Gruselkomödie ARSENIC AND OLD LACE und den Gauner Ugarte in Michael Curtiz' CASABLANCA. In zweiter Ehe heiratete er die Schauspielerin Kaaren Verne, die er 1941 bei den Dreharbeiten für den Spionagefilm ALL THROUGH THE NIGHT mit Humphrey Bogart kennengelernt hatte; auch sie war eine Emigrantin und 1918 als Tochter des Bechstein-Generaldirektors Erich Klinckerfuss in Berlin geboren worden – ihr Großonkel Edwin Bechstein und dessen Frau Helene zählten schon seit 1921 zu den glühendsten Verehrern Hitlers und unterstützten ihn mit großen Geldsummen. Zeitweise zu den Spitzenverdienern unter den *character actors* gehörend, geriet der morphiumsüchtige Peter Lorre zuletzt in Geldnot, lebte bis zu seinem Tod 1964 in einem Zweizimmerapartment und verdingte sich in amerikanischen Fernsehserien und Trashfilmen.

In Wohlstand seinen 100. Geburtstag feiern konnte hingegen der Böhme Franz Lederer, doch nicht etwa, weil seine 1934 begonnene Hollywoodkarriere so fulminant verlaufen wäre. Nach einer glänzenden Theater- und Filmlaufbahn in Deutschland, wo er mit Elisabeth Bergner, Henny Porten und Louise Brooks gespielt hatte, sollte er in Hollywood im Rollenfach des kontinentalen Liebhabers groß herausgebracht werden. Er avancierte als Partner von Ginger Rogers, Ida Lupino und Claudette Colbert tatsächlich zum populären Darsteller in Unterhaltungsstreifen und gab 1939 in Anatole Litvaks Thriller CONFESSIONS OF A NAZI SPY, dem ersten Antinazifilm Hollywoods, den deutschen Spion Kurt Schneider, erhielt danach aber vermehrt Nebenrollen. Schon 1934 hatte er weitsichtig 300 Hektar damals noch billiges Land im San Fernando Valley erworben; nach seinem Rückzug aus dem Filmgeschäft 1958 machte Francis Lederer ein Vermögen als Makler.

Carl Esmond, unter dem Namen Karl Willy Simon in Wien geboren, hatte mit 21 Jahren als Willy Eichberger am Burgtheater debütiert. Er nutzte dafür den weniger jüdisch klingenden Mädchennamen seiner Mutter, den er später änderte, als die englische Presse aus Eichberger »Iceberg« kreierte. 1933 war er mit Max Ophüls' Schnitzler-Adaption LIEBELEI zum Leinwandstar geworden und im Januar 1938 nach Hollywood gegangen – nicht als bedrängter Emigrant, sondern auf Einladung von Louis B. Mayer. Das erste Rollenangebot in der Remarque-Verfilmung THREE COMRADES lehnte er ab, weil in Deutschland das SS-Blatt *Das Schwarze Korps* hetzte, es gebe keine Rückkehr, sollte er in jenem Film mitwirken. Kurz darauf gab es nach dem »Anschluss« Österreichs ohnehin kein Zurück; sein jüdischer Vater starb 1942 im Konzentrationslager Theresienstadt. Esmond spielte im Antikriegsdrama THE DAWN PATROL neben Errol Flynn und David Niven ein dem »Roten Baron« Manfred von Richthofen nachempfundenes deutsches Fliegerass, drehte mit Gary Cooper, Spencer Tracy und Katharine Hepburn, litt aber darunter, dass man ihm fast ausschließlich Rollen als Nazi anbot. Erst nach Kriegsende konnte er sich als Charakterdarsteller etablieren, spielte aber vor allem in Fernsehfilmen und -serien und absolvierte Auftritte in Werbespots. Als er 2004 mit 102 Jahren in Brentwood starb, erinnerte die deutsche Presse an den »letzten Flüchtling in Hollywood«.[18]

Noch größeren Ruhm erlangte trotz ihrer limitierten darstellerischen Möglichkeiten die schöne Hedy Lamarr, Stilikone, Sexsymbol, Vorbild nicht nur unzähliger Frauen, sondern auch für Walt Disneys Zeichentrick-Schneewittchen und für Catwoman. 1914 als Hedwig Kiesler in Wien zur Welt gekommen, hatte sie 19-jährig in ihrer Heimat mit einer Nackt- und einer Orgasmusszene im Film EKSTASE für einen unbeschreiblichen Skandal gesorgt. Selbst der Papst hatte das Werk öffentlich verdammt. Im gleichen Jahr hatte sie den 14 Jahre älteren Fritz Mandl geheiratet, einen der größten Waffenproduzenten Europas, der unter anderem Geschäfte mit Adolf Hitler und Benito Mussolini machte. Mandl, der sie auch gezwungen hatte, zum Katholizismus zu konvertieren, verbot ihr, weitere Filme zu drehen, schließlich hielt er sie in seiner Jagdvilla wie eine Gefangene. 1937 gelang es ihr, verkleidet zu entkommen, ihren Schmuck zu verkaufen und so die Flucht über Paris nach London zu finanzieren. Dort traf sie Louis B. Mayer, der den dunkelhaarigen Vamp – wie zugleich 13 weitere europäische Schönheiten – für MGM einkaufte, mit dem Namen Hedy Lamarr versah und als schönste Frau der Welt vermarktete. Auf dem Höhepunkt ihrer Bekanntheit erfand sie gemeinsam mit dem befreundeten Komponisten George Antheil eine Technik, ferngesteuerte Torpedos mit einem sicheren Kommunikationssystem auszustatten, das 1942 patentierte Frequenzsprungverfahren. Eine Weiterentwicklung verwenden noch heute alle, die über ein WiFi-Netzwerk oder mit einem bluetoothfähigen Handy kommunizieren.

Der Berliner Conrad Veidt, mit Rollen in Stummfilmen wie DAS CABINET DES DR. CALIGARI einer der profiliertesten Darsteller des Expressionismus, hatte schon 1927 erstmals in Hollywood gedreht und 1933 Deutschland mit seiner jüdischen Ehefrau für immer verlassen. In England hatte er unter anderem 1934 die Titelrolle in JEW SÜSS nach Lion Feuchtwangers Roman JUD SÜSS übernommen und 1940 den rücksichtslosen Großwesir Jaffar im Farbfilm THE THIEF OF BAGDAD dargestellt. Seine heute bekannteste Rolle war aber zweifellos der eiskalte Major Strasser im Polit-Thriller CASABLANCA, jenem Kultfilm, der 1942 zum Stelldichein für exilierte Filmschauspieler wurde: Hans Heinrich von Twardowski und Richard Ryan, unter dem Namen Révy bis 1936 ein renommierter Bühnenregisseur in Deutschland, gehören zu Strassers Gefolgschaft. Lotte Palfi versucht, Schmuck zu verkaufen. Curt Bois stiehlt Brieftaschen. Szöke Szakall kellnert. Helmut Guttmann, nun Dantine, spielt Roulette und Trude Berliner Baccara. Wolfgang Zilzer, bald darauf als Paul Andor berufstätig, hat Probleme, weil seine Papiere abgelaufen sind. Ludwig Stössel und Ilka Grüning radebrechen als rührend hilfloses altes Emigrantenehepaar auf Englisch: »Sweetness heart, what watch?« – »Ten watch.« – »Such much?«

Den Widerstandskämpfer Victor Laszlo, der für das Kinopublikum in erster Linie der Störfaktor in der Liebesbeziehung zwischen Rick Blaine (Humphrey Bogart) und Ilsa Lund (Ingrid Bergman) war, gab Paul Henreid, dessen Vater anlässlich des Austritts aus der Israelitischen Kultusgemeinde den Familiennamen Hirsch in Hernried geändert hatte. Er war als romantischer *continental lover* ein Leinwandidol geworden, vor allem durch eine berühmt gewordene Geste in dem Melodram Now, Voyager: Henreid zündet sich zwei Zigaretten an und steckt eine zwischen die Lippen von Bette Davis. In den letzten zwei Jahrzehnten bis zu seinem Tod 1992 lebte er in Pacific Palisades und zog vor seinem Haus am Blue Sail Drive 18068, oberhalb der Getty-Villa, täglich neben dem amerikanischen Sternenbanner auch die österreichische Flagge auf. Seinen Kollegen Conrad Veidt überlebte er um fast ein halbes Jahrhundert. Der verbrachte zwar nicht die letzten Jahre, aber zumindest die letzten Stunden in Pacific Palisades: Veidt erlag 1943 beim Golfen im Riviera Country Club einem Herzanfall.

Tatsächlich siedelten sich Filmexilanten erst in den 1940er-Jahren vermehrt in Pacific Palisades an. Vier davon seien etwas ausführlicher in Erinnerung gerufen. Glücklich war niemand von ihnen, obschon sie auf respektable Karrieren zurückblicken konnten.

Der überaus prominente, äußerst vielseitige Vortragskünstler Ludwig Hardt, zur Welt gekommen 1886 im ostfriesischen Neustadtgödens, war seinerzeit der bedeutendste Rezitator deutscher Sprache. Er war vom Publikum in Berlin ebenso wie auf weltweiten Tourneen bewundert und nicht zuletzt von Schriftstellern wie Franz Kafka, Thomas Mann und Erich Kästner geschätzt worden. Wegen seiner jüdischen Herkunft hatte er von 1933 an nur noch im Rahmen des Jüdischen Kulturbundes tätig sein können, war erst nach Österreich emigriert, dann in die Tschechoslowakei und schließlich in die USA, wo er gemeinsam mit seiner zweiten Frau Gertrude und der zehnjährigen Tochter Hanna am 18. August 1938 auf der *SS Île de France* im New Yorker Hafen eintraf. In Pacific Palisades erwarb Hardt ein kleines Haus in der Mount Holyoke Avenue 418. Deutsche Rezitationskunst war in Los Angeles alles andere als gefragt, zumal Hardt sogar für viele Schicksalsgenossen ein »rezitator alten stils« war, so Brecht, der Hardts Vortragsweise als »gefüllte wörter mit apfelsauce«[19] bezeichnete und vergeblich versuchte, ihn »an einer neuen rezitationsweise zu interessieren«.[20] So bemühte sich Hardt neben sporadischen Auftritten, unter anderem mit Lyrik von Heinrich Heine, notgedrungen um Nebenrollen in Hollywoodfilmen, spielte 1940 im Western ARIZONA mit William Holden und 1941 im Psychothriller RAGE IN HEAVEN mit Robert Montgomery, Ingrid Bergman und Oscar Homolka.

An dessen Schwiegermutter, die vermögende Publizistin Agnes E. Meyer, schrieb Thomas Mann 1946 über Ludwig Hardt: »Sein Fall ist melancholisch und hoffnungslos, man kann nichts machen. Ich kenne den Mann, der klein und hässlich ist, seit vielen Jahren. Schauspielerisch und rhetorisch begabt, taugte er nicht für die Bühne und wurde aus aufrichtiger Liebe zur Literatur, zum Wort und zur Wortgestaltung Rezitator [...]. Man konnte in Deutschland von dem Beruf des Vortragskünstlers leben. Hier kann man es nicht, denn das Genre ist völlig unbekannt. [...] Hier in Pacific Palisades lebte er mit seiner Frau in einem netten kleinen Haus, das ihn fast nichts gekostet hatte, und er konnte, da seine Frau etwas Geld besaß, schlecht und recht existieren. Öfters, weil er es eben nicht lassen konnte und die Illusion des Erfolgs brauchte, gab er bei sich zu Hause vor einem deutschen Emigrantenkreis Vortragsabende. Dann, aus unbezähmbarem Betätigungsdrang, wollte er höher hinaus. Mit anerkennenswertem, aber ganz unnützem Eifer studierte er Englisch, glaubte sich sprachlich umstellen zu können, übte sich ein englisches Programm ein und trat öffentlich auf. Ich hatte ihn davor gewarnt und half ihm schließlich noch dabei. Der Abend war wohl das Trübseligste, was ich mitgemacht. Scholem Asch, der auch aus Gutmütigkeit gekommen war, hätte beinahe geweint. Unglücklicherweise aber war eine Angestellte des Agenten Colston Leigh zugegen, die ihm einredete, es sei ein Erfolg gewesen und er solle nach dem Osten gehen und Geld damit machen. Trotz unserem unverhohlenen Kopfschütteln verkaufte der Dummkopf sein Häuschen und zog nach New York, wo er sich ein viel teureres kaufte und allein für die Heizung so viel brauchte, wie hier für seinen ganzen Unterhalt. Mit seinen Plänen und Hoffnungen scheiterte er natürlich vollkommen. Er verdient sein Los – das deshalb so traurig und bemitleidenswert bleibt. Das Beste wäre, er ginge nach Berlin oder Wien, hungerte mit den anderen, hätte aber wenigstens etwas Verständnis für sein Können …«[21]

Am Amalfi Drive 694 wohnte seit 1939 die 1913 in Wien geborene Rose Stradner, die nach beachtlichen Bühnenerfolgen als jugendliche Naive und Salondame am Theater in der Josefstadt, ersten Filmhauptrollen in Deutschland, unter anderem als Partnerin von Hans Albers, Werner Krauß und Heinrich George, 1937 von Metro-Goldwyn-Mayer in die USA geholt worden war, auf demselben Schiff wie Hedy Lamarr, aber schon zwei Monate vor ihr. Sie hatte vier Monate lang das »th« geübt, dann neben James Stewart und Edward G. Robinson die weibliche Hauptrolle in THE LAST GANGSTER gespielt und war als »die größte MGM-Entdeckung seit Greta

Garbo«[22] gefeiert worden. Nach einem weiteren Film hatte sie 1939 in zweiter Ehe Joseph L. Mankiewicz geheiratet, Sohn eines aus Berlin emigrierten Juden, Drehbuchautor, Filmproduzent und ab 1946 auch als Filmregisseur erfolgreich – er inszenierte unter anderem CLEOPATRA mit Elizabeth Taylor und Richard Burton. Sie bekam zwei Söhne und zog sich vorübergehend aus dem Metier zurück. Ihr dritter Hollywoodstreifen THE KEYS OF THE KINGDOM mit Gregory Peck im Jahr 1944 führte zu keinem Comeback, er sollte ihr letzter Kinofilm bleiben. Alkoholabhängig und depressiv nahm sie sich nach jahrelanger psychiatrischer Behandlung und mehreren Suizidankündigungen 45-jährig mit einer Überdosis Schlaftabletten das Leben.

Die Prominenteste war, obschon viele heute nicht einmal mehr ihren Namen kennen, Luise Rainer, gewann sie doch als erste Schauspielerin zweimal in Folge den Oscar als beste Hauptdarstellerin, was erst Katharine Hepburn drei Jahrzehnte später wieder gelingen sollte. Doch als die Rainer 1941 nach Pacific Palisades zog, war ihre Filmkarriere bereits beendet. »Sie hatte was am Laufen, die waren an ihr interessiert, sie hätte das große Geld machen können«, heißt es in Truman Capotes 1958 veröffentlichter Novelle BREAKFAST AT TIFFANY'S über die Hauptfigur Holly. »Aber wenn man aus so was aussteigt, dann ist man ein für alle Mal draußen. Fragen Sie Luise Rainer. Und die Rainer war mal ein Star.«[23]

Luise Rainer hatte unter anderem auf einer Europatournee unter der Leitung Max Reinhardts gespielt, als Bob Ritchie, im Auftrag von Metro-Goldwyn-Mayer auf Talentsuche unterwegs, glaubte, in der 24-Jährigen die ideale Garbo-Nachfolgerin entdeckt zu haben. Mit einem Fünfjahreskontrakt hatte sie sich 1935, nur begleitet von ihrem Scottish Terrier Johnny, auf der *SS Île de France* in Le Havre nach New York eingeschifft und ihre ersten Monate an der Westküste in einem möblierten Strandhaus in Santa Monica verbracht, einsam und schon bald davon überzeugt, einen großen Fehler begangen zu haben. Sie erhielt Englischstunden bei einer amerikanischen Kollegin und wartete, dass man eine passende Rolle für sie finde. Lediglich weil Myrna Loy nach zwei Wochen Dreharbeiten aus ESCAPADE ausstieg und Luise Rainer am Strand zufällig der Drehbuchautorin Anita Loos begegnete, erhielt sie auf deren Drängen hin die Rolle der Leopoldine. Von da an galt die 1910 in Düsseldorf als Tochter eines deutsch-jüdischen Kaufmanns geborene Rainer als österreichische Schauspielerin und wurde in der Presse schon nach ihrer zweiten, ebenfalls tränenreichen Rolle »The Viennese Teardrop« genannt – forciert von den MGM-Presseleuten, die mehr als interessiert daran waren, Rainers deutsche Herkunft zu verschleiern.

In THE GREAT ZIEGFELD spielte sie Ziegfelds extravagante erste Frau Anna Held, die erfährt, dass ihr Ehemann sie für seine neue Liebe verlassen hat, ihn stoisch anruft, ihm alles Gute wünscht und dann wortlos in Tränen ausbricht. Luise Rainer hat stets behauptet, den Text dieser berühmt gewordenen Telefonszene, wegen der sie den Oscar gewonnen haben soll, selbst verfasst zu haben, inspiriert von Jean Cocteaus LA VOIX HUMAINE. 1937 erstaunte sie Publikum und Kritiker mit einer völlig andersgearteten, zwar größeren, dafür aber fast stummen Rolle: als die ihrem Gatten ergebene chinesische Bäuerin O-Lan in der Pearl-S.-Buck-Verfilmung THE GOOD EARTH, dem teuersten MGM-Streifen seit BEN-HUR.

Letztlich verdankte die dem Rassismus in Deutschland entkommene Darstellerin die Rolle dem Rassismus Amerikas, denn die Kollegin, die dafür prädestiniert gewesen wäre, durfte sie nicht spielen: Anna May Wong war in den 1920er-Jahren mit Filmen wie dem Douglas-Fairbanks-Streifen THE THIEF OF BAGDAD zum ersten Glamourstar mit asiatischen Wurzeln aufgestiegen, obschon sie die Produzenten meist auf die Rolle der »China Doll« reduzierten, wie man die rassistisch-stereotype Darstellung asiatischer Frauen als exotisch, unterwürfig und sexuell gefügig bezeichnet, oder der »Dragon Lady«, einer Art fernöstlicher Femme fatale voller Heimtücke. Sie war nach Deutschland gegangen und dort in den späten 20er-Jahren zur Filmikone aufgestiegen, der man lesbische Affären mit Leni Riefenstahl und Marlene Dietrich nachsagte. Mit Letzterer hatte sie nach ihrer Rückkehr nach Hollywood 1932 SHANGHAI EXPRESS gedreht, doch durfte sie mittlerweile dank des »Hays Codes« keinen Weißen mehr küssen. Ethnische »Durchmischung« war ein Tabu, also wurden chinesische Hauptfiguren mit weißen Darstellerinnen besetzt, die sich, wie Luise Rainer, einer Make-up-Prozedur unterzogen, dem *yellowfacing*. Für Schauspielerinnen wie Anna May Wong blieben Nebenrollen, Depressionen und der Alkohol.

Glücklich wurde auch Luise Rainer nicht. »Hollywood ist tot, alles, selbst die schönen Berge. Ich sehe auf diese Berge, ich weiß, dass sie schön sind, und frage mich selbst, warum ich sie nicht mag. Und die Antwort ist: Sie sind tot. Die Luft um sie ist schwer, nicht wie Bergluft«, hatte sie schon 1937 in einem Interview erklärt. »Und so sind auch die Menschen hier, unpersönlich, kalt, gefühllos.« Und geklagt: »Ich kam her, arbeitete hart. Aber zu meinem Bedauern hat man hier keinen Sinn für persönliche Kunst. Es zerbricht einem das Herz, eine Rolle zu entwickeln und sie dann in fremde Hände geben zu müssen, ohne Einfluss darauf. Das Filmgeschäft in Hollywood ist wie eine Fabrik oder eine Maschinerie. Meine Rolle, an der ich so hart gearbeitet habe, wird durch den Schnittraum geschickt wie eine Brotscheibe.«[24]

Es habe ihr nichts Schlimmeres geschehen können als ihr doppelter Oscargewinn, meinte Luise Rainer später. Sie hasste den glamourösen Lebensstil, den zu führen sie sich gezwungen sah, obschon sie mit den 250 Dollar, die sie wöchentlich für THE GOOD EARTH erhielt, der am schlechtesten bezahlte

Star bei MGM war. Sie empfand sich nicht mehr als Künstlerin, sondern »nur als ein Pferd im Stall«. Als sie dem Studioboss Louis B. Mayer mitteilte, sie wolle keine Filme mehr drehen, weil »ihre Quelle ausgetrocknet« sei, und da sie nur »von innen her« arbeiten könne, sei nun nichts mehr in ihr, das sie hergeben könne, fragte er verständnislos, wozu sie eine »Quelle« brauche: »Haben Sie keinen Regisseur?« Vergebens schlug sie anspruchsvollere Stoffe vor, Mayer besetzte sie in belanglosen Komödien und Melodramen. 1938 stand sie erneut in Mayers Büro und kündigte. »Wir haben Sie gemacht, und wir werden Sie töten«, soll Mayer sie angeschrien haben. »Nicht Sie haben mich gemacht, Mr Mayer, Gott hat mich geschaffen. Ich bin jetzt in meinen Zwanzigern, und Sie sind ein alter Mann. Wenn ich vierzig bin, sind Sie tot!«[25] Ganz richtig lag sie damit nicht. Als der Filmmogul starb, war sie 47, sollte ihn aber um 57 Jahre überleben und fast 105-jährig als langlebigste Oscargewinnerin der Geschichte sterben.

1938 übersiedelte Luise Rainer vorübergehend nach New York, wo der Dramatiker Clifford Odets lebte, den sie 1937 geheiratet hatte. Doch die Ehe war von Beginn an problematisch gewesen, nicht unbedingt wegen Odets' Eifersucht – als Albert Einstein mit Luise Rainer flirtete, malträtierte er wütend ein Foto des Physikers mit der Schere –, vielmehr litt er unter dem Erfolg seiner Frau in Hollywood, die ihn wiederum um seine Arbeit für das künstlerisch ambitionierte Group Theatre in New York beneidete. Im Mai 1940 wurde die Ehe geschieden, Luise Rainer kehrte an die Westküste zurück und bezog 1941 das Haus im Ranch Style am Amalfi Drive 740, das zuvor Thomas Mann und seine Familie bewohnt hatten.

Dem Dramatiker Bertolt Brecht schlug sie 1943 vor, ein Stück nach dem chinesischen Kreidekreis zu verfassen. 1933 aus Deutschland zunächst nach Dänemark geflohen, dann nach Schweden und schließlich nach Finnland, hatte er 1941 – so behauptete Luise Rainer stets – nur dank eines von ihr ausgestellten Affidavits in die USA einreisen können. Am 21. Juli hatten Marta Feuchtwanger und der Schauspieler Alexander Granach den Neuankömmling, seine zweite Frau Helene Weigel, die gemeinsamen Kinder Stefan und Barbara sowie seine Geliebte Ruth Berlau am Hafenkai von San Pedro empfangen, und Marta Feuchtwanger war es auch gewesen, die zusammen mit Fritz Langs Freundin Lily Latté eine Unterkunft in der Argyle Avenue 1954 in Hollywood besorgt hatte. Lang und William Dieterle hatten in der ersten Zeit den Lebensunterhalt finanziert, den die vierköpfige Familie mit gerade einmal 120 Dollar monatlich bestreiten musste.

Schon kurz darauf waren die Brechts nach Santa Monica übergesiedelt. Zunächst hatten sie eine »schreckliche kleinbürgervilla mit gärtchen«[26] in der 25th Street Nr. 817 gemietet, in der sich Brecht beengt fühlte: »mein zimmer misst 11 fuß zu 12 fuß, ist stickig und hat rosa türen.«[27] Zudem, so hatte er moniert, sei das Haus umgeben von »nuttigen kleinbürgervillen mit ihren deprimierenden hübschheiten«.[28] Im August 1942 hatte die Familie in die 26th Street umziehen können, in das Haus Nr. 1063: »das haus ist eines der ältesten, etwa 30 jahre alt, ein kalifornisches holzhaus, getüncht, mit oberem stockwerk, in dem 4 schlafzimmer sind. ich habe einen langen (fast 7 meter) arbeitsraum, den wir sogleich weiß tünchten und mit 4 tischen versahen. im garten sind alte bäume (pfeffer- und feigenbaum). miete 60 $ im monat, 12 $ mehr als in der 25. straße.«[29]

Viel glücklicher wurde Brecht dort jedoch nicht. Er jammerte, dass er »in diesem klima nicht atmen« könne, die Luft »völlig geruchlos, morgens und abends gleich« sei und es »keine jahreszeiten« gebe.[30] Die Landschaft wirke eigentlich anziehend, »aber all das steht wie hinter einer glasscheibe, und ich suche unwillkürlich an jeder hügelkette oder an jedem zitronenbaum ein kleines preisschildchen. diese preisschildchen sucht man auch an menschen«.[31] Er echauffierte sich über den

»kolonialkapitalismus«[32] und »die weit fortgeschrittene merkantilisierung der kunst«[33] und beklagte die geistige Isolierung: Verglichen mit Hollywood sei das schwedische Örtchen Svendborg ein Weltzentrum. »Jeden Morgen, mein Brot zu verdienen / Gehe ich auf den Markt, wo Lügen gekauft werden. / Hoffnungsvoll / Reihe ich mich ein zwischen die Verkäufer«,[34] heißt es in einem berühmt gewordenen Gedicht Brechts.

Bedenkt man, dass das Jahresgehalt eines Universitätsprofessors sich auf etwa 5000 Dollar brutto und der Durchschnittslohn der Emigranten in den USA auf 19 Dollar pro Woche belief, hatte Brecht das große Los gezogen. 1942 hatte er für seine Arbeit an Fritz Langs Antinazifilm HANGMEN ALSO DIE über das Attentat auf den Reichsprotektor Reinhard Heydrich im okkupierten Prag 10 000 Dollar Honorar erhalten. Dennoch hatte er sich bitter über Lang beklagt und ihm vorgeworfen, dass er »schmutzige sentimentalitäten und unwahrhaftigkeiten [...] für das boxoffice« abliefere und »üblen stuss« produziere.[35] Verärgert hatte ihn nicht zuletzt, dass nach Streitigkeiten über die Autorschaft die Writers Guild zugunsten des ebenfalls beteiligten Amerikaners John Wexley entschieden hatte, der dann im Titelvorspann des Films als alleiniger Drehbuchautor genannt wurde. Wexley als Amerikaner brauche solche Anerkennung, hieß es, während Brecht ja ohnehin nach Deutschland zurückkehren werde.

Im Juni 1944 beendete Brecht die KREIDEKREIS-Rohfassung und sandte sie Luise Rainer, obgleich er meinte, diese sei ihm inzwischen »schon reichlich widerlich, ich habe nichts dagegen, wenn sie das Stück ablehnt«,[36] was die Schauspielerin zu diesem Zeitpunkt längst beschlossen hatte: »Er war wie eine Spinne, etwas, das ich nicht anfassen wollte ...«[37] Brecht arbeitete die Luise Rainer zugedachte Hauptfigur um zu einer weniger süßlichen, deutlich dumpferen und damit wohl für den Broadway weniger geeigneten Figur, der er den neuen Namen Grusche gab, und stellte ihr die Figur des Adzak gegenüber, die dem ebenso massigen wie vitalen Wiener Oskar (nun: Oscar) Homolka zugedacht war.

Der profilierte Darsteller düsterer, triebhafter Charaktere war 1926 Brechts erster Baal gewesen, hatte Deutschland 1935 freiwillig verlassen, war 1936 in die USA gekommen, lebte mittlerweile in Bel Air und später im Corsica Drive 914 in Pacific Palisades. Seine vierte Frau Florence war die älteste Tochter von Eugene Meyer, des Verlegers der *Washington Post,* und der Publizistin Agnes E. Meyer, der großzügigsten Gönnerin Thomas Manns. Als Fotografin schuf Florence Homolka berühmte Porträts unter anderem von Charlie Chaplin, den Feuchtwangers und den Manns. Das Ehepaar gehörte zu den zentralen Persönlichkeiten im Beziehungsgeflecht der Emigrantenkolonie, Florence verkehrte regelmäßig mit Thomas Mann, Oscar war eng mit Brecht befreundet. Und obschon dieser nicht in den Palisades, sondern in Santa Monica ansässig war, ist die uraufgeführte KREIDEKREIS-Fassung zu einem beträchtlichen Teil in Pacific Palisades entstanden, waren doch in die Übersetzung des Textes neben Homolka die dort lebenden Engländer Aldous Huxley, 1932 mit dem dystopischen Roman BRAVE NEW WORLD zu Weltruhm gelangt, und Christopher Isherwood, dessen Erinnerungen an Berlin später unter dem Titel CABARET ein Musical- und Filmerfolg werden sollten, involviert sowie Hans Viertel, Salka Viertels ältester Sohn. Mit der Einrichtung für die amerikanische Bühne beauftragte man Thomas Manns Schwiegersohn Wystan Hugh Auden.

Bis heute als »der Mann, der Goebbels war« ist der mit 60 Kilogramm eher schmächtige Martin Kosleck mit seinem ausdrucksstarken, scharf geschnittenen Gesicht und dem intensiven Blick der grauen Augen in Erinnerung. Obschon ein höchst depressiver, jahrelang suizidgefährdeter homosexueller Alkoholiker, gelang es ihm als einem der wenigen Emigranten, sich in Hollywood zu etablieren. Er wurde populär als »der hassenswerteste, unmenschlichste Film-Nazi Hollywoods«[38] und als Star etlicher *horror movies.* Die Legenden, die sich bis heute um seine Emigration ranken, wurden Anfang der 40er-Jahre gezielt von den Presseagenten der Filmfirmen lanciert, für die er arbeitete: Er habe sich als Gegner der Nationalsozialisten schon früh Goebbels' Hass zugezogen, sei steckbrieflich gesucht und in Abwesenheit bereits zum Tode verurteilt worden, habe gerade noch rechtzeitig der Verfolgung durch Flucht aus Deutschland entkommen können. In Wahrheit war der 1904 als Förstersohn im pommerschen Barkotzen geborene Bühnenschauspieler, in den sich Klaus Mann »unendlich verliebt«[39] hatte, schon 1931 nach Hollywood gekommen, wo sein Freund Hans Heinrich von Twardowski in deutschsprachigen Versionsfilmen mitwirkte. Als Darsteller nicht gefragt, hatte er sich auf sein zweites Talent besonnen, Stars wie Joan Crawford, Bette Davis und Greta Garbo porträtiert und eine Serie surrealistischer Gemälde bekannter Filmregisseure bei der Arbeit geschaffen. Nur einmal hatte er als Dance Director in William Dieterles Musicalkomödie FASHIONS OF 1934 vor der Kamera stehen dürfen. Sein Text hatte aus einem einzigen, noch dazu alles andere als bedeutenden Satz bestanden: »The fitter is waiting, Mr Nash.«

1939 bat Anatole Litvak Kosleck zu Probeaufnahmen für CONFESSIONS OF A NAZI SPY. Neben weiteren Emigranten, darunter Twardowski, Wolfgang Zilzer, Rudolph Anders, Lotte Palfi und Louis Adlon, wirkte Lionel Royce alias Leo Reuß mit, ein Schauspieler jüdischer Herkunft, der sich 1936 in Wien mit blond gefärbten Haaren und Bart als das Naturtalent Kaspar Brandhofer ausgegeben hatte, bis ein Kollege ihn erkannt und verraten hatte. Im Sommer 1937 hatte Reuß einen Vertrag von MGM in Hollywood angenommen und spielte in über 40 Filmen den *bad German.*

Die erhoffte Hauptrolle in Litvaks Film erhielt zwar nicht Kosleck, sondern der ebenfalls emigrierte Franz Lederer, einst sein Mitschüler an der Reinhardt-Schule, doch er durfte den Reichsminister für Volksaufklärung und Propaganda Joseph Goebbels darstellen. Obwohl der Auftritt kurz war und sein Name im Vorspann nicht einmal genannt wurde, bedeutete dieser Film den Durchbruch für Kosleck, allein bis Kriegsende folgten 30 Rollen. Er gab Basil Rathbones homosexuellen Liebhaber in The Mad Doctor, wirkte in Alfred Hitchcocks Foreign Correspondent mit und hatte 1941 großen Erfolg als Colonel Heller in Underground, einem weiteren Antinazifilm, in dem die halbe Emigrantenkolonie zu sehen ist. Er stellte deutsche Spione und Agenten dar, KZ-Aufseher und in gleich vier weiteren Filmen den Propagandaminister. Zum Schutz seiner in Deutschland lebenden Mutter und der übrigen Verwandten – sein Neffe und seine beiden Halbbrüder waren zur Wehrmacht eingezogen worden – behauptete Kosleck, sein Name sei ein Pseudonym und er in Wirklichkeit als Nicolai Yoshkin geboren worden: Den Vornamen hatte er von einem Onkel entlehnt, der Nachname war durch eine seiner Bühnenrollen inspiriert worden.

Ermutigt durch seine Erfolge versuchte Kosleck, der Angst vor künstlerischer Stagnation hatte, sich gegen die immer gleichen Rollen zu wehren. Zwar wurde er zu Castings für interessantere Parts gebeten, aber dabei oft von Konkurrenten ausgestochen, nicht selten von Peter Lorre. Den Colonel Heinze in Casablanca hatte man Kosleck bereits zugesagt, als die Rolle auf Anordnung des Produzenten Steve Trilling umbesetzt wurde – aus Budgetgründen engagierte man mit Richard Ryen alias Richard Révy einen preisgünstigeren Kollegen. Doch es gelang Kosleck, sich in einem zweiten Genre zu etablieren: 1944 verpflichtete ihn Universal für eine Hauptrolle in dem Horrorfilm The Frozen Ghost, schon zwei Monate später spielte er die Rolle des Ragheb in The Mummy's Curse, viele ähnliche Aufgaben folgten.

Auch wenn er nicht in die allererste Reihe der Filmstars aufrückte, war Kosleck bekannt geworden, musste sich folglich dem eisernen Diktat der Studios unterwerfen und wie nahezu alle schwulen Kollegen ein heterosexuelles Image pflegen. Beliebtestes Mittel, diesen Ruf zu untermauern, waren Pressemeldungen. Warner Publicity zum Beispiel verlautbarte, dass zwölf Schülerinnen aus Santa Ana das Studio gestürmt und größere Rollen für den von ihnen verehrten Kosleck gefordert hätten, denn dieser sei der einzige Hollywoodschauspieler, der bedrohlich und sexy zugleich wirke. Und Koslecks Presseagent E. A. Dupont, der nach dem Motto »Names for the News – News for the Names« für die Columbia Publishing Corporation arbeitete, veröffentlichte Notizen wie diese: »Bei der hübschen Blondine, die Martin Kosleck durch die Bistros der Stadt begleitet, handelt es sich um Gwili Andre.«[40]

Der seit Jahren unter schweren Depressionen leidende Kosleck, der mehrmals stationär behandelt werden und sich sogar einer Elektroschockbehandlung unterziehen musste, stürzte sich nach dem Zerbrechen seiner Beziehung mit Twardowski immer rascher in stets tragisch verlaufende Affären mit Kollegen und heiratete 1947, »um nicht allein zu sein«,[41] eine andere einsame Emigrantin, die einst unglücklich in Max Reinhardt und Arturo Toscanini verliebte und seit Langem morphiumsüchtige Eleonora von Mendelssohn, die mit wechselndem Erfolg eine Karriere am Broadway verfolgte. Dennoch wohnte er ab 1949 alleine in Pacific Palisades, und zwar in einem Zimmer des zwei Jahre zuvor eröffneten Santa Ynez Inn am Sunset Boulevard 17310, wo sich einst das Zentrum von Inceville befand und heute die Westside Waldorf School steht. Über viele Jahre war dies das einzige Restaurant in Pacific Palisades, das Kaminzimmer galt als *hangout* von Stars wie Cary Grant und Joan Crawford.

Auf Drängen seiner Frau zu ihr nach Manhattan zurückgekehrt, verliebte sich Martin Kosleck 1951 in seinen ein Vierteljahrhundert jüngeren Kollegen Christopher Drake, der die Zuneigung aber nicht wie erhofft erwiderte, worauf der Verschmähte auf den Sims des Wohnzimmerfensters kletterte und Drake nachrief, er nehme sich das Leben, wenn dieser ihn nicht erhöre. Um 3:05 Uhr stürzte sich Kosleck aus dem dritten Stock auf die Straße und wurde mit schweren Verletzungen ins Hospital eingeliefert. Den Polizisten der East 75th Street Station, die den Fall untersuchten, erklärte er, es sei ein Unfall gewesen, er habe ein Fenster reparieren wollen. Während Kosleck im Krankenhaus lag, nahm sich seine Ehefrau das Leben, er selbst starb 43 Jahre später in einem Seniorenheim in Santa Monica.

»Man verliert seine Heimat und gewinnt keine neue«

Als der erste eigentliche Exilant sich 1936 dauerhaft in Pacific Palisades niederließ, besaß er eine enorme Reputation und galt als einer der führenden Komponisten der Moderne. 1962, zwei Jahre vor seinem Tod, bezeichnete er sich selbst resigniert als der »meistvergessene Komponist des 20. Jahrhunderts«.[1] Der gebürtige Wiener Ernst Toch, als Sohn eines jüdischen Lederhändlers in eher amusischer Umgebung groß geworden, erhielt 1909, damals noch Studiosus der Medizin und daneben Klavier- und Kompositionsschüler von Robert Fuchs, der auch Gustav Mahler und Erich Wolfgang Korngold unterrichtet hatte, für ein Streichquartett und seine KAMMERSYMPHONIE IN F-DUR den bedeutenden Mozartpreis. Dieser war mit einem Stipendium für Dr. Hoch's Konservatorium in Frankfurt am Main verbunden, und so widmete sich Toch fortan ausschließlich der Musik, wurde 1921 an der Universität Heidelberg mit der Dissertation BEITRÄGE ZUR STILKUNDE DER MELODIE promoviert und zog 1928 nach Berlin, wo unter anderem die Opern DIE PRINZESSIN AUF DER ERBSE und EGON UND EMILIE entstanden.

Am 30. Januar 1933 befand er sich auf einem Kongress in Florenz, erkannte die Zeichen der Zeit früher als andere und kehrte nicht nach Deutschland zurück, sondern fuhr nach Paris, telegrafierte seiner Frau Lilly, die mit der einzigen Tochter Franziska sofort nachkam, und reiste dann mit ihnen weiter nach London. Dort schuf Toch, dessen Kompositionen der Neuen Sachlichkeit den Nationalsozialisten als »entartet«

galten, die Musik für LITTLE FRIEND, einen Film seines Freundes Berthold Viertel, nach einem Drehbuch von Christopher Isherwood – Pacific Palisades warf seine Schatten voraus. »Allein die Aussicht auf ein Emigrationsvisum mit der späteren Möglichkeit, amerikanischer Staatsbürger zu werden, ist ein Ziel großer Sehnsucht«,[2] schrieb er Freunden.

Am 25. September 1934 kam er mit Lilly auf der *SS Laconia* in New York an, wo er dank Empfehlungen unter anderem der Dirigenten Arturo Toscanini und Bruno Walter als Kompositionslehrer an der New School for Social Research unterrichten konnte. George Gershwin, den er dort kennenlernte, half ihm, Kontakte nach Hollywood zu knüpfen. Ein erstes Projekt für Warner Bros. wurde zwar nicht realisiert, machte aber die Konkurrenzfirma Paramount auf den Komponisten aufmerksam. Als sich Toch und seine Frau im Sommer 1935 zu einem privaten Besuch in ihrer Heimat Wien aufhielten, erreichte ihn ein Telegramm mit dem Angebot, die Musik zum Gary-Cooper-Melodram PETER IBBETSON zu schreiben, für ein respektables Gehalt von 750 Dollar pro Woche. Toch kehrte unverzüglich in die USA zurück, musste dort zwar erfahren, er könne erst in sieben Wochen mit der Arbeit beginnen, wurde aber ab sofort entlohnt. Unterkunft fand er während dieser Zeit am Amalfi Drive 1461 in Pacific Palisades, im Haus von Vicki Baum und Richard Lert. Der Film, die Geschichte eines Mannes, der nach vielen Jahren seine Jugendliebe wiedertrifft, die aber versehentlich den Tod ihres Ehemannes verschuldet hat und lebenslang ins Gefängnis muss, wurde ein künstlerischer Erfolg und kam am 15. Mai 1936 trotz des jüdischen Komponisten auch in die deutschen Kinos. In Hollywood erhielt Toch für sein Filmdebüt die erste von insgesamt drei Oscarnominierungen.

Um einer weiteren Lehrverpflichtung nachzukommen, reiste Toch noch einmal nach New York. Im Sommer 1936 übersiedelte er mit Lilly und Franziska, die ihm im Oktober

1935 aus Großbritannien in die USA gefolgt waren, an die Westküste und ließ sich in Pacific Palisades nieder. Die Ortszeitung *The Palisadian* hieß den prominenten Neuzugang freundlichst willkommen und drängte ihn, den »unwiderstehlichen Charme von Pacific Palisades« in eine Tondichtung umzusetzen, in der »der Herzschlag dieser Gegend in eine musikalische Komposition eingewoben wird und sich herausbildet aus den natürlichen Schönheiten dieser Landschaft und die widerhallt von den Hoffnungen und Freuden, Sehnsüchten und Träumen der Gründer und Pioniere«,[3] ein Wunsch, den Toch allerdings nicht erfüllte. Die damals noch nicht in dem Maße wie heute an Berühmtheiten gewohnten Palisadians waren stolz auf den neuen Nachbarn. Einer von ihnen klingelte sogar an Tochs Tür, um dem Schöpfer der 1930 uraufgeführten FUGE AUS DER GEOGRAPHIE für sprechenden Chor (»Ratibor! / Und der Fluss Mississippi / und die Stadt Honolulu / und der See Titicaca«), die, längst ein Klassiker der Moderne, heute weit bekannter sein dürfte als der Name ihres Schöpfers, seine Bewunderung persönlich auszudrücken: Es war der junge John Cage, der damals in der Swarthmore Avenue 545 lebte. Die Tochs selbst mieteten zunächst ein Haus im spanischen Stil in der De Pauw Street, das einige Jahre später in den Potrero Canyon abrutschte; 1937 zogen sie in den Toyopa Drive 601. Im selben Jahr wurde Toch Professor für Komposition und Musiktheorie an der University of Southern California, an der auch Arnold Schönberg lehrte.

Obgleich Pacific Palisades damals eine beschauliche Idylle war, suchte Toch nach noch größerer Abgeschiedenheit. Am Coral Beach, nördlich von Malibu, schuf er sich auf einem für 100 Dollar jährlich gemieteten Grundstück die Villa Majestic, trotz des Namens eine kleine Hütte, gebaut aus zwei in L-Form auf ein hölzernes Fundament gestellten Containern, in denen das Umzugsgut der Tochs aus Europa in die USA spediert worden war. Ausgestattet war die Behausung lediglich mit einem für 30 Dollar erworbenen Piano, einem Sofa und einer Kochgelegenheit; es gab immerhin Strom, aber keinen Telefonanschluss. Eine der Ersten, die dem Komponisten in seiner selbst gewählten Einsiedelei eine Visite abstatten durften, war am 11. April 1938 Elizabeth Sprague Coolidge, die wichtigste Förderin der Kammermusik in Amerika, die 1937 das KLAVIERQUINTETT OP. 64 bei Toch in Auftrag gegeben hatte. Auch die Komponisten Paul Hindemith und Ernst Křenek besuchten ihn in Malibu, ebenso Emanuel Feuermann, für viele der größte Cellist aller Zeiten, der die letzten beiden Sommer vor seinem Tod 1942 in Pacific Palisades verbrachte und am Chautauqua Boulevard 444 wohnte. Da Tochs frugale Villa Majestic in Malibu 13 Meilen von seinem Haus am Toyopa Drive entfernt lag, setzte die Rationierung des Benzins nach dem Kriegseintritt der USA 1941 den Aufenthalten des Komponisten dort ein Ende, zumal man aus Angst vor japanischen Angriffen nächtliche Stromsperren an der Küste verhängte. Gegen Ende des Krieges wurde die Hütte von einem Sturm zerstört, ihre Überreste schwemmte das Meer weg.

An sich war es Lilly Tochs erklärtes Ziel, ihren Ehemann, der ein beschauliches und eher kontaktarmes Leben bevorzugte, vor allen Störungen zu schützen und ebenso unauffällig wie perfekt sein Leben zu organisieren, kurz: ihm die notwendigen Bedingungen für seine Arbeit zu sichern. Doch liebte sie es, in ihrem Haus in Pacific Palisades Partys zu geben, zu denen unter anderem Emil Ludwig, Bruno Frank, Salka Viertel, Alma Mahler-Werfel und Thomas Mann erschienen, der mit Toch gern und ausführlich über musikalische Probleme diskutierte, zudem Musikerkollegen wie Hanns Eisler, Paul Dessau, Eric Zeisl und Erich Wolfgang Korngold. Ernst Toch, der Lilly bei ihren gut vorbereiteten Gesellschaften insofern unterstützte, als er penibel eine Liste darüber führte, welchem

Gast man wann welches Essen serviert hatte, wurden diese großen Gesellschaften, denen er sich als Hausherr schwerlich entziehen konnte, im Laufe der Jahre zunehmend unangenehm. Er wurde immer lärmempfindlicher, und insbesondere das Durcheinanderreden vieler Gäste quälte ihn. Etliche Jahre später parodierte er in seiner Komposition VALSE das Geschnatter auf solchen Cocktailpartys: »My, how super-dooper / Hold your tongue, you strapper / Let's behave, not like babies, but grown-ups / She is right / She is right!«[4] Bei größeren Dinner-Partys zog er es deshalb vor, in einem an den Salon angrenzenden Raum abseits an einem kleinen Tischchen zu sitzen und sich mit einigen wenigen Freunden zu unterhalten.

Die Tochs, bei denen auch Lillys Mutter, Ernsts Schwester, seine Cousine und deren Tochter lebten, entschlossen sich, ein geräumigeres Haus in der Franklin Street 811 in Santa Monica errichten zu lassen, finanziert durch ein Darlehen der Federal Housing Authority, das 82 Prozent der Gesamtkosten deckte. Es war vor allem Lilly Toch, die sich dagegen aussprach, den befreundeten, bereits 1923 in die USA übergesiedelten Wiener Richard Neutra als Architekten zu engagieren; sie fand, er vertrete seine Wohnideen zu orthodox, dogmatisch, ja tyrannisch. So bekam die aus Österreich über die Niederlande und Großbritannien in die USA emigrierte Liane Zimbler, die im Februar 1938 als erste Frau in Österreich die Befugnis eines Zivilarchitekten erhalten hatte, den Auftrag, ihren ersten größeren im Exil. Nach ihrer Ankunft in Los Angeles hatte sie sich zunächst in einer Packpapierfirma verdingt, dann 1940 in der Einrichtungsfirma von Anita Toor gearbeitet und nach deren Tod das Atelier übernommen. Für die Tochs entwarf Liane Zimbler einen äußerlich eher konventionellen Bau aus verschiedenen Kuben mit flachem Walmdach, dessen meiste Zimmer, teils durch Schiebetüren, teils nur durch Vorhänge abgeteilt, ineinander übergingen. Fließende Raumaufteilungen, die oft mit flexiblen Wänden erzielt wurden, waren ein Markenzeichen Zimblers. Den größten Raum im Erdgeschoss nahm Tochs von den Wohnräumen des Hauses akustisch abgedämmtes Arbeitszimmer ein. Von seinem Schreibtisch aus hatte der Komponist eine grandiose Sicht auf die Berge von Santa Monica und Santa Gabriel und davor die Eukalyptusbäume, die den Golfplatz des Brentwood Country Clubs säumten, doch um von seiner Arbeit nicht abgelenkt zu werden, schloss er stets die Vorhänge.

Selbst solch optimale Bedingungen konnten einen schöpferischen Stillstand in den 40er-Jahren nicht verhindern, vielleicht, weil der unermüdliche Kampf um Affidavits und Visa für seine Verwandten, darunter seine 64 Cousinen und Cousins, den 1940 eingebürgerten Toch erschöpft hatte. Mehr als 30 Verwandte konnten trotz seiner Bemühungen nicht mehr aus Europa fliehen, auch Lillys Schwester überlebte Theresienstadt nicht. Tochs Enthusiasmus für die Arbeit an Filmen war geschwunden, ja, er war geradezu in einer Depression versunken. 1937 hatte er anonym ein paar Musiksequenzen für den Shirley-Temple-Streifen HEIDI geliefert, 1939 das »Halleluja«-Thema für William Dieterles THE HUNCHBACK OF NOTRE DAME arrangiert, das zudem 1943 in der Verfilmung von Franz Werfels Roman THE SONG OF BERNADETTE und 1953 im Monumentalfilm THE ROBE Verwendung finden sollte. Von 1941 an war er bei Columbia Pictures unter Vertrag, gleich seine erste Arbeit, die Musik für Charles Vidors Schocker LADIES IN RETIREMENT, wurde 1942 für einen Oscar nominiert, ebenso wie 1945 diejenige für ADDRESS UNKNOWN. Insgesamt schuf Toch, der als Spezialist für Verfolgungsjagden und Gruseleffekte galt, zwar nur 16 Filmmusiken, doch allein jene für die vier Columbia-Filme, die er komponiert hatte, recycelte das Studio in den kommenden Jahren für rund 40 weitere Streifen. Unterdessen hatte Toch geradezu eine Aversion gegen den Filmbetrieb entwickelt, er glaubte, er prostituiere sein Talent, und wandte sich wieder mehr und mehr den Formen der absoluten Musik zu, doch seine Produktivität schien erlahmt zu sein.

Nachdem er 1948 eine lebensbedrohliche Herzattacke erlitten hatte, beendete er seine Unterrichtstätigkeit an der University of Southern California und widmete sich wieder ausschließlich dem Komponieren, binnen kürzester Zeit entstanden sieben Sinfonien. In der Hoffnung, in Europa an seine alten Erfolge anknüpfen zu können, pendelte er zwischen den Kontinenten. Doch dort war sein Name wie der vieler von den Nazis Verfolgter inzwischen nahezu vergessen, und in den Augen derer, die sich an ihn erinnerten, hatte sich der einst geachtete Tonschöpfer, dessen Ansehen in akademischen Kreisen kaum geringer gewesen war als das von Schönberg, durch seine Filmarbeiten diskreditiert. Obschon er unter anderem mit einem Pulitzerpreis und einem Grammy Award ausgezeichnet wurde, hatte die »Echolosigkeit des ungeheuren amerikanischen Raums«[5], wie Ernst Křenek es einmal formulierte, Wunden hinterlassen. Tochs Lebensbilanz fiel so klar wie knapp aus: »Man verliert seine Heimat und gewinnt keine neue, wenn man emigriert. Das geht jedem so.«[6]

Im selben Jahr wie Toch, also 1936, kam auch die aus einer jüdischen Familie stammende Gertrud Zenzes nach Pacific Palisades, die ehemalige Geliebte des Dichters Gottfried Benn und von ihm bis zu seinem Tod als intellektuelle Partnerin hochgeschätzt. Geboren 1894 in Hirschberg im Riesengebirge, war die promovierte Nationalökonomin schon 1926 in die USA ausgewandert und hatte 1931 in San Francisco die erste, bis 1936 bestehende deutschsprachige Buchhandlung an der Westküste eröffnet. Zenzes zog in ein kleines Nebenhaus des Anwesens D'Este Drive 13525, das Miliza Korjus gehörte, der im März 1936 nach Pacific Palisades gekommenen berühmtesten Koloratursopranistin ihrer Zeit, und arbeitete als Privatsekretärin für Gert von Gontard.

Väterlicherseits aus einer unter Friedrich dem Großen in den Adelsstand erhobenen hugenottischen Familie stammend, mütterlicherseits aus der immens reichen amerikanischen Brauereidynastie Anheuser-Busch, hatte Gert von Gontard 1929 mit nur 23 Jahren in Berlin die *Neue Revue* gegründet, zu deren Mitarbeitern George Grosz und Erich Kästner gehörten, war 1933 ins amerikanische Exil gegangen, zunächst nach New York, dann nach Los Angeles. Er wohnte nun in der Malibu Road 22360 in Pacific Palisades und unterrichtete ab 1938 am Max Reinhardt Workshop for Stage, Screen and Radio.

Seine zeitweilige Lebensgefährtin, die 1912 in Köln geborene deutsche Schauspielerin Hilde Krüger, kann man mit Fug und Recht als die schillerndste Figur im deutschsprachigen Milieu von Los Angeles bezeichnen. Die blendend aussehende Blondine galt nicht nur als Protegé von Goebbels, man sagte ihr in der Branche auch ein intimes Verhältnis mit Hitler nach, den sie nachweislich persönlich kannte. Kurz nach Kriegsbeginn nach Los Angeles gekommen, wurde sie trotz ihrer Liaison mit von Gontard von einem anderen Verehrer ausgehalten: dem Ölmagnaten J. Paul Getty, einem der reichsten Männer der Welt, der als Nazisympathisant galt und 1940 bis 1943 vom FBI observiert wurde. 1945 erwarb Getty ein aus dem 19. Jahrhundert stammendes Ranch-Haus im Canyon de Sentimiento in Pacific Palisades, eröffnete 1953 in einem östlichen Anbau ein Museum für seine Antiken- und Gemäldesammlung und überführte diese 1974, zwei Jahre vor seinem Tod, in einen etwas unterhalb gelegenen, der Villa dei Papiri in Herculaneum nachempfundenen Neubau am Pacific Coast Highway 17985. Heute ist die Getty-Villa in Pacific Palisades neben dem Getty-Center in Brentwood einer von zwei Standorten des J. Paul Getty Museums.

Ausgestattet mit einem Empfehlungsschreiben Gettys und angeblich im Auftrag der deutschen Abwehr, übersiedelte

Hilde Krüger 1941 nach Mexiko, fasste rasch Fuß in der Society und wurde die Geliebte des Innenministers und späteren Staatspräsidenten Miguél Alemán Valdés, der auf ihre Veranlassung die nötigen Visa besorgt haben soll, damit Deutschland rund 300 Spione einschleusen konnte – bewiesen ist das freilich nicht. 1942 wurde Hilda Kruger, wie sie sich nun nannte, als Spionin inhaftiert, kam nach kurzer Zeit auf Intervention Alemáns wieder frei, heiratete Nacho de la Torre, einen reichen Playboy und Enkel des ehemaligen Präsidenten Porfirio Díaz, und 1956 Julio Lobo y Olavarría, den »Zuckerkönig von Havanna«.

Seit 1948 war Gertrud Zenzes, die Hilde Krüger 1940 in Pacific Palisades durch Gert von Gontard kennengelernt hatte – dem sie kurz darauf nach New York gefolgt war, wo er mit Erfolg das deutschsprachige Exiliertentheater Players from Abroad gegründet und geleitet hatte –, deren persönliche Assistentin, Sekretärin und engste Vertraute. Mit durchaus kritischer Distanz: »Im Grunde ist sie ein Tramp, eine Zigeunerin, und kann nicht leben, ohne auf Raub auszugehen, ohne Tricks, Intrigen, Geldgeschäfte und gepackte Koffer in einem Hotelzimmer. Sie ist wirklich eine Loreley mit köllschem Dialekt, einem goldenen Kamm und Guerlain-Parfum und einer Dienstmädchen-Romantik, kalt und gerissen und freut sich, wenn die Schiffchen an ihrem Felsen zerschellen«,[7] berichtete Zenzes 1953 Gottfried Benn.

Wie Zenzes ließ sich auch der 1901 in Berlin geborene Francesco von Mendelssohn im Jahr 1936 nur vorübergehend in Pacific Palisades nieder, und während Toch zwar unter seiner schwindenden Bedeutung litt, aber beachtliche Erfolge verzeichnen konnte, fiel »Cesco«, wie seine Clique ihn nannte, im Exil geradezu ins Bodenlose. In Berlin war der Paradiesvogel einst im kanariengelben Seidenschlafrock über den Kurfürstendamm spaziert und hatte mit Freunden wie dem Pianisten Vladimir Horowitz und dem Stummfilmstar Ramón Novarro die Bars der schwulen Subkultur frequentiert. Exzentrisch sei Cesco gewesen, »aber eben ganz richtig ehrlich exzentrisch, er hat das nicht gespielt, das heißt, er war eigentlich ziemlich verrückt. Er war ein seltsamer Vogel, fast unheimlich in seiner Entferntheit vom täglichen Leben«,[8] erinnerte sich Konrad Kellen.

Der rasante Abstieg des labilen Bankierssohns, Erbe nicht nur eines großen Vermögens, sondern als direkter Nachfahre des jüdischen Philosophen Moses Mendelssohn auch eines großen Namens, lässt sich extremer kaum denken: Der talentierte Cellist und mäßig erfolgreiche Theaterregisseur, der in Berlin zwei Stücke Ödön von Horváths uraufgeführt und 1933 die erste DREIGROSCHENOPER am Broadway inszeniert hatte, fühlte sich im amerikanischen Exil »melancholischissimo« und »todessüchtig«[9] und erwog aus dem Gefühl der Einsamkeit und Langeweile heraus sogar die Rückkehr ins »Dritte Reich«. »Er hat Heimweh – und es ist ihm nicht zu erklären, dass es das, wonach er es hat, gar nicht mehr gibt. [...] Cesco ist in direkter Gefahr des Konzentrationslagers, schon um dann ein Lösegeld zu bekommen. Er weiß es auch, aber er glaubt, wenn er nicht zahlt, wird es ihnen zu langweilig oder es imponiert ihnen. Dann hat er keinen Begriff von Gefahr und vor allem: sein Widerspruchsgeist. Er will es *selber* sehen, *selber* wissen, *selber* erleben«, schrieb seine Schwester Eleonora an die Freunde Salka und Berthold Viertel in Pacific Palisades. »Engagiert ihn für irgendwas. Das Geld schicke ich Euch von Amsterdam. Er darf es nur *nie* wissen, und niemand soll dies wissen. Aber Arbeit gebt ihm. Ich flehe Euch an.«[10]

Francesco, der 1935 zunächst nach New York emigriert war, bezog nach einigen Monaten ein 1932 erbautes Haus in der Radcliffe Avenue 515 in Pacific Palisades mit beeindruckender Aussicht über den Temescal Canyon und den Stillen Ozean.

Knapp drei Jahrzehnte später würde dort David Brown, der Produzent von Filmen wie JAWS, A FEW GOOD MAN und DRIVING MISS DAISY, mit seiner Frau, der *Cosmopolitan*-Chefredakteurin Helen Gurley, einziehen. Von Pacific Palisades aus fuhr Francesco nach Mexicali, um am 27. Mai 1936 bei Calexico mit einem Dauervisum erneut die USA zu betreten. Er beantragte die Einbürgerung, assistierte Max Reinhardt in New York, mietete für kurze Zeit ein Haus in den Hollywood Hills, inszenierte in Paris selbst noch einmal DIE DREIGROSCHENOPER, übersiedelte wieder nach New York, gehörte kurze Zeit dem San Antonio Symphony Orchestra an, für das er als schwerer Alkoholiker aber bald untragbar wurde, musste immer mehr Zeit in Krankenhäusern und psychiatrischen Kliniken, nach Schlägereien gelegentlich auch auf Polizeiwachen verbringen.

Kalifornien passe so gut zu seinen Depressionen, meinte er noch 1944, doch da war die Katastrophe bereits eingetreten: »Unheimlich: Die Nachrichten über Francesco Mendelssohns ausgebrochenen Irrsinn. ›He is locked in‹ –: Wie es kommen *musste* … Die – fließende – Grenze zwischen snobistischer Exzentrizität und klinischem Wahnsinn, mit dem Mute der Verzweiflung, plötzlich übersprungen«,[11] hatte Klaus Mann bereits am 9. Januar 1940 notiert. Auch Berthold Viertel beschrieb »Francesco im Wahnsinn«: »Schert sich kahl (stempelt sich zum Sträfling). Absichtliche Verlotterung in der Kleidung, Pariamarke. […] Überhaupt will ihn keiner mehr; er fühlt sich getilgt, daher letztes Mittel: auffallen, Aufsehen erregen. Hängt sich Kuhglocken um; erzwingt dadurch endlich seine Verhaftung.«[12] Auf Max Reinhardts Sofa liegend, klagte Francesco, er halte es in Amerika nicht mehr aus, und forderte ihn auf, ihm »in die Fresse«[13] zu schlagen. Nach dem Suizid seiner Schwester 1951 wurde der *glamorous boy* der Weimarer Republik, der schon längst nur noch »ein reduziertes Wrack«[14] war, wie er selbst bekannte, lobotomiert.

Die letzten Jahre bis zu seinem Tod 1972 verbrachte der einst umschwärmte Bohemien als »ganz uninteressantes, phlegmatisches Wesen«[15] in der Obhut einer österreichischen Emigrantin in New York. »Ich habe bisher nie eine so unheimliche Wiederbegegnung gehabt wie diese Stunde mit einem Menschen, den ich vor fast 30 Jahren das letzte Mal gesehen und vorher so oft und genau erlebt hatte«, schrieb der deutsche Diplomat Dieter Sattler, der bis 1933 zu Francescos Freundeskreis in Berlin gehört hatte. »Er war es, und er war es nicht. Die gleiche Person und doch ein anderer. Der unheimliche Eindruck einer Art magischer Zauberkunst, die einen Menschen zusammenleimen und auftreten lassen kann, der eigentlich längst tot oder verrückt sein müsste. Für frühere Jahre hatte er ein verhältnismäßig gutes Gedächtnis, aber alles wie durch eine Scheibe Glas – alles beruhigt, ohne Aufregung, ohne Gefahr und ohne Glanz. Alles, was den Zauber dieses unerhört begabten, gefährdeten und gefährdenden Menschen ausgemacht hatte, war herausdestilliert. Alle kühnen, frechen, schamlosen, aber auch treffenden, blitzartig erleuchtenden, genialen Bemerkungen – waren weg. Die ganze süße Schwere einer alten Familie, einer alten Rasse, einer langen Tradition reifsten künstlerischen Wissens und Erfahrens, die bei Francesco das Berauschende gewesen war – weg. Dafür ein höflicher, manierter älterer Herr mit freundlichem Lächeln und gewählten – ja bestimmten Worten und Sätzen, die er sich selbst – oder die Frau – vorgesagt – vorfabriziert – vorgemacht hatte und die er dauernd bemüht war, nicht anzuzweifeln oder umstürzen zu lassen. [...] Von den letzten Jahren wusste er fast nichts – oder er konnte, wollte, durfte nicht davon sprechen. Ich habe natürlich auch nicht gefragt. Alles blieb hinter einer Scheibe. Ob es überhaupt noch da war, ob das brodelnde, abgrundtiefe und himmelhochjauchzende Leben noch in ihm war – man weiß es nicht. – Nur am Schluss, wie ich ging, kam plötzlich ein Ausdruck in seine Stimme: Bitte, komme wieder! Das Unheimlichste, was ich an zerstörtem Leben gesehen habe. Beim Nachhausegehen durch die Stadt – ich war ganz benommen – fing es zu regnen an.«[16]

Noch viel schneller nahm das Leben Ernst Tollers ein tragisches Ende, des Verfassers der wohl wichtigsten expressionistischen Dramen DIE WANDLUNG und MASSE MENSCH. 1937 lebte er für kurze Zeit in Pacific Palisades. Zwar heißt es überall, Toller habe in Santa Monica gewohnt, und auch er selbst gab jene eigenständige Stadt als Absender an, doch steht das 1928 erbaute, bis heute kaum veränderte Haus in der West Channel Road 413 auf der Gemarkung von Pacific Palisades.

1893 in der Provinz Posen zur Welt gekommen, war Toller als Protagonist der Münchner Räterepublik im Juni 1919 verhaftet, des Hochverrats angeklagt und zu fünf Jahren Festungshaft verurteilt worden. Aufgrund seiner politischen Haltung wie seiner jüdischen Herkunft 1933 formell aus Deutschland ausgebürgert, war er nach Exilstationen in Zürich, Paris und London am 12. Oktober 1936 mit seiner 23 Jahre jüngeren Frau Christiane Grautoff nach New York gelangt. Im Februar 1937 hatte er einen Einjahresvertrag als Drehbuchautor bei MGM unterschrieben, war zunächst, ganz, wie es dem Image eines hoch bezahlten, erfolgreichen Autors entsprach, im luxuriösen Hotel Miramar oberhalb des Strandes von Santa Monica abgestiegen, einem bevorzugten Rückzugsort für Stars wie Greta Garbo und Jean Harlow, dann in den Sovereign Apartments in der Washington Avenue 205 in Santa Monica. Für 1000 Dollar wöchentlich schrieb Toller Entwürfe für einen Lola-Montez-Film und einen Streifen über den Bau des Suezkanals, doch niemand diskutierte mit ihm seine Arbeit, die Szenarien wurden nie verfilmt, der Vertrag nicht verlängert. »Jeden Morgen ging ET in seine klimatisierte Zelle, wo die beigen Jalousien immer heruntergelassen waren, nicht nur, um die zu grellen Sonnenstrahlen abzuhalten, sondern auch, damit niemand sah, wie man nicht am Schreibtisch sitzt und Filme schreibt, sondern auf dem Divan liegt und Magazine liest«,[17] heißt es in Grautoffs Erinnerungen.

Nach einer sechswöchigen Mexikoreise bezog Toller Mitte Dezember 1937 das komfortable Haus in Pacific Palisades, am 18. Februar 1938 kehrte er nach New York zurück, wo er sich am 22. Mai 1939 im Mayflower Hotel erhängte. Schon seit Jahren hatte er an schubweise eintretenden Depressionen gelitten und auf Reisen stets einen Strick mit sich geführt.

Der amerikanische Schriftsteller David S. Malcolmson hatte sich 1928 in Pacific Palisades angesiedelt, erst in der Mount Holyoke Avenue 533, dann in der Rustic Road 544, und sich 1936 von Richard Neutra ein Gästehaus in der Mesa Road 491 errichten lassen. Anfang 1939 arbeitete er eng mit der im März 1937 in die USA emigrierten Ruth Landshoff-Yorck zusammen. Die 1904 als Ruth Levy geborene Nichte des Berliner Verlegers Samuel Fischer und Cousine des bedeutenden Exilverlegers Fritz Landshoff war in der Weimarer Republik eines der ersten »It-Girls« der Geschichte und eine androgyne Stilikone gewesen, hatte die Presse mit flotten Feuilletons versorgt und mehrere Romane publiziert, nun versuchte sie im Exil mühsam, über die Runden zu kommen. »Man ist emsig und hurtig und unermüdlich; inzwischen bereitet sich, quälend langsam, die Apokalypse vor«,[18] schrieb ihr Klaus Mann am 4. Februar 1939.

Mittlerweile eine engagierte Antifaschistin, verfasste sie zu dieser Zeit in Pacific Palisades gemeinsam mit Malcolmson den Roman THE MAN WHO KILLED HITLER, die fiktive Geschichte des Wiener Psychiaters Dr. Karl Moeller, dessen jüdische Frau Grete nach dem »Anschluss« 1938 bei ihrem Versuch, auf der Straße jüdische Mitbürger vor Übergriffen zu schützen, von Nazis totgetreten wurde. Noch unter Schock stehend, bringt Moeller im Affekt den SS-Mann Severin

Braun um, der an einer schizophrenen Psychose leidet, sich für Hitler hält und deshalb in die Psychiatrie eingewiesen wurde. Um nicht belangt zu werden, zerschlägt Moeller den Kopf seines Opfers, tauscht Kleidung und Identität. Als vermeintlicher SS-Mann Braun erklärt er, der Arzt habe ihn mit antifaschistischen Parolen provoziert, bleibt unbehelligt, reist mit dem Plan, Hitler zu töten, nach Berlin, findet jedoch keine Gelegenheit zu einem Attentat. Dann bestellt ihn Himmler in die Reichskanzlei, wo ihm der Führer unter vier Augen mitteilt, er habe ihn zu seinem Double auserkoren. Weil er kein Messer bei sich trägt, greift Moeller nach einer Hindenburg-Büste und erschlägt sein Gegenüber. Da betritt Hitler persönlich den Raum – der Doppelgänger hat also nur einen weiteren Doppelgänger erschlagen, die Hinrichtung ist ihm sicher.

Veröffentlicht wurde der von George Palmer Putnam, dem Witwer der legendären Fliegerin Amelia Earhart, verlegte Roman anonym – zumindest im Falle Ruth Landshoff-Yorcks aus gutem Grund, ihre Eltern lebten nach wie vor in Berlin. Am 12. Mai 1939 wurde Putnam von zwei vermummten Männern überwältigt, entführt und gefesselt und geknebelt auf einer Baustelle zurückgelassen. Nach einiger Zeit gelang es ihm, um Hilfe zu rufen. »Die Männer sprachen miteinander deutsch. Einer fragte, wer die Informationen für das Buch geliefert habe«,[19] teilte er am nächsten Morgen der Presse mit. Der deutsche Generalkonsul, Manfred Freiherr von Killinger, lehnte jeden Kommentar ab, Hermann Schwinn, »Gauleiter« des Amerikadeutschen Bundes in Los Angeles, erklärte, er bezweifle, dass Deutsche an der Entführung beteiligt gewesen seien. Tatsächlich spricht einiges dafür, dass diese fingiert und eine PR-Aktion war, jedenfalls enthüllte Putnam kurz darauf medienwirksam die Identität Ruth Landshoff-Yorcks.

Wie kaum eine andere deutschsprachige Exilantin sollte sie nach dem Krieg die amerikanische Kultur mitprägen: Sie wurde eine hoch angesehene Mentorin des experimentellen Off-Off-Broadways in New York. So schloss sich ein Kreis, war sie doch in jungen Jahren selbst als Schauspielerin tätig gewesen, unter anderem bei Max Reinhardt.

Auch Reinhardt ließ sich 1940 in Pacific Palisades nieder. »Es ist hier am Pazifik wundervoll und tausendmal schöner zu leben als in New York. Ich bin aber auf der vierten Galerie des Burgtheaters aufgewachsen«,[20] klagte der neben Thomas Mann und Lion Feuchtwanger berühmteste Emigrant. Viele der hier Gestrandeten waren, so ein Bonmot, zu Hause in Deutschland weltberühmt gewesen, den im »Dritten Reich« verfemten Namen Reinhardts aber nannte man tatsächlich auf dem halben Erdball mit Ehrfurcht. Und zu den zahlreichen Stars, die nicht müde wurden, in Interviews immer wieder auf ihre prestigeträchtige Ausbildung an der Schauspielschule Max Reinhardts zu verweisen, gehörte selbst Marlene Dietrich, obgleich sie dort gar nie Schülerin gewesen war. In Berlin war Max Reinhardt, 1873 als Maximilian Goldmann in Baden bei Wien geboren und heimatberechtigt im ungarischen Stampfen bei Pressburg, einst Herrscher über ein ganzes Theaterimperium gewesen. In Salzburg hatte er 1920 die Festspiele begründet, in Wien 1924 das Theater in der Josefstadt übernommen. Durch Gastspiele hatte er sich internationalen Ruhm erworben, und schon seit 1911 bejubelte man den »Theatermagier« auch in den Vereinigten Staaten. 1926 hatte er bei seinem ersten Besuch in Los Angeles Kontakte mit Filmstudios geknüpft und Pläne für kalifornische Festspiele geschmiedet, die er in den 1930er-Jahren wieder aufgreifen würde.

Reinhardts letzte Inszenierung auf deutschem Boden hatte am 1. März 1933 Premiere, eine Woche später kehrte er, vom *Völkischen Beobachter* als »der einst bewunderte ondulierte Kulissenlöwe der ›deutschen‹ Staatsbürger jüdischen Glaubens […], nunmehr ein handzahmer Requisitenkater«[21] diffamiert, dem »Dritten Reich« den Rücken. Angeblich bot Goebbels ihm die »Ehren-Arierschaft« und damit die Möglichkeit einer Rückkehr an, Reinhardt, »eigentlich Jud Goldmann«,[22] wie die Nationalsozialisten gerne betonten, lehnte ab. Fast drei Jahrzehnte lang der wichtigste Theatermann Deutschlands, inszenierte er von nun an ausschließlich im Ausland. »Ich verurteile das, was die Nazis getan haben, besonders auf dem Gebiet des Theaters, nicht nur als eine barbarische Grausamkeit, als eine rohe und feige Gewalttätigkeit, sondern als eine hanebüchene Dummheit. Sie haben die Menschen vertrieben, die einzigen Menschen in der Welt, die in das deutsche Wesen wahrhaft verliebt waren. Und diese Liebe hat für die Kunst Früchte getragen. Jetzt setzt eine Verkarstung ein, eine Ödnis, die nur von Österreich aus noch hie und da belebt wird«,[23] schrieb er einer Freundin.

Einige seiner ambitionierten Pläne in Amerika scheiterten, zumeist aus finanziellen Gründen, doch 1934 konnte er in der Hollywood Bowl A MIDSUMMER NIGHT'S DREAM in Szene setzen. Zwar hatte man seine unbescheidenen Besetzungsideen nicht verwirklicht: Charlie Chaplin als Zettel, Greta Garbo als Titania und Fred Astaire als Puck hatte er sich gewünscht; Clark Gable, Gary Cooper, Joan Crawford und Myrna Loy hätten die beiden Liebespaare spielen sollen. Wie üblich bereiteten Reinhardts Mitarbeiter die Inszenierung vor, der Meister selbst erschien erst 13 Tage vor der Premiere, was wegen der ihm unbekannten Mitwirkenden, der Sprache, die er nur mäßig beherrschte, und angesichts des großen Interesses der Hollywoodproduzenten einem Vabanquespiel glich. Nicht zuletzt dank des 14-jährigen Mickey Rooney als Puck konnte er einen aufsehenerregenden Erfolg verzeichnen.

Seine Zukunft sah Reinhardt, der mit einem Touristenvisum eingereist war, in den USA, also fuhr er mit Helene Thimig, seit 17 Jahren seine Geliebte und nach Ende des seit 1924 andauernden Scheidungskriegs mit Else Heims bald seine zweite Ehefrau, nach Mexicali. »Der Ort war furchtbar schmutzig und mit armen, dreckstarrenden Menschen vollgestopft«, erinnerte sich Thimig später. »Nach vielem Suchen trieb unser Anwalt für uns ein Hotelzimmer auf. Es war das einzige Mal während unseres 25-jährigen Zusammenlebens, dass wir in einem Doppelzimmer geschlafen haben. Das heißt: Geschlafen ist zu viel gesagt. Der Raum war voller Wanzen. Und wir haben solche wahnsinnige Angst gehabt, dass wir uns auffressen lassen müssen. Darum haben wir uns voll angekleidet auf zwei wackelige Stühle gesetzt und haben den Morgen erwartet.«[24] Am 2. April 1935 betraten sie in Calexico wieder amerikanischen Boden, am 21. August stellten sie in Los Angeles den Antrag auf Einbürgerung; als Leumundszeuginnen fungierten Salka Viertel und William Dieterles Frau Charlotte, die sich in den folgenden Jahren wie kaum jemand anders für die Unterstützung von Flüchtlingen engagierten.

William hatte als Wilhelm Dieterle in den 20er-Jahren zu den Stars der deutschen Bühne wie der Leinwand gehört und 1926 als Filmregisseur debütiert, seit 1930 hatte er sich in Hollywood einen Ruf als Spezialist für europäische Literatur und als *women director* erworben. Seine Frau war unter ihrem Mädchennamen Charlotte Hagenbruch als Schauspielerin tätig gewesen. Ähnlich wie das Haus der Viertels in Pacific Palisades galt auch ihres im North Knoll Drive als Anlaufstelle für Emigrierte. »Sie taten zunächst das Wichtigste: bereiteten die ausgehungerte Seele auf eine neue Saat vor. Im Kreis noch vieler Hungriger, die jüngst hergekommen waren, lag man auf dem Teppich und blätterte in seinen schönen Kunstbüchern, Stichen und Funden aus mexikanischen, aztekischen und etruskischen Zeiten. Dann aber halfen sie, was bald noch wichtiger wurde, die gesetzmäßige Einwanderung vorzunehmen. Nun hieß es, nicht ganz unriskant, nach Mexiko einzureisen und, wenn alles klappen würde, legal einzuwandern«,[25] erinnerte sich der Komponist Friedrich Hollaender. Die Dieterles bezahlten mehrere Rechtsanwälte, die sich mit solchen Fällen befassten und die notwendigen Unterlagen organisierten, stellten unzählige Affidavits aus, die die Einreise in die USA ermöglichten, gewährten Darlehen, auch Max Reinhardt, und sammelten Geld, zum Beispiel für den 1941 eingetroffenen Bertolt Brecht.

William Dieterle finanzierte auch eine der wichtigsten Exiltheater-Produktionen: Leopold Jessners Inszenierung von Schillers WILHELM TELL, die am 25. Mai 1939 im El Capitan Theatre in Hollywood Premiere hatte und in der Ernst Deutsch, Alexander Granach, Christiane Grautoff, deren Mann Ernst Toller sich drei Tage zuvor das Leben genommen hatte, Ernst Lenart, Lionel Royce alias Leo Reuß und viele andere mitwirkten, die teilweise des Englischen gar nicht mächtig waren und deshalb ihren Text rein phonetisch einstudiert hatten. Finanziell war das Unternehmen ein Desaster; Dieterle verlor 20 000 Dollar.

Da Reinhardts Inszenierung von A MIDSUMMER NIGHT'S DREAM im Jahr 1934 ein außerordentlicher Erfolg gewesen war, hatten Warner Bros., dadurch ermutigt, einer aufwendigen Verfilmung zugestimmt, einem mit dem großzügigen Etat von 1,3 Millionen Dollar ausgestatteten *prestige picture*, dessen Reklamebudget weitere 500 000 Dollar betrug. Reinhardt erhielt die fürstliche Gage von 100 000 Dollar, der in Hollywood erfahrene William Dieterle bekam als Co-Regisseur gerade einmal 19 000. Der Film ging als Pionierleistung in die Filmgeschichte ein, wurde für mehrere Academy Awards nominiert und erhielt zwei davon in den Kategorien Kamera und Schnitt. Reinhardts Entdeckung Olivia de Havilland, die als Hermia in ihrer ersten Filmrolle glänzte, begann ebenso eine grandiose Karriere wie der Komponist Erich Wolfgang Korngold, auf Reinhardts Wunsch aus Wien nach Hollywood verpflichtet, der zu einem der führenden Filmkomponisten avancierte. Die Kinokassen klingelten jedoch nicht wie erhofft.

Enttäuscht wandte sich Reinhardt, den 1936 ein Proponentenkomitee, zu dem der schwedische König und Albert Einstein gehörten, wegen seiner Verdienste um die Völkerverständigung sogar für den Friedensnobelpreis vorschlug, wieder der Bühne zu. Am 7. Januar 1937 hatte im Manhattan Opera House unter seiner Regie die bis dahin teuerste Broadway-Inszenierung der Geschichte Premiere: die »kolossale, national-jüdische Ausstattungs-Oper«[26] THE ETERNAL ROAD, eine Art Bibelrevue, die den Exodus des jüdischen Volkes nachzeichnen und dessen Verfolgung zu allen Zeiten akzentuieren sollte. Mit Franz Werfel und Kurt Weill, die Reinhardt als Mitarbeiter vorgeschlagen hatte, war allerdings ein Team zustande gekommen, das nicht gerade prädestiniert dafür schien: Weill war zwar der Sohn eines jüdischen Kantors, seine Zusammenarbeit mit Bertolt Brecht hatte ihm aber in weiten Kreisen den Ruf eines Kulturbolschewisten eingebracht, und Werfel hatte sich dem Katholizismus zugewandt, beeinflusst durch seine antisemitische Frau Alma, die einst für ihre Schönheit bewunderte, inzwischen etwas matronenhafte Witwe des Komponisten Gustav Mahler, ehemalige Geliebte des Malers Oskar Kokoschka und Ex-Frau des Architekten Walter Gropius.

Letztlich war der Weg bis zur Premiere der ETERNAL ROAD, die teils aus Geldmangel, teils aus technischen Gründen insgesamt zehn Mal verschoben werden musste, zwar wirklich beinahe ewig, Reinhardts künstlerischer Erfolg aber fulminant. Nur wenige lehnten das »jüdisch-amerikanische Oberammergau«,[27] wie Lion Feuchtwanger das Spektakel nannte, als trivial und vulgär ab, fanden, es sei langatmig und langweilig und eine gigantomanische Geldverschwendung. In der Tat hatte die Produktion bis zur Premiere bereits 463 000 Dollar verschlungen. Allein 60 000 Dollar waren investiert worden, um mithilfe von 757 Scheinwerfern ausgeklügelte Lichteffekte zu ermöglichen. 159 Bühnenarbeiter, Techniker und Verwaltungsangestellte waren verpflichtet, auf der Bühne agierten 208 Personen, 1772 Kostüme kamen zum Einsatz. Da man selbst bei ausverkauftem Haus allabendlich Verluste machte, musste die Aufführungsserie nach 153 Vorstellungen beendet werden, hinterließ ein Rekorddefizit von 500 000 Dollar und zerstörte zwar nicht die künstlerische Reputation Reinhardts, wohl aber seinen Ruf als Theatergeschäftsmann.

Die von Reinhardt geleiteten Salzburger Festspiele glänzten im Sommer 1937 ein letztes Mal durch Internationalität bei Publikum und Künstlern; man spürte den »Geschmack der Vergänglichkeit auf der Zunge«,[28] so Carl Zuckmayer. »Das Schönste an diesen Festspielsommern ist es, dass jeder der letzte sein kann.«[29] Im Jahr darauf, nach dem Einmarsch deutscher Truppen und der am 11. März 1938 vollzogenen Demission des österreichischen Bundeskanzlers Schuschnigg, triumphierten die Nationalsozialisten anlässlich der gleichgeschalteten Festspiele und der Vertreibung Reinhardts: »Führ nun Deine Jedermänner / überm großen Wasser vor. / Hier von Hamburg bis zum Brenner, / sind wir sicher wohl davor ...«[30]

Zu diesem Zeitpunkt hatte Reinhardt Europa für immer verlassen. Auf der *SS Normandie* war er, mittlerweile 65 Jahre alt, am 14. Oktober 1937 im Hafen von New York eingetroffen, begleitet von seiner Köchin Friederike Josefa Vogl; Reinhardts zweite Ehefrau Helene Thimig folgte erst am 8. November. Seine Situation in den USA hatte sich allerdings grundlegend verändert. Gastspiele waren nicht mehr möglich, er war kein Gast mehr, Einladungen blieben aus. Zweifellos hatte der tragische Niedergang, der nun einsetzte, auch etwas mit seinem neuen Status als Emigrant zu tun. Sämtliche Filmprojekte, darunter eine HAMLET-Adaption mit Greta Garbo in der Titelrolle, zerschlugen sich. Unter Verzicht auf die vorausbezahlten Gagen lösten Warner Bros. den Vertrag auf. »Ich bin wie meine Vorfahren trockenen Fußes durchs Meer in die Wüste gewandert und habe sieben magere Jahre in Hollywood verbracht. Dort erkannten Warners und andere Ungläubige mich als zu schwerfällig für den Tanz um das goldene Kalb«,[31] resümierte Reinhardt 1943.

Im Sommer 1938 mietete er ein der Rundfunkgesellschaft CBS gehörendes Gebäude am Sunset Boulevard und eröffnete dort den Max Reinhardt Workshop for Stage, Screen and Radio, der 1941 in die etwas hochtrabend als Max Reinhardt Theatre bezeichneten Räume einer Laienspielschule für Armeeangehörige am Wilshire Boulevard verlegt wurde. Doch auch dieses Unternehmen, das analog zu Reinhardts Schauspielschulen in Wien und Berlin Maßstäbe setzen sollte, war von seiner Gründung bis zur Schließung im Oktober 1942 künstlerisch unbefriedigend, die Schülerinnen und Schüler lehnten das, was Reinhardt wollte, als »artificial« und »sophisticated« ab.[32] Auch finanziell war es ein Desaster und letztlich ein deprimierender Abstieg. »Ich habe obendrein meinen Namen hergegeben und ihn beinahe (für Hollywood sicher) verloren«,[33] meinte Reinhardt resigniert. In dem Maße, in dem seine Projekte ökonomisch fehlschlugen, schwand auch das Interesse an dem einst hofierten Theatermagier, der sich, früher von seinen Mitarbeitern stets respektvoll »Professor« genannt, ohnehin nur schwer daran gewöhnt hatte, dass ihn hier selbst Schauspielschüler kumpelhaft »Max« riefen.

Als Reinhardt am 29. November 1940 eingebürgert wurde, waren seine Einkünfte aus dem Vertrag mit Warner aufgebraucht, insgesamt stattliche 600 000 Dollar. Auch seinen Versuchen, ein Verhältnis zu Gelddingen zu gewinnen, die die wesentlich lebenstüchtigere Helene Thimig »erschütternd und mitunter rührend komisch«[34] nannte, war der Erfolg versagt geblieben. Reinhardt und Thimig mussten ihre pompöse

Villa in den Outpost Estates nördlich der Hollywood Heights verkaufen. Zum dritten Mal verlor Reinhardt, der zeitlebens größten Wert auf schöne Wohnungen legte, ein herrschaftliches Domizil – wie seine letzte Berliner Wohnung im Hofgärtnerhaus des Schlosses Bellevue, in die 1936 der Intendant der Preußischen Staatstheater Gustaf Gründgens eingezogen war, wie auch das 1918 erworbene Schloss Leopoldskron bei Salzburg, »die Inszenierung, auf die Reinhardt am meisten stolz war«.[35] Es war 1938 von den Nationalsozialisten beschlagnahmt und erst einmal der mit Hitler befreundeten und diesem durch Spionagedienste nützlichen Prinzessin Stephanie von Hohenlohe überlassen worden, einer »Volljüdin« und Halbschwester der im kalifornischen Exil lebenden Autorin Gina Kaus, Vicki Baums bester Freundin.

Max Reinhardt und Helene Thimig zogen also in eine für ihre Verhältnisse bescheidene mediterrane Villa in Pacific Palisades, Corona del Mar 15000, am Rand der steilen Klippen über dem Strand gelegen. Wichtiger als die atemberaubende Aussicht über den Pazifik bis zur Insel Catalina, die Schatten spendenden Eukalyptusbäume, der nächtlich blühende Jasmin, die Hibiskussträucher und Bougainvilleen auf dem über 3000 Quadratmeter großen Grundstück war für die Reinhardts die Nutzfläche: »Der Garten hat jetzt, neben der frontalen Blumenüberfülle, ein österreichisches Inneres: das Gemüse. Bohnen, Kohl, Rotkraut, Zwiebel, Peperoni, Karotten, viele weiße Rettiche, Mais, Gurken, Salate, Gewürze, Kartoffeln [...]«[36] So sparten sie Geld für Einkäufe. »Wenn man noch eine Kuh oder Ziege hätte und ein paar Hühner, wäre man ganz unabhängig«,[37] meinte Helene Thimig.

Nur einen einzigen Nachbarn kannten sie, den Schauspieler Charles Laughton, der mit der durch den Horrorfilm BRIDE OF FRANKENSTEIN populären Elsa Lanchester in der Corona del Mar 14954 wohnte, »und wie wir hörten, waren die beiden ein außerordentlich interessantes und intelligentes

Paar« – der homosexuelle Laughton und Lanchester führten eine von Toleranz und Respekt geprägte Ehe. »Doch obwohl uns nur wenige Schritte trennten, haben wir mit ihnen kein einziges Wort gesprochen«,[38] erzählte Helene Thimig. Dafür war Thomas Mann ebenso zu Gast in Reinhardts »mit wahrer Bühnenkunst ausgestattetem Haus, gegen das das unsere von nüchterner Sachlichkeit ist«,[39] wie Bertolt Brecht: »einen dieser tage zum lunch bei max reinhardt mit feuchtwanger. er residiert in einer großen villa am meer, ausgefüllt mit seinen berliner möbeln und kunstgegenständen. der alte zauberer, klein, fest auf seinen beinen stehend, abgeblasst wie eine mit dem löschblatt behandelte tuschzeichnung, mit den langsamen, wirkungsvollen bewegungen, der tiefen stimme, immer noch die zunge genießerisch in der backe, die thimig, ein müder abgearbeiteter todesengel«,[40] notierte er am 15. Mai 1942. Erst in Pacific Palisades, wo der Kreis der Emigranten letztlich überschaubar und das Beziehungsnetz dicht geknüpft war, lernte Max Reinhardt Brecht kennen, obgleich er ihn schon 1924 in Berlin als Dramaturgen an sein Theater engagiert hatte.

Der Schauspieler Fritz Kortner, der im benachbarten Brentwood untergekommen war, meinte etwas maliziös, der an Verschwendung gewöhnte Reinhardt residiere in seinem Haus »mit dem Gefühl, in einer Köhlerhütte leben zu müssen«.[41] Nur wenige Besucher wussten, dass sich die Reinhardts längst von vielen ihrer wertvollen Möbel und Kunstgegenstände getrennt hatten, auf Kredit und von den Zuwendungen ihrer Freunde lebten. Armut ist freilich relativ; bevor Helene Thimig knapp drei Jahre nach Reinhardts Tod im Sommer 1946 nach Österreich zurückkehrte, ließ sie auf einer Auktion französisches Mobiliar aus dem 18. Jahrhundert, englisches Kristall, Meissener Porzellan, Tafelsilber und die bescheidene Zahl von 55 Perserteppichen versteigern.

Hatte Reinhardt noch 1937 optimistisch Pläne gehegt, »in

Hollywood ein californisches Salzburg aufzubauen«,[42] so musste er nun einsehen, dass seine Theaterambitionen in Los Angeles keine Chancen hatten. »In einer Stadt, in der die Fläche dominiert (die Fläche der Leinwand, die durch Chaplin, Disney und einige andere zweifellos künstlerisch belebt wurde), kann man gerechterweise nicht die Entwicklung der dreidimensionalen Kunst des Theaters erwarten. Es ist hier angenehmer, freier und beschaulicher zu leben als zur Zeit irgendwo anders in der Welt.«[43] Er hoffte auf ein Comeback in New York, doch resigniert musste er erkennen, dass sein einst so glänzender Name für die Finanzierung nicht mehr zog, er »nicht mehr der Mann der Stunde«[44] war, wie es Thomas Mann ausdrückte.

Helene Thimig erteilte in Pacific Palisades einigen Privatschülern, aber auch Kindern Schauspielunterricht und übernahm gelegentlich Episodenrollen, trotz anfänglicher Bedenken, dass die Mitwirkung in Anti-Nazi-Filmen zu Repressionen gegen ihre in Wien lebenden Eltern und Brüder führen könnte. Insgesamt wirkte sie in 16 Hollywoodproduktionen mit, unter anderem als Hitlers Halbschwester Angela Raubal in THE HITLER GANG. Meist aber musste sie mit den 20 Dollar von der Arbeitslosenversicherung auskommen, die sie jeden Mittwoch abholen konnte. Als das Geld immer knapper wurde, versuchte sie, das Haus »für eine vorläufige Untervermietung herzurichten, d. h. alle persönlichen Sachen in ein Zimmer, ev. das Bibliothekszimmer in ›storage‹ zu geben«, so Thimig im August 1942, »und ich gehe halt dann für die Zeit, die ich noch hier sein muss, in ein Zimmer irgendwohin«.[45] Doch die Suche nach einem Untermieter blieb vergeblich. Die durch Salka Viertel vermittelte Interessentin Greta Garbo etwa wollte nicht in einem Haus am Rande der Klippen leben: »Sie hat Angst herunterzufallen. Das entschied sie, ohne es gesehen zu haben.«[46] Ganz unberechtigt war die Furcht der Garbo übrigens keineswegs: 1944 zerstörte ein Erdrutsch einen beträchtlichen Teil des Gartens von Charles Laughton.

Im September 1943 feierte Max Reinhardt in New York seinen 70. Geburtstag. Er sei »der Einzige im Reiche des Menschheitstraumes, der Theater heißt, dem heute der Königsrang zugesprochen werden darf«, »der machtvolle Souverän der Fantasie« und »ein Götterliebling«,[47] heißt es im von Franz Werfel mit Pathos formulierten Gratulationsbrief, den fast die ganze Emigrantenkolonie von Heinrich und Thomas Mann bis Berthold und Salka Viertel unterzeichnet hatte. Wenige Tage später erlitt Max Reinhardt bei einem Spaziergang auf Fire Island bei New York einen Schlaganfall, im Oktober gefolgt von einem weiteren; er konnte nicht mehr sprechen, den rechten Arm nicht mehr bewegen und musste gefüttert werden. »Nun, der momentane Zustand ist schlimmer als Sterben«, schrieb sein Sohn Gottfried Reinhardt an Salka Viertel nach Pacific Palisades und fragte bitter: »Soll denn niemand das Ende Hitlers erleben?«[48] Tags darauf traf die bislang ahnungslose Helene Thimig ein, in Pacific Palisades aufgeschreckt durch ein anonymes Telegramm, das die Schauspielerin Elisabeth Bergner abgeschickt hatte. Reinhardts Geliebte Eleonora von Mendelssohn musste der Rivalin das Feld räumen, soll aber vor ihrem Weggehen die Fenster geöffnet haben, um Reinhardts Leiden zu verkürzen. Er erkrankte an einer Lungenentzündung und starb, »euthanisiert durch Ela«[49], so der Theaterkritiker Leo Lerman, in der Nacht auf den 31. Oktober 1943. Fritz Kortner schrieb: »Jetzt, am Vorabend von Hitlers Ende, hätte ich ihm ein anderes Heimgehen gewünscht.«[50]

Goethe in Hollywood lässt sich huldigen

»Thomas Mann spielte während des amerikanischen Exils eine Rolle, die er nie gesucht hatte: Er war Kaiser aller deutschen Emigranten, ganz besonders Schutzherr des Stamms der Schriftsteller. Von ihm wurde alles erwartet, ihm wurde alles verdankt, er wurde für alles verantwortlich gemacht. Auf ihn konzentrierte sich alle Devotion, gegen ihn ging alle Rebellion«,[1] meinte Ludwig Marcuse, der sich 1939 in Beverly Hills niedergelassen hatte, rückblickend über den berühmtesten und bereits im Exil, vor allem aber in der Diskussion der Nachkriegsjahre auch umstrittensten deutschen Emigranten, den man ironisch »Seine Emigranz«[2] titulierte. Nicht alle Schicksalsgenossen in »Deutsch-Kalifornien«[3] blickten neidlos auf den auflagenstarken, als Vortragsredner gefragten und hoch bezahlten, in seinem Selbstbewusstsein unerschütterten Autor und dessen verhältnismäßig luxuriöses Leben »mit gebratenen Tauben u. Champagner«,[4] wie Mann selbst in seinem Tagebuch notierte. Das Gros der Exilierten schlug sich nur mühsam durchs neue Leben, und diejenigen unter ihnen, deren Handwerkszeug die deutsche Sprache gewesen war, erlitten besonders häufig Schiffbruch, viele endeten in Depression und Alkoholismus.

Der 1875 geborene Lübecker Kaufmannssohn Thomas Mann, 1929 vor allem für sein 1901 erschienenes Romandebüt BUDDENBROOKS mit dem Literaturnobelpreis ausgezeichnet, und seine acht Jahre jüngere, aus der wohlhabenden Münchner jüdischen Familie Pringsheim stammende Frau

Katia verbrachten 1933 im Anschluss an eine Vortragsreise einige Ferientage im schweizerischen Arosa, als sie am Abend des 27. Februar vom Brand des Berliner Reichstags erfuhren. Per Telefon machten ihnen ihre beiden ältesten Kinder Erika und Klaus eindringlich klar, dass eine Rückkehr nach München ausgeschlossen sei. Der bis zu diesem Zeitpunkt politisch noch eher naive Thomas Mann klagte, »dass einem, während man gerade draußen ist, sein Land irgendwohin davonläuft«.[5] Zunächst wurde die Schweiz zum Exilland, in dem die Manns notgedrungen die als noch undurchsichtig empfundene politische Lage im Reich abwarten wollten und sich daranmachten, »eine vorläufige private Basis und Lebensstätte zu schaffen«.[6] Dabei erwies sich Mann einmal mehr als hochsensibler, anspruchsvoller und leicht zu kränkender Schöngeist. »Ich fühle mich schlecht, und der Eindruck der Besichtigung, die eine abscheuliche und niederdrückende Vorstellung von deklassierter Existenz gab, verschlimmert den Zustand meiner Nerven, die zu Hause bis zu Tränen versagten«,[7] notierte er nach Besichtigung einer Villa im Basler Nobelvorort Riehen. Doch schließlich fand Erika für die Eltern eine angemessene Residenz in Küsnacht am Zürichsee.

1934 besuchte Thomas Mann erstmals die USA, wo er vor allem als Autor des MAGIC MOUNTAIN berühmt war. 1935 erhielt er zusammen mit Albert Einstein die Ehrendoktorwürde in Harvard und wurde von Präsident Franklin D. Roosevelt, den er bis zur Idolisierung verehrte, im Weißen Haus in Washington empfangen. 1936 und im Frühjahr 1938 bereiste er die Staaten abermals. »Where I am, there is Germany. I carry my German culture in me.«[8] Wo er sei, sei Deutschland, er trage seine deutsche Kultur in sich, diktierte er bei seiner Ankunft auf der *Queen Mary* am 21. Februar 1938 im Hafen von New York den wartenden Reportern in die Notizblöcke. Eine 15 Vorträge umfassende Tournee, die ihm das dreifache Jahresgehalt eines amerikanischen Universitätsprofessors einbrachte und auf der er von Katia und Erika begleitet wurde, führte Mann quer durchs Land bis an die Westküste – mit einem Abstecher ins kanadische Toronto, da ja der Antrag auf Einwanderung im Ausland gestellt werden musste. Sein Akzent soll derart furchtbar gewesen sein, dass ein sarkastischer Zuhörer einmal bemerkte, es wäre besser gewesen, Thomas Mann hätte auf Deutsch gesprochen, dann hätten ihn zumindest ein paar der Anwesenden verstanden. Während seines vierwöchigen Aufenthalts im Beverly Hills Hotel in Los Angeles besuchte er Max Reinhardt in dessen Villa in den Outpost Estates und bewunderte die Aussicht auf das Lichtermeer der Stadt. In Pacific Palisades traf er Aldous Huxley, nahm an einer Soiree bei Vicki Baum teil und aß bei Salka Viertel zu Mittag.

Natürlich war Mann auch zu Gast bei Bruno und Liesl Frank, die rund 100 Personen zu einer Party in ihren von gewaltigen Eukalyptusbäumen bewachsenen Garten geladen hatten. Der Stuttgarter Bankierssohn und seine Frau, die uneheliche Tochter von Fritzi Massary und Karl-Kuno Graf von Coudenhove, hatten in unmittelbarer Nachbarschaft von Thomas und Katia Mann im Münchner Herzogpark gewohnt, waren kurz nach dem Reichstagsbrand ins schweizerische Lugano emigriert, hatten sich dann wie so viele exilierte Literaten zunächst im südfranzösischen Sanary-sur-Mer aufgehalten, später abwechselnd in Aigen bei Salzburg und in London. 1937 war Frank, dessen Werke bereits in den 20er-Jahren ins Englische übersetzt worden waren, mit seiner Frau an die amerikanische Westküste übergesiedelt und hatte 1938 einen mit der beachtlichen Wochengage von 850 Dollar dotierten Vertrag als Drehbuchautor mit Universal Pictures unterzeichnet.

Wie Bruno Frank zeigte auch Thomas Mann Interesse an der Hollywoodindustrie. Er hoffte auf eine Verfilmung seines JOSEPH-Romans, dessen erste drei Teile 1933, 1934 und 1936 erschienen waren. So führten ihn die Franks schon am Tag nach seiner Ankunft ins Paramount-Studio, wo Mann unter anderem den Wiener Regisseur Fritz Lang begrüßte. Selbst der mit Stummfilmen wie DER MÜDE TOD, DIE NIBELUNGEN und METROPOLIS ebenso wie mit dem Tonfilm M unauslöschbar in die Filmgeschichte eingegangene Regisseur hatte sich nach seiner Flucht aus Deutschland – er war in der Terminologie der Nazis »Halbjude«, seine Freundin und spätere Ehefrau Lily Latté Jüdin – in Hollywood nicht ohne Schwierigkeiten etablieren und bis dato lediglich drei Filme realisieren können: FURY mit Spencer Tracy, in dem Lang ähnlich wie in M die psychische Situation eines vom Mob Gejagten nachzeichnet, YOU ONLY LIVE TWICE mit Henry Fonda und Sylvia Sidney, die analytisch-kritische Darstellung einer aus Dummheit und Engherzigkeit geborenen Massenhysterie, und die vergleichsweise belanglose musikalisch-romantische Komödie YOU AND ME, die allerdings bei der Kritik und an den Kassen gefloppt war.

Eine Woche später wurde Thomas Mann vom Warner-Bros.-Chef Jack Warner als Ehrengast zu einem *fundraising dinner* zugunsten deutscher Flüchtlinge eingeladen, an dem Stars wie James Cagney und Miriam Hopkins, die Autorinnen Dorothy Parker und Lillian Hellman, die Dieterles und die Franks teilnahmen. In den folgenden Wochen besuchte Thomas Mann die Disney-Ateliers, wo man ihm einen Mickey-Mouse-Film vorführte, wohnte auf dem Studiogelände von Metro-Goldwyn-Mayer in Culver City Filmaufnahmen bei, besichtigte das von Carl Laemmle geleitete Universal-Studio sowie das Fox-Studio, in dem er bei den Dreharbeiten zu einem Film mit Peter Lorre und Shirley Temple zusah. Er aß zu Mittag bei Gilbert A. Adrian, dem berühmtesten Kostümdesigner Hollywoods, und bei Carl Laemmle, zu Abend bei den Lubitschs und den Dieterles. Auch bei einem weiteren Hollywoodbesuch im April 1939 traf Thomas Mann Filmschaffende, suchte abermals das MGM-Studio auf sowie das Warner-Bros.-Studio. Bevor man ihm den, so Mann, »sehr nützlichen u. eindrucksvollen« Antinazifilm CONFESSIONS OF A NAZI SPY vorführte, lunchte er mit »Mitgliedern der Produktion. Remarque und die Dietrich, minderwertig«.[9]

Marlene Dietrich hatte unmittelbar nach dem Erfolg mit Josef von Sternbergs Heinrich-Mann-Verfilmung DER BLAUE ENGEL 1930 erstmals in den USA vor der Kamera gestanden und als eine der wenigen europäischen Künstlerinnen den Aufstieg zum Topstar geschafft, wenngleich ihre Karriere nicht ohne Brüche verlaufen war und sie zwischenzeitlich sogar als Kassengift gegolten hatte. Da sie alle lukrativen Angebote, nach Deutschland zurückzukehren, entschieden abgelehnt und eindeutig Partei gegen die Nazis ergriffen hatte, war sie zur Exilantin geworden. Während des Krieges würde sie sich an der Front aktiv in der Betreuung der US-Truppen engagieren, was ihr in den USA die Medal of Freedom, im Deutschland der Nachkriegsjahre hingegen den Ruf einer Verräterin einbringen sollte, die man noch 1960 anlässlich eines Konzerts in Düsseldorf bespuckte. »Diese Leute trauerten offensichtlich noch immer dem Hitlerregime nach. Durch Zeitungsartikel und Flugblätter aufgeputscht, verstiegen sich einige Fanatiker sogar zu der Drohung, in den Zuschauerräumen der Theater, in denen ich auftrat, Bomben zu legen. [...] Ich ging nie wieder zurück nach Deutschland. Ich hatte mehr als genug davon, ›angespuckt‹ zu werden, hatte genug von den ›Demonstranten‹, genug von der Hassliebe.«[10]

Der Osnabrücker Erich Maria Remarque, weltbekannt durch seinen 1929 erschienenen Roman IM WESTEN NICHTS NEUES, der eindrücklich die Schrecken des Ersten Weltkriegs beschreibt und innerhalb der ersten anderthalb Jahre 3,5 Millionen Mal verkauft worden war, hatte Deutschland bereits 1932 in Richtung Schweiz verlassen und war von dort 1938 in die USA übergesiedelt, wohl auch auf Drängen seines

»Pumas« Marlene Dietrich, mit der er eine langjährige, keineswegs unkomplizierte Beziehung pflegte, der zahlreiche Affären, darunter eine intensive, aber kurze mit Luise Rainer und eine freundschaftlich im Sande verlaufende mit Greta Garbo folgten. Zunächst im eleganten Beverly Wilshire Hotel residierend, mietete er im Mai 1940 ein Haus in der Hilts Avenue 1050 in Westwood, das er auf Veranlassung der Dietrich von Martin Kosleck und Galka Scheyer einrichten und wohin er aus der Schweiz seine kostbare Kunstsammlung nachsenden ließ, Bilder unter anderem von van Gogh, Cézanne, Renoir, Picasso und Toulouse-Lautrec. Ob er sich nicht nach Deutschland sehne, soll man ihn auf einer Party bei Salka Viertel in Pacific Palisades gefragt haben: »Wieso? Ich bin doch kein Jud?«[11]

Erst 1946 sollte er vom Schicksal seiner fünf Jahre jüngeren Schwester Elfriede Scholz erfahren: Im August 1943 war die in Dresden lebende Schneiderin nach einer Denunziation verhaftet worden; sie hatte sich gegenüber einer Kundin regimekritisch geäußert. Am 29. Oktober fand die Hauptverhandlung vor dem Volksgerichtshof in Berlin unter dem Vorsitz von Roland Freisler statt, der im Jahr darauf auch die Prozesse gegen die Attentäter vom 20. Juli führte. »Ihr Bruder ist uns leider entwischt, Sie aber werden uns nicht entwischen«,[12] soll er in der Verhandlung erklärt haben. Auch die Rechtsanwältin von Elfriede Scholz bezog sich in einem Gnadengesuch auf den berühmten Bruder und erklärte, es könne »natürlich die Tatsache eine Rolle spielen, dass sie die Schwester des berüchtigten Remark ist, dessen Gedankengänge sie in ihrer Jugend naturgemäß oft gehört hat […]. Sie steht seit 13 Jahren mit dem Bruder überhaupt nicht mehr in Verbindung, sodass jetzt ein unmittelbarer Einfluss allerdings nicht in Frage kommen kann.«[13] Dieses Schreiben blieb jedoch ebenso erfolglos wie weitere Gnadengesuche. Am 16. Dezember 1943 wurde Elfriede Scholz in Berlin-Plötzensee durch das Fallbeil hingerichtet.

Ihre Schwester Erna Brames musste die Gebühr für die Todesstrafe in Höhe von 300 Reichsmark bezahlen, dazu 122,18 Reichsmark für die Vollstreckung und 73,50 Reichsmark Haftkosten – plus 12 Pfennig Porto.

Auch Marlene Dietrich erfuhr erst nach dem Krieg vom Schicksal ihrer in Deutschland verbliebenen älteren Schwester Elisabeth. Im Mai 1945 eilte sie in das gerade befreite Konzentrationslager Bergen-Belsen bei Celle, wo sie sie unter den Häftlingen zu finden glaubte. Doch Elisabeth hatte mit ihrem Mann Georg H. Will ein Kino auf dem Gelände der Kaserne von Belsen betrieben, das den Mördern als Ort des Amüsements gedient hatte. Den Rest ihres Lebens verleugnete Marlene Dietrich ihre Schwester Liesel.

Woher Manns Abneigung gegen die Dietrich und Remarque, die neben ihm und Albert Einstein berühmtesten Repräsentanten eines »besseren« Deutschlands, auch immer rührte, im gemeinsamen Exil vermieden sie weitere Begegnungen.

Thomas Mann und seine Frau Katia, die im September 1938 vom schweizerischen Küsnacht zunächst an die amerikanische Ostküste ins Universitätsstädtchen Princeton gezogen waren, bewohnten im Sommer 1940 drei Monate lang »ein elegantes Haus in schöner Hügellandschaft«[14] in der North Rockingham Avenue 441 in Brentwood, unweit der Villa Arnold Schönbergs. Den Komponisten hatten sie 1938 auf einer Soiree bei Vicki Baum in Pacific Palisades kennengelernt. Der Dirigent Bruno Walter und seine Frau Elsa begrüßten die Neuzugezogenen mit Blumen, Bruno und Liesl Frank brachten Napfkuchen. »Hier haben wir von einem erstaunlich schön gelegenen, geräumigen Haus mit Garten und Swimmingpool Besitz ergriffen. Die umgebende Landschaft ist wahrhaft toscanisch, die Hügel von Fiesole sind nicht schöner, und ich habe nun das, was ich mir so lange gewünscht habe, nämlich jeden Tag schönes Wetter. Mit den hier wohnhaften Freunden, Bruno Walters und Franks, waren wir schon mehrfach zusammen«,[15] berichtete Thomas Mann seiner Gönnerin Agnes E. Meyer. »Mittags im Bassin gebadet«,[16] vermerkte er von nun an ebenso regelmäßig im Tagebuch wie seine Spaziergänge mit dem schwarzen Pudel Niko auf der Ozeanpromenade in Santa Monica, wohin er auch regelmäßig zur Fußpflege fuhr – nicht jedoch zum Friseur. »Wollte mir das Haar schneiden lassen, aber das Lokal stieß mich ab«,[17] hatte er nach seinem ersten Ausflug nach Santa Monica etwas missmutig notiert und zwei Tage später dann woanders einen ihm genehmen Friseur gefunden: »Mittags nach Westwood zum Haarschneiden, wobei man mich wieder einmal fragte ›Are you english?‹ Nenne mich einen Schweizer.«[18]

Ebenfalls vorwiegend nach Westwood ließ sich Mann fahren, um Filme zu sehen wie THE JUNGLE BOOK mit dem jungen Sabu, dessen »ausdrucksvolles Gesicht und schöner Körper«[19] den unnahbar wirkenden, stets korrekten und auf äußere Formen Wert legenden Literaten, der seine homosexuellen Neigungen zeitlebens sublimierte, begeisterten. Er besuchte den »sehr amerikanischen Baseball-Film mit dem reizlosen [Gary] Cooper«[20] PRIDE OF THE YANKEES, fand Walt Disneys BAMBI »allerliebst«,[21] den Antinazifilm HITLERS' CHILDREN hingegen »erbärmlich dumm«[22] und die Franz-Werfel-Verfilmung THE SONG OF BERNADETTE »höchst misslich«.[23]

Gemeinsam mit einem Agenten und dem 1936 aus Stuttgart nach Beverly Hills emigrierten ungarischen Architekten Paul László begab sich Mann auf die Suche nach einem Grundstück, auf dem er ein Haus nach seinen Vorstellungen errichten lassen könnte. Vor allem die Riviera von Pacific Palisades erschien ihm dafür günstig, und so unterzeichnete er am 12. September 1940 den Kaufvertrag für »lot 41«: Zum Preis von 6500 Dollar erwarb Mann ein Baugrundstück am von Eukalyptusbäumen, Steineichen und Zedern gesäumten San

Remo Drive. »Irgendein Filmmann aus Hollywood hatte es erworben, aber die Lust daran verloren, und dann hat er es billig weggegeben«, so Katia Mann. »Mit einem herrlichen Blick aufs Meer und auf Catalina-Island war es schön gelegen, mit Palmen und Orangen- und Zitronenbäumen in seinem großen Garten.«[24]

Das Haus in Brentwood verließen die Manns am 6. Oktober 1940, um erneut ein halbes Jahr in Princeton zuzubringen. Am 8. April 1941 bezogen sie ein gemietetes Ranch-Style-Haus am Amalfi Drive 740. Rund fünf Wochen später entschied Thomas Mann, sein nahe gelegenes Grundstück bebauen zu lassen, stellte diesen Entschluss allerdings in den folgenden Wochen wegen der steigenden Kosten immer wieder infrage. Er erwog eine Zusammenarbeit mit László oder Richard Neutra, dem wohl wichtigsten Vertreter der Klassischen Moderne in der Architektur überhaupt, beauftragte aber letztlich Julius Ralph Davidson mit der Planung, einen aus Breslau gebürtigen Architekten, der seit 1923 in den USA lebte, unter anderem die Sets für eine ganze Reihe von Filmen Cecil B. DeMilles entworfen sowie das berühmte Cocoanut Grove Restaurant in Hollywood umgestaltet hatte und heute ebenfalls als einer der Hauptvertreter der kalifornischen Moderne gilt. In das Projekt involviert waren zudem der aus Deutschland emigrierte Bauunternehmer Ernst Schlesinger sowie der Innenarchitekt Paul Huldschinsky. Ein quadratisches Arbeitszimmer zu ebener Erde war mit dem Hauptteil des Hauses durch einen schmalen Korridor verbunden, der unmittelbar in ein geräumiges Wohnzimmer führte, im oberen Stock befanden sich die Schlafräume.

Am 5. Februar 1942 konnten die Manns ihre 30000 Dollar teure, auf Hypothek errichtete Villa im Bauhausstil am San Remo Drive 1550 beziehen. »Die Landschaft um unser Haus herum, mit dem Blick auf den Ozean, sollten Sie sehen«, schrieb Thomas Mann an Hermann Hesse. »Heitere Sinneseindrücke sind nicht wenig in solchen Zeiten, und der Himmel ist hier fast das ganze Jahr heiter und sendet ein unvergleichliches, alles verschönerndes Licht.«[25] »Es war ein reizendes Haus«, berichtet Katia Mann in ihren Memoiren. »Mein Mann sagte immer, es sei sein schönstes Arbeitszimmer, und er fühle sich da sehr wohl. [...] Der Strand war in zehn bis zwölf Minuten mit dem Auto zu erreichen. Da fuhr ich meinen Mann jeden Tag auf die Promenade über dem Ozean, und während er ging, badete ich. Ich habe ihn eigentlich nie auf seinen Spaziergängen begleitet, vielleicht einmal ein Stückchen. [...] Aber es passierte alle Tage, dass ein Auto anhielt, wenn er ging, und er gefragt wurde: Dürfen wir Sie mitnehmen? Und dann sagte er: Nein, eigentlich lieber nicht, ich möchte ein bisschen gehen; und alle Hunde schlossen sich ihm gewöhnlich an. Amerikaner gehen wenig spazieren, jedenfalls war das damals so.«[26]

Paradoxerweise ging der anfangs so sehr an der Filmindustrie interessierte Thomas Mann auf immer größere Distanz zu Hollywood, nachdem er sich dauerhaft in Pacific Palisades niedergelassen hatte. »Movie-Gesindel«[27] nannte er in einem Brief an seinen Sohn Klaus die Filmleute, von denen etliche seine Nachbarn waren, so etwa der CASABLANCA-Autor Howard W. Koch, der am San Remo Drive 1341, oder der Schauspieler Gregory Peck, der im Haus Nr. 1700 lebte. Thomas Mann unternahm nun kaum mehr ernsthafte Versuche, den Studios seine Romane anzudienen oder sich gar als Drehbuchautor zu etablieren. 1942 lieferte er für einen – nie realisierten – Episodenfilm, der die Verstöße der Nationalsozialisten gegen die Zehn Gebote anprangern sollte, die Erzählung THOU SHALT HAVE NO OTHER GODS BEFORE ME über das erste Gebot. Im selben Jahr verfasste er ein Exposé zu einem Film über einen thessalischen Bauern, der den Widerstand gegen die deutschen und italienischen Besatzer organisiert. Aus dieser Filmidee wurde ebenso wenig wie aus einer 1946 geplanten ZAUBERBERG-Verfilmung mit Greta Garbo als Clawdia Chauchat und Montgomery Clift als Hans Castorp. »Ein Film, der nur unter Kranken spielte«, so der in die Pläne involvierte damalige Drehbuchautor und spätere Regisseur George Tabori, der Thomas Mann im Haus Salka Viertels in Pacific Palisades traf, sei »im Hollywood jener Jahre undenkbar gewesen.«[28]

Der König von Pacific Palisades hilft, die toten Mäuse wegzuschaufeln

Ein Haus mit Meerblick und großem Garten sollte es sein. Der englische Makler, den Marta Feuchtwanger 1943 mit der Suche nach einem neuen Domizil beauftragt hatte, führte sie in den Paseo Miramar. 1926 hatten Arthur A. Weber, ein als Anwalt tätiger ehemaliger Richter, der Bauunternehmer George W. Ley und einige andere die 3,4 Quadratkilometer großen Miramar Estates erworben, den steilen, von Büschen bewachsenen Hügel nach Plänen des renommierten Landschaftsarchitekten Mark Daniels terrassieren und die Grundstücke ab 31. Oktober von der Frank Meline Company zu Preisen zwischen 10 000 und 150 000 Dollar vermarkten lassen. Die Miramar Estates Sales Corporation hatte sich ein lohnendes Geschäft erhofft und mit einer Investition von 8 Millionen Dollar 200 Millionen erzielen wollen. Das erste Haus hatte sich Ley für 40 000 Dollar im spanischen Stil errichten lassen, ein weiteres für 100 000 Dollar der auf aufwendig produzierte Starvehikel spezialisierte Filmregisseur Robert Z. Leonard. Mittlerweile gab es dort neun Häuser, die fast alle zum Verkauf standen, denn Schulen, Märkte und medizinische Versorgung waren nur mühsam zu erreichen, und die tägliche Fahrt zur Arbeitsstelle etwa in Downtown war eine Unmöglichkeit in Zeiten der Benzinrationierung. »Pacific Palisades existiert nicht; es gibt nur Bäume und Hügel«, bemerkte Bertolt Brecht einmal, als er dort zu Besuch war. »Wenn man krank wird, gibt es keinen Arzt; wenn man eine Apotheke braucht, findet man keine weit und breit. Man kann nicht so weitab von der Zivilisation leben.«[1]

Zunächst fassten die Feuchtwangers ein 1929 erbautes Haus mit 466 Quadratmetern Wohnfläche auf der Hügelkuppe, am Paseo Miramar 846, ins Auge. Ein jüngeres Fernsehpublikum, das womöglich nicht vertieft an der Geschichte des deutschsprachigen Exils interessiert ist – doch mag das ein Vorurteil sein –, kennt es aus dem einschaltquotenstarken Format GERMANY'S NEXT TOPMODEL, denn die weiße Villa, in der Heidi Klum ihre »Meedchen« unterbrachte, steht direkt gegenüber im Paseo Miramar 865. Kurz nach Abschluss des Kaufvertrags machte der Besitzer des Hauses Nr. 846, der Bauunternehmer Glenn A. Doughty, jedoch einen Rückzieher, weil er es selbst weiter nutzen wollte, und so zeigte der Makler Marta Feuchtwanger eine noch geräumigere Villa in Hanglage etwas weiter unterhalb, am Paseo Miramar 520. Auch die Kunstmäzenin Peggy Guggenheim und Katia Mann hatten sich bereits dafür interessiert, jedoch abgelehnt, da ihnen das Anwesen zu verkommen erschienen war. Marta Feuchtwanger aber fand Gefallen daran. Für den vergleichsweise günstigen Preis von 9000 Dollar, von denen sie 4000 dank des Verkaufs von Lion Feuchtwangers Roman DIE GEBRÜDER LAUTENSACK an das *Collier's Magazine* sofort bezahlen konnten, erwarben die Feuchtwangers die neohispanische Villa.

Sie war 1927/28 von der Miramar Estates Sales Corporation als »Los Angeles Times Demonstration Home« errichtet worden, als »eine ideale Behausung«[2] nach dem Vorbild eines kleinen Schlosses, das die Webers in der Nähe von Sevilla gesehen hatten, entworfen von Mark Daniels, der nicht nur Landschaften, sondern auch Gebäude plante. Die Miramar genannte Villa – das Schild mit der Aufschrift »Villa Aurora« würde erst in den frühen 60er-Jahren angebracht, dieser Name von Marta Feuchtwanger aber kaum verwendet werden – hatte solvente Angelenos überzeugen sollen, sich in der neuen Wohnlage am nordwestlichen Rand von Pacific Palisades anzusiedeln. Im September 1927, noch während der Bauarbeiten, über deren Fortschritte die *Los Angeles Times* regelmäßig berichtete, hatte man auf dem Gelände das Casa Miramar Cafe eröffnet, damit sich Interessierte erfrischen konnten, und am 13. Oktober rund 1000 Personen zu einem Barbecue auf dem Grundstück eingeladen. Für die Inneneinrichtung hatte Rodney Benson von der Firma Barker Brothers verantwortlich gezeichnet, die geschnitzten und bemalten Holztüren und -decken hatte Thorwald Probst mit maurischen Motiven gestaltet, inspiriert von der Mudéjar-Kunst der Kathedrale Santa María de Mediavilla im spanischen Teruel. Ausstaffiert hatte man das Musterhaus zeitgenössischen Hightechwohnens mit den neuesten technischen Errungenschaften wie einem elektrischen Kühlschrank und einer Geschirrspülmaschine, ja sogar einer futuristischen Maschine, mit der man sowohl Eier schlagen als auch Silber polieren konnte, sowie einem speziellen insektensicheren Safe für Pelzmäntel; das elektrische Tor zur Garage, die Platz für drei Automobile bietet, öffnete sich automatisch.

Vom 29. April bis 10. Juni 1928 hatte man täglich zwischen 11 und 18:30 Uhr Führungen durch das fertige Haus veranstaltet, mit Vorträgen von Mark Daniels, Thorwald Probst und Jack Rennick, der sämtliche Möbel, teils als Repliken von Museumsstücken, geschreinert hatte, vom Orientteppichhändler Najeeb S. Hanief oder von Bertha Townsend Coler, die über die harmonische Farbgestaltung von Vorhängen und Sofakissen doziert hatte. Zur Unterhaltung hatte Marion Rouzie jeden Nachmittag auf der von der Artcrafts Organ Company of Santa Monica gebauten Hausorgel Werke von Antonín Dvořák, Jules Massenet, Franz Schubert und anderen zum Besten gegeben. Allein am ersten Tag hatten sich 10 000 Neugierige durch das Haus gedrängt. Doch die Pläne von Alphonzo E. Bell, im Santa Ynez Canyon eine Zementfabrik zu errichten, hatte etliche Interessierte vom Kauf eines Grundstücks in den Miramar Estates abgehalten, überdies hatte Arthur A. Weber die Folgen des Börsencrashs von 1929 zu spüren bekommen, und so hatte er 1931 bis 1939 mit seiner Frau, seinem Sohn, seiner Mutter und deren drei Geschwistern als Mieter in der nun einer Bank gehörenden Villa im Paseo Miramar 520 gewohnt. Nach dem Wegzug Webers, der am 7. September 1943 im Gerichtssaal einem Herzinfarkt erlag, war deren Zustand trotz eines Hausmeisters zusehends erbärmlicher geworden.

Die ersten Nächte im neuen Domizil verbrachten die Feuchtwangers 1943 in Schlafsäcken im völlig verwilderten Garten. Mithilfe eines Arbeiters (»ein gewaltiger Neger [...], wirklich ein Riese«,[3] so Marta Feuchtwanger), geschickt vom wohlhabenden Anwalt Eric Scudder, den man den »König von Pacific Palisades« nannte und der ein Bewunderer Feuchtwangers war, schaufelte Marta Erde, Dreck, tote Mäuse und Eidechsen, die den Boden des Salons und der übrigen Räume bedeckten, in Säcke, trug diese auf die Terrasse und warf alles als Dünger in den Garten. »Die Spinnweben im Keller waren so dicht, dass man eine Axt brauchte, um durchzukommen.«[4] Fast alle Fensterscheiben des Hauses waren zerbrochen, doch immerhin hatte die Bausubstanz nicht gelitten, auch sämtliche Rohre und Leitungen waren in einem guten Zustand.

Tätige Hilfe bot auch Isabel von Ostheim an, die eine halbe Meile bergauf im Paseo Miramar 815 wohnte: »Ich wollte Ihnen sagen, dass wir in gewisser Weise verwandt sind.«[5] Ihr Mann Hermann Graf von Ostheim, 1886 als Erbprinz des Großherzogtums Sachsen-Weimar-Eisenach geboren, aber 1909 wegen seines liederlichen Lebenswandels von der Thronfolge ausgeschlossen, stammte aus der Familie des Herzogs Karl Alexander von Württemberg, der Joseph Süß Oppenheimer als Hoffaktor beschäftigt hatte. Lion Feuchtwanger hatte über diesen seinen 1925 veröffentlichten Roman JUD SÜSS geschrieben. Sie sei keinesfalls mit einem deutschen Grafen, sondern »höchstens mit König David verwandt«,[6] soll Marta entgegnet haben.

Mit antiken Stücken, die Marta günstig erstanden hatte, möblierten die Feuchtwangers nach und nach die Schlaf- und Arbeitsräume im oberen Stock, den mit einem Kamin und zudem mit einer Unterhaltungsorgel ausgestatteten Salon, den westlich angrenzenden, ursprünglich als Billardzimmer gedachten Raum, das Frühstücks- und das Esszimmer, die sich neben der mit handbemalten Fliesen gekachelten Küche im Erdgeschoss befanden. »Für die Filmleute gibt es immer bestimmte Moden, bestimmte Stile, und damals wollten sie alle plötzlich französisches Mobiliar, meist Louis-seize, diese kleinen goldenen Stühle. Ich hasse diesen Stil [...]. Also besuchte ich Secondhandläden, denn alle Filmleute, die großen Regisseure und Produzenten warfen ihre Möbel raus. Sie waren froh, dass sie jemand umsonst abholte, und verkauften sie oftmals gar nicht. Sie freuten sich, dass sie jemand mitnahm. Ich habe dort die schönsten Antiquitäten gefunden – und sie hatten ihre kleinen goldenen Stühle. Ich fand zum Beispiel heraus, dass es in West Los Angeles, am Santa Monica Boulevard, alle Arten von Trödelläden gab. Ich fuhr ganz langsam an ihnen vorbei und sah manchmal [...] die schönsten Sachen. Die Leute waren so froh, sie loszuwerden.«[7]

Während Lion die Antiquariate von Los Angeles durchstöberte, um zum dritten Mal in seinem Leben eine umfangreiche Bibliothek zusammenzustellen – die erste mit rund 10 000 Bänden hatte er 1933 in Berlin zurücklassen müssen, die zweite 1941 in Sanary-sur-Mer –, zu der bald Kostbarkeiten zählten wie die Nürnberger Weltchronik von 1454, Goethes FAUST II in der Ausgabe letzter Hand, Erstausgaben von Shakespeare, Corneille und Balzac, legte Marta im vom wuchernden Unkraut befreiten Garten Gemüsebeete an, pflanzte Bougainvilleen, Rosensträucher und Mimosen, vor allem aber Eukalyptusbäume, Palmen und Zedern: »Ich pflanze Bäume, weil Papier aus Bäumen gemacht wird.«[8] Nach und nach kauften die Feuchtwangers umliegendes Land hinzu und vergrößerten so das Anwesen. Der regelrechte Park auf der Südseite, den tropische Fischteiche zierten, wurde bald zur Attraktion für Waschbären, Taschenratten, Stinktiere und Rehe, gelegentlich ließ sich auch ein Puma dort sehen.

Die Feuchtwangers führten zu diesem Zeitpunkt seit über 30 Jahren eine nicht immer unkomplizierte, weil offene Ehe; vor allem Lion hatte zahlreiche Affären. »Ich habe meinen eigenen Komparativ geheiratet«,[9] war ein von Marta gerne gebrauchtes Bonmot: Ihre Vorfahren stammten wie die ihres 1884 in München geborenen Mannes aus Feuchtwangen, ein Urgroßvater von ihr hieß Feuchtwang. Den »Komparativ« Feuchtwanger lernte Marta Löffler, 1891 als Tochter wohlhabender Geschäftsleute ebenfalls in München zur Welt gekommen, 1910 kennen. Im selben Jahr legte der 1907 mit einer Dissertation über Heinrich Heine promovierte Sohn einer großbürgerlichen, jüdisch-orthodoxen Fabrikantenfamilie, inzwischen ein Bohemien mit eher zweifelhaftem Ruf, sein Romandebüt DER TÖNERNE GOTT vor. Zwei Jahre später trafen sich die Väter der beiden Liebenden: »Mein Sohn ist ein Lump, und wenn Ihre Tochter ihn heiratet, ist sie auch nicht besser«,[10] erklärte Siegmund Feuchtwanger. Allen Bedenken zum Trotz fand die Hochzeit der hochgewachsenen, exotisch wirkenden Schönheit Marta und des etwas gnomenhaften, eher unscheinbaren Lion statt, keine vier Monate bevor die gemeinsame Tochter Elisabeth zur Welt kam, die jedoch im Alter von zwei Monaten starb.

Dem Drama folgte die glücklichste Zeit im Leben der beiden: eine zweijährige Reise an die Côte d'Azur, nach Italien und Nordafrika. Zurück in München, begann nach seiner

Zeit als Soldat Lions Aufstieg zum angesehenen Autor, der mit Artikeln und Theaterstücken gut verdiente. Das Paar führte ein glanzvolles gesellschaftliches Leben. 1925 publizierte er den bereits 1922 abgeschlossenen historischen Roman JUD SÜSS, die Geschichte des württembergischen Hofjuden Joseph Süß Oppenheimer, die schon im ersten Jahr 100 000 mal verkauft wurde, 1926 auf Englisch erschien und 1927 unter dem Titel POWER in den USA erfolgreich war; Übersetzungen in mehr als 15 Sprachen folgten. Im »Dritten Reich« drehte der Regisseur Veit Harlan unter demselben Titel JUD SÜSS den schlimmsten aller antisemitischen Propagandafilme.

1925 übersiedelte Lion Feuchtwanger zusammen mit seiner Frau nach Berlin, auf Drängen Bertolt Brechts, mit dem er sich befreundet hatte und eng zusammenarbeitete. Dort entstand unter anderem sein bedeutendster Roman ERFOLG. Im Winter 1932/33 erkundete er erstmals die USA, eine Lesereise führte ihn von New York quer durch das Land nach Los Angeles, wo ihm Charlie Chaplin anbot, JUD SÜSS zu verfilmen, was Feuchtwanger entsetzt ablehnte und einen Gegenvorschlag machte. In sein Tagebuch notierte er: »Chaplin ist hingerissen von meiner Idee über einen Hitlerfilm«,[11] und 1940 bewunderte er Chaplins Meisterwerk THE GREAT DICTATOR im Kino. Am 30. Januar 1933 war in New York ein offizieller Empfang Lion Feuchtwangers durch die deutsche Botschaft geplant. Morgens um zehn Uhr erschien ein deutscher Legationsrat in Feuchtwangers Hotel und teilte ihm mit, dass Reichspräsident Paul von Hindenburg Adolf Hitler zum Reichskanzler ernannt hatte.

Feuchtwanger sollte sein Leben lang nie mehr nach Berlin zurückkehren. Er setzte die Reihe seiner Vorträge in Amerika fort und erklärte: »Hitler bedeutet Krieg«,[12] dann schiffte er sich Anfang März 1933 auf der *SS Aquitania* nach Cherbourg ein und fuhr von dort mit dem Zug über Paris nach Tirol, wo sich seine Frau im Skiurlaub befand. Das Berliner Haus der

Feuchtwangers wurde unterdessen von den Nationalsozialisten geplündert, das Vermögen beschlagnahmt, Lions Doktorgrad aberkannt. Joseph Goebbels brandmarkte den Erfolgsautor als »ärgsten Feind des deutschen Volkes«.[13] Im April begaben sich die Feuchtwangers ins südfranzösische Sanary-sur-Mer, als Zentrum der deutschsprachigen Emigration ein Vorläufer von Pacific Palisades, und blieben dort die nächsten Jahre, unterbrochen von Martas jährlichem Skiurlaub sowie Reisen Lions nach London, Paris und im Winter 1936/37 nach Moskau, wo der vom Sozialismus überzeugte Literat auch Stalin traf.

1938 spielte Feuchtwanger erstmals mit dem Gedanken, in die USA zu emigrieren und sich in Santa Fé im Bundesstaat New Mexico niederzulassen. Am 14. September 1939, keine zwei Wochen nach dem deutschen Überfall auf Polen, verfügte die französische Regierung die Internierung aller männlichen Angehörigen feindlicher Staaten, auch jener, die als politische Flüchtlinge ins Land gekommen waren. Drei Tage später wurde Lion Feuchtwanger im Lager Les Milles interniert, kam jedoch nach internationalen Protesten schon Ende des Monats wieder frei. Obgleich er bereits ein Besuchervisum für die USA besaß, konnte er sich noch immer nicht durchringen, Frankreich zu verlassen.

Nach dem Einmarsch der deutschen Wehrmacht in Frankreich, der Unterzeichnung des Waffenstillstands am 22. Juni 1940 und der Teilung des Landes in eine besetzte Nordzone und den von Vichy aus regierten Süden setzte man die »feindlichen Ausländer« erneut fest, diesmal auch die Frauen, und da das Waffenstillstandsabkommen in Artikel 19 verfügte, dass Frankreich alle vom Deutschen Reich angeforderten Personen ausliefern müsse, befanden sich die Flüchtlinge in akuter Lebensgefahr. Wieder wurde Lion ins Lager Les Milles gebracht, später ins Lager San Nicolà bei Nîmes. Marta wurde zunächst in einem Lager bei Hyères eingesperrt, dann nach

Gurs verlegt. In den nächsten Jahren würde man von dort Tausende nach Auschwitz deportieren, Marta jedoch gelang die Flucht. Sie suchte die Hilfe des amerikanischen Konsulats in Marseille, in dem Hiram Bingham jr. – dessen Vater, ein Archäologe, als Vorbild für den Kinohelden Indiana Jones dienen sollte – und der Vizekonsul Miles Standish tätig waren. Es gelang, Lion bei einem aufgrund der aussichtslos erscheinenden Flucht erlaubten Ausflug zum Fluss nahe des Lagers zum Einstieg in ein Auto zu bewegen. Man verkleidete ihn mit einem Damenmantel und einem um den Kopf gewickelten Schal als Frau und brachte ihn durch sämtliche Kontrollen sicher nach Marseille.

Dort organisierte der amerikanische Politologe und Journalist Varian Fry im Auftrag des European Rescue Committee die Rettung prominenter Flüchtlinge. In einer ersten Gruppe überquerten der herzkranke Franz Werfel und seine Frau Alma, Golo Mann, sein 69-jähriger Onkel Heinrich Mann und dessen Frau Nelly im glutheißen Sommer zu Fuß die Pyrenäen. Einige Tage später folgten die Feuchtwangers. Lions Visum wurde zur Tarnung auf den wenig originellen Namen James Wetcheek ausgestellt, mit Zigaretten wurden die spanischen Zöllner bestochen. Per Zug fuhren Marta und Lion von Port Bou nach Barcelona und weiter nach Lissabon, wo Lion das amerikanische Linienschiff *SS Excalibur* bestieg und am 5. Oktober in New York eintraf. Tags darauf druckte die *New York Times* einen Artikel, in dem der Autor des in diesem Jahr erschienenen Romans Exil Einzelheiten über die geheimen Fluchtwege aus Europa verriet, was ihm viele Exilierte verübelten. Fünf Wochen später folgte Marta an Bord der *SS Exeter*.

Die ersten Monate verbrachten die Feuchtwangers in New York, im Februar 1941 übersiedelten sie nach Los Angeles und fanden Unterkunft in der Mandeville Canyon Road 2088 in Brentwood, im Haus der Malerin, Zeichnerin und Karikaturistin Eva Herrmann, seit 1935 eine der zahlreichen Geliebten Feuchtwangers und »Muse des Exils«, so ihr Biograf Manfred Flügge. 1901 als Tochter eines wohlhabenden amerikanischen Malers und einer aus Rumänien stammenden Deutschen, die beide jüdischer Herkunft waren, in München geboren, war sie 1922 bis 1924 die Lebensgefährtin des expressionistischen Dichters und späteren Verfassers der DDR-Nationalhymne Johannes R. Becher gewesen, hatte 1925 ein eigenes Atelier in New York bezogen und war 1927 eine enge Freundin von Erika und Klaus Mann geworden. 1931 war sie an die Côte d'Azur gekommen, hatte Freundschaft mit dem Briten Aldous Huxley und seiner Frau Maria geschlossen, die seit 1930 dort wohnten, und im Hinterland von Sanary-sur-Mer ein kleines provenzalisches Steinhaus gemietet, das ab 1933 zu einem wichtigen Treffpunkt des intellektuellen Lebens geworden war. Im Oktober 1939 war sie als amerikanische Staatsbürgerin problemlos in die USA übergesiedelt. Da die Huxleys bereits seit einigen Monaten in einem vom Arzt George H. Kress gepachteten, extravagant-kitschig eingerichteten Haus im Amalfi Drive 701 in Pacific Palisades lebten, hatte sie sich ebenfalls in Los Angeles niedergelassen und das besagte Anwesen in der Mandeville Canyon Road erworben. 1940 überließ sie es vorübergehend Ludwig Marcuse und seiner Frau Sascha, und 1941 vermietete sie es eine Zeit lang an die Feuchtwangers; 1960 schrieb Vladimir Nabokov dort das Drehbuch für Stanley Kubricks Film LOLITA.

Seit Ankunft Thomas Manns gehörte die »Gemme«, wie dieser Eva Herrmann in seinem Tagebuch zumeist nannte, zum engeren Kreis der Familie Mann, half bei praktischen Dingen und wurde 1942 Patin von Thomas Manns Lieblingsenkel Frido. 1943 zog sie nach Pacific Palisades selbst, erst in die ehemalige Villa Max Reinhardts in der Corona del Mar 15000, unterbrochen durch einen Aufenthalt im Spoleto Drive 533. 1947 ließ sie sich einen Bungalow auf dem Areal der

Uplifters Ranch errichten, in der heutigen Latimer Road 790. Da hatte sie durch die vor der Familie Mann im Amalfi Drive 740 lebende, wegen ihrer lesbischen Affären mit den konkurrierenden Leinwandgöttinnen Greta Garbo und Marlene Dietrich skandalumwitterte Autorin Mercedes de Acosta, die 1892 geborene Tochter eines Kubaners und einer von den Herzögen von Alba abstammenden Spanierin, schon längst das irische Medium Eileen J. Garrett kennengelernt, im Haus der spiritistisch interessierten Huxleys, und ebenfalls begonnen, sich mit parapsychologischen Phänomenen zu beschäftigen. In späteren Jahren würde Eva Herrmann medial übermittelte Botschaften verstorbener Persönlichkeiten aufzeichnen und 1976, zwei Jahre vor ihrem Tod in Santa Barbara, unter dem Titel VON DRÜBEN veröffentlichen – mit einem Post-mortem-Nachwort von Thomas Mann.

Die Feuchtwangers fuhren von Herrmanns Haus in der Mandeville Road aus ins mexikanische Nogales, um am 10. Februar 1941 mit Dauervisa erneut in die USA einzureisen. Auf Vermittlung Salka Viertels konnten sie ein Anwesen in Pacific Palisades am Amalfi Drive 1650 mieten, das sie jedoch nach sechs Monaten verlassen mussten, als der Eigentümer, der Filmproduzent Dudley Murphy, zurückkehrte. Abermals ließen sie sich im Mandeville Canyon nieder, nun in einer Villa im spanischen Stil in der Mandeville Canyon Road 1744, umgeben von einem großen Garten, »beinahe einer Plantage von Avocados und Datteln. Es gab da so viele Früchte, dass wir sie hätten verkaufen und viel Geld verdienen können.«[14] Im Herbst 1942 zogen die Feuchtwangers erneut nach Pacific Palisades, zunächst an den Sunset Boulevard 13827, bald darauf in ein 1936 errichtetes Haus am Amalfi Drive 689 und schließlich an den Paseo Miramar.

Dort begann der Tag der Feuchtwangers mit Frühsport. Marta war eine leidenschaftliche Sportlerin, die erst mit 70 Jahren das Skilaufen aufgeben, bis ins hohe Alter täglich den Paseo Miramar hinunterlaufen und bei jedem Wetter im Ozean schwimmen würde. Nach dem Frühstück sah Lion die Arbeit des Vortages durch, bis gegen zehn Uhr die Sekretärin Hilde Waldo erschien, die als Jüdin aus Berlin nach Amerika geflohen war. Sie saß an einem der vier günstig erworbenen Tische, die Feuchtwanger in der Mitte seines Arbeitsraums im oberen Stock zusammengestellt hatte, und tippte, was er ihr meist von einem Stehpult mit Blick über den Pazifik aus diktierte – noch immer schrieb er seine Bücher auf Deutsch.

Rasch wurde die Villa der Feuchtwangers zu einem der bekanntesten Treffpunkte der Exilierten. Pacific Palisades kam Feuchtwanger vor wie »eine Art gigantisches Sanary«.[15] »Frau Martha, hochgewachsen, Tag und Nacht sonnengebräunt, Sommer und Winter, in der Provence und am Stillen Ozean, morgens den Fluten entsteigend, der eleganten Gattin eines Indianerhäuptlings nicht unähnlich, war die liebenswürdigste Gastgeberin«,[16] erinnerte sich Ludwig Marcuse an die Abende am Paseo Miramar 520. Hier rezitierte Charles Laughton Shakespeare-Gedichte, hier diskutierte Feuchtwanger mit seinem Freund Brecht über den GALILEI. Thomas und Katia Mann gehörten zu den Gästen, mit Heinrich Mann war man allerdings wesentlich tiefer verbunden. Bruno Frank war Feuchtwangers einziger Duzfreund im Exil, doch die beiden hatten sich zusehends weniger zu sagen, zumal Frank an Feuchtwangers Freundschaft mit Brecht Anstoß nahm. Regelmäßig zu Besuch waren auch Hanns Eisler, der Cellist Gregor Piatigorsky und seine Frau Jacqueline sowie der Filmschauspieler Edward G. Robinson. Mit Charlie Chaplin und seiner Frau Oona entwickelten die Feuchtwangers eine innige Freundschaft.

Wenn Lion mehrmals im Jahr mit seiner etwas zu schrillen Stimme aus einem neuen Werk vorlas – vor höchstens 44 Gästen, denn mehr Stühle gab es nicht im Haus –, servierte Marta Sherry und Portwein, italienischen oder russischen Salat oder

Thunfisch auf Schwarzbrot und zum Dessert meist selbst gebackenen Apfelstrudel mit Sahne. Nach den abendlichen Lesungen, die mit Rücksicht auf Thomas Mann, der spätestens um elf Uhr zu Hause sein wollte, Punkt acht Uhr begannen, wurde diskutiert, und stets durfte und sollte sich Thomas Mann als Erster äußern. Nie allerdings ließ er dort verlauten, was er dem ebenfalls geladenen George Tabori anvertraut haben soll: »Junger Mann, haben Sie die Perfektion der Einrichtung bemerkt, die 18000 ledergebundenen Bücher, alle von ihm nicht nur gelesen, sondern auch verstanden und im Gedächtnis behalten, die abwechslungsreichen Schreibtische, einer, um im Liegen zu schreiben, ein anderer, um sitzend zu schreiben, ein dritter zum Stehen, und die prächtigen Schreibutensilien, die verschiedenen Schreibmaschinen, die Batterie von Federn, Bleistiften, Radiergummis, die erlesene Qualität des Papiers, die raffinierte kleine Nische für die Sekretärin, immer zur Hand, der Blick über den Pazifischen Ozean, der Duft der exotischen Flora, diese riesige, diskrete, immer hilfreiche Frau, die mich an einen Indianerhäuptling erinnert, und was kommt bei all der Vollkommenheit heraus? Reine Scheiße.«[17]

Gelegentlich las auch Thomas Mann im Haus der Feuchtwangers aus seinen Romanen vor. Lion Feuchtwanger revanchierte sich dann am San Remo Drive, doch er verließ sein Haus nur selten. »Er ging auch in Gesellschaften, nicht zu oft. Lud auch ein; nicht zu eifrig. Aber lieber war er ungestört«,[18] so Ludwig Marcuse.

»Dieses Wesentliche aber ist unsere Arbeit«

Wer nicht in der Hoffnung, für die Hollywoodstudios arbeiten zu können, oder sogar mit einem entsprechenden Vertrag in der Tasche nach Los Angeles kam, wählte diesen Exilort in der Regel zum einen, weil dort die Lebenshaltungskosten wesentlich geringer waren als in New York, zum anderen, wie Thomas Mann, da die kalifornische Pazifikküste ein angenehmeres Klima bot. Auch Franz Werfel, der erst ein Haus im Outpost oberhalb der Hollywood Bowl in den Hollywood Hills bezogen, dann einen Bungalow in Beverly Hills erworben hatte, schwärmte von dem »einzigartigen«[1] Klima und dem für ihn ungewohnten Komfort amerikanischer Häuser: »Man drückt auf einen Knopf, und es wird in zehn Sekunden warm.«[2]

Ein nicht unwesentlicher Grund dafür, dass sich ausgerechnet im beschaulichen Pacific Palisades so viele Exilierte versammelten, war dessen geradezu paradiesische Lage: »Es liegt relativ hoch, sodass es den Nebeln vom Meer nicht ausgesetzt ist, und hat schöne Aussicht auf die Berge«,[3] schrieb Max Horkheimer an Theodor W. Adorno. Anders als für Filmleute war für Literaten oder Philosophen die räumliche Nähe zu den Studios nicht ausschlaggebend, also ließen sich etliche von ihnen im Westen von Los Angeles nieder, in einer Gegend, deren Schönheit, so meinte zumindest Adorno, »so unvergleichlich« sei, »dass selbst ein so hartgesottener Europäer wie ich davor kapituliert. Die Proportion von Bergen und Meer erinnert zunächst stark an die Französische Riviera, etwa bei

San Remo oder Mentone, nur dass es nicht so aufgeteilt und ›privé‹ ist, sondern viel großliniger und offener. Die Gestalt der Berge selber aber erinnert mehr an die Toscana. […] Das Großartigste aber sind die ungeheuer intensiven, durch nichts wiederzugebenden Farben, eine Fahrt am Ozean entlang um die Stunde des Sonnenuntergangs zählt zu den außerordentlichsten Eindrücken, die meine ja keineswegs besonders stark reagierenden Augen jemals gehabt haben. Was sich da alles an Rot, Blau und Violett abspielt, würde auf jeder Abbildung lächerlich erscheinen, ist aber überwältigend, wenn man es leibhaftig sieht.«[4]

Max Horkheimer litt unter Herz- und Kreislaufbeschwerden, nicht zuletzt unter Rheuma, und so war es auch für ihn die angegriffene Gesundheit, die ihn 1941 bewog, New York zu verlassen und ins ebenso für seine Frau klimatisch vorteilhafte Pacific Palisades überzusiedeln. Wegen dieser Liebe war es übrigens einst zum Zwist mit dem Vater gekommen, der ohnehin erbost gewesen war, dass sein Sohn lieber studierte, statt seine Fabrik zu übernehmen, denn Rose Riekher, die Privatsekretärin des Vaters, war Christin und zudem acht Jahre älter als Max. Erst nach zehnjähriger Beziehung hatten die beiden 1926 zu heiraten gewagt.

Horkheimers Vater, der wohlhabende Kunstbaumwollfabrikant Moses, genannt Moritz, Horkheimer war ein konservativer, wenn auch nicht orthodoxer Jude und zugleich ein nationalliberaler deutscher Patriot gewesen; 1917 hatte ihm König Ludwig III. von Bayern in Anerkennung seines karitativen Wirkens den Titel eines Kommerzienrats verliehen. Prägend für den 1895 in Zuffenhausen geborenen Max war aber die Mutter, die er später als »eine ganz besonders liebevolle Frau« beschrieb, denn »die Liebe, die kann man nicht durch Mitteilungen lernen, sondern nur durch den Glanz der Augen der Mutter, durch die Liebe, durch die Art, wie sie spricht.«[5]

Horkheimer hatte das Gymnasium vorzeitig verlassen, um

eine Lehre in der väterlichen Fabrik zu beginnen; 1914 war er Juniorchef geworden. 1917 zum Militär eingezogen, war er nach seiner Entlassung nach München gegangen, um erst einmal seine angegriffene Gesundheit zu kurieren, hatte dort das Kriegsende, die Novemberrevolution und die Räterepublik erlebt. Er hatte das Abitur nachgeholt, 1919 in Frankfurt am Main mit dem Studium der Philosophie, Psychologie und Nationalökonomie begonnen und war 1921 für zwei Semester nach Freiburg gewechselt, wo er bei Edmund Husserl studiert hatte. 1923 hatte er in Frankfurt seine Dissertation ZUR ANTINOMIE DER TELEOLOGISCHEN URTEILSKRAFT vorgelegt und sich zwei Jahre später mit einer Arbeit ÜBER KANTS KRITIK DER URTEILSKRAFT ALS BINDEGLIED ZWISCHEN THEORETISCHER UND PRAKTISCHER PHILOSOPHIE habilitiert. Seine Hoffnung, die Nachfolge des Neukantianers Hans Cornelius auf dem Lehrstuhl für Philosophie antreten zu können, hatte sich zerschlagen; man hatte Max Scheler und einige Monate später nach dessen Tod den Existenztheologen Paul Tillich berufen. 1930 hatte Max Horkheimer jedoch den eigens für ihn eingerichteten Lehrstuhl für Sozialphilosophie erhalten: Eine Professur war die Voraussetzung für das Direktorat des mit der Universität verbundenen Instituts für Sozialforschung.

Dessen Spiritus movens und Finanzier war Felix Weil gewesen. Sein aus dem badischen Steinsfurt stammender Vater Hermann war 1888 nach Argentinien emigriert, dort zu einem der drei größten Weizenexporteure aufgestiegen und 1907 als Multimillionär nach Deutschland zurückgekehrt. Während des Ersten Weltkriegs hatte Hermann Weil als Ratgeber in Fragen des Handelskriegs bei General Ludendorff ebenso Gehör gefunden wie beim Kaiser persönlich.[6] Der 1898 in Buenos Aires geborene Sohn Felix hatte sich 1917, vom patriotischen Geist der Zeit angesteckt, freiwillig zum Kriegsdienst in der kaiserlich-deutschen Armee gemeldet, die den argentinischen Staatsbürger mit einer Ausnahmegenehmigung aufgenommen hatte. Als im November 1918 der Frankfurter Arbeiter- und Soldatenrat die Kontrolle über die Stadt übernommen hatte, hatte Felix Weil sich diesem angeschlossen, war kurzzeitig zum Leiter der »Arbeiterwehr« genannten provisorischen revolutionären Polizei ernannt worden und hatte sich mit sozialdemokratischen Schriften beschäftigt. 1920 hatte man ihm wegen sozialistischer Aktivitäten die Promotion an der Universität Tübingen verweigert und ihn aus Württemberg ausgewiesen – angeblich musste wegen des knappen Wohnraums die Zahl ausländischer Studierender begrenzt werden –, worauf er seine Dissertation über den Begriff der Sozialisierung 1920 an der Frankfurter Universität eingereicht hatte. 1922 hatte er im thüringischen Ilmenau eine »Marxistische Woche« organisiert, kurz darauf beschlossen, dieses Diskussionsforum zu institutionalisieren und ein privat finanziertes Institut zu gründen, dessen marxistischen Charakter er gegenüber seinem Vater, einem aufgeklärten Liberalen, und der Universität wohlweislich kaschiert hatte. Doch deren finanzielle Situation war im Krisen- und Inflationsjahr 1923 ohnehin so prekär gewesen, dass sie ein Stiftungsordinariat schwerlich hätte ausschlagen können. Im Fokus der Forschung stand die Nationalökonomie, als Methode diente der Historische Materialismus. 1924 wurde das Frankfurter Institut für Sozialforschung eröffnet, das auch weiterhin von Felix Weil finanziert wurde, mithilfe seines Vaters und nach dessen Tod 1927 aus dem beträchtlichen Erbe. Zudem hatte Weil unter anderem den Maler George Grosz, mehrere Theaterinszenierungen Erwin Piscators und die deutsche Bearbeitung des Stummfilms Panzerkreuzer Potemkin von Sergej Eisenstein unterstützt und war Hauptanteilseigner des von den Brüdern Wieland Herzfelde und John Heartfield geleiteten Malik-Verlags geworden, der der KPD nahestand und auf sozialkritische Literatur und künstlerische Avantgarde spezialisiert war.

Zu den wichtigsten Mitarbeitern des Frankfurter Instituts

zählte seit der Gründung Friedrich Pollock, der mit Horkheimer bereits 1911 einen schriftlichen »Freundschaftsvertrag« abgeschlossen, ihm geholfen hatte, sich aus den Zwängen des patriarchalischen Elternhauses zu befreien, und ihm bis zu seinem Tod im Jahr 1970 bedingungslos ergeben war. 1926 war Leo Löwenthal an das Institut gekommen, 1930 der Psychoanalytiker Erich Fromm, 1932 Herbert Marcuse. Am 30. Januar 1933 wurde Horkheimers Haus im vornehmen Frankfurter Vorort Kronberg von der SA besetzt. Vorausahnend waren Horkheimer und seine Frau einige Tage zuvor in ein Hotel gezogen, kurz darauf emigrierten sie nach Genf. Schon nach den Reichstagswahlen im September 1930, als die NSDAP zur zweitstärksten Partei geworden war, hatte man dort auf Horkheimers Initiative hin eine Zweigstelle des Instituts gegründet, 1931 das Stiftungsvermögen zur Sicherheit nach Holland transferiert. Das Frankfurter Institut für Sozialforschung wurde am 13. März 1933 von den Nationalsozialisten wegen »staatsfeindlicher Bestrebungen« geschlossen, die 60 000 Bände fassende Bibliothek konfisziert. Mitarbeiter wie Horkheimer, Adorno und Pollock hatten ihre Lehrbefugnis schon zuvor aufgrund des »Arierparagraphen« verloren. 1934 übersiedelte das Institut nach New York, wo die Columbia University, der bereits das vom Österreicher Paul Lazarsfeld geleitete Bureau of Applied Social Research angegliedert war, Räume zur Verfügung stellte.

Das von Horkheimer de facto gemeinsam mit Pollock geleitete Institute of Social Research unterstützte nicht zuletzt dank großer Summen, die Felix Weil spendierte, über 200 deutsch-jüdische wissenschaftlich Tätige mit insgesamt rund 200 000 Dollar und stellte zahlreiche Affidavits aus, um Forschenden jüdischer Abstammung die Immigration in die USA zu ermöglichen. War die marxistische Terminologie in den Frankfurter Jahren ein Charakteristikum des Instituts gewesen, untersagte Horkheimer nun deren Gebrauch. Statt von der »kapitalistischen Gesellschaftsordnung« sprach man jetzt von der »modernen industriellen Gesellschaft«, der Ausdruck »Klassenkampf« wurde durch den Begriff »Konflikt« ersetzt.[7]

Als Horkheimer und seine Frau Maidon, wie sich Rose im amerikanischen Exil nannte, 1941 in Pacific Palisades eintrafen, bewohnten sie, bis ihre Villa in der Riviera bezugsfertig war, für vier Wochen ein anderes Haus: »Die ›20 Minutes to Hollywood‹ und ›30 Minutes to Los Angeles‹ sind reine Großsprecherei. Das Doppelte ist ungefähr richtig, auch das nur unter Einrechnung von tickets for speeding«,[8] klagte Horkheimer in einem Brief an den zunächst in New York zurückgebliebenen Freund Pollock. Im Juni bezogen die Horkheimers dann ihren geräumigen Bungalow im D'Este Drive 13 542, auf einem gut 1500 Quadratmeter großen Grundstück gelegen, auf dem heute ein 1996 errichteter Neubau steht. Die »House warming Party« am 12. Juli 1941 habe sich »zu einem bis in den Abend dauernden Buffet-Dinner und einer historisch-politisch-philosophischen Gesprächsorgie recht quälender Art« ausgewachsen, so der natürlich eingeladene Nachbar Thomas Mann, der danach in sein Tagebuch notierte: »Die Juden haben einen Sinn für die Größe Hitlers, den ich nicht ertrage.«[9]

In Pacific Palisades traf Max Horkheimer regelmäßig mit den anderen Mitarbeitern des Instituts zusammen, mit Friedrich Pollock, für den stets ein Schlafzimmer in seinem Haus reserviert war, mit Theodor W. Adorno, der im nahen Brentwood lebte, und mit Herbert Marcuse, an dessen Haus »in der Professorengegend« von Santa Monica, »für unsre Zwecke wie geschaffen«,[10] ein Schild mit der Aufschrift »Institute of Social Research, Office Los Angeles« angebracht wurde. Zur Unterscheidung von Herbert Marcuse und nicht ohne Grund nannte Horkheimer dessen Namensvetter, den Philosophen und Essayisten Ludwig Marcuse mit seiner »Sascha« genannten Frau Erna, die 1939 nach Los Angeles emigriert waren, »die armen Marcuses«.[11] »Sascha Marcuse braucht eine andere Schreibmaschine«, schrieb Horkheimer 1941 an Pollock. »Ihre ist kaputt. Sie hat es durch David gehört, dem es unser Marcuse gesagt haben soll, wir bekämen billigere Preise. [...] Sollte es eine Möglichkeit geben, den armen Marcuses eine zu geben, die wir nicht mehr brauchen, oder sonst eine zu beschaffen, so wäre es natürlich ganz nett.«[12] Sascha Marcuse war nur eine der vielen Frauen, die im Exil ihre offenbar weniger lebenstüchtigen Männer, die oftmals an ihrer gewohnten, obschon nun ertraglosen Tätigkeit festhielten, durch Arbeit über Wasser hielten. Sie ließ sich zur medizinischen Masseurin ausbilden und übte diesen Beruf jahrelang aus.

Nicht nur Ludwig Marcuse, auch der Philosoph Ernst Bloch lebte in prekären Verhältnissen. »Bloch [...] ist obendrein aus seiner Stellung als Tellerwäscher entlassen worden, weil er mit dem Tempo nicht mitkam, und verdient sich jetzt sein Leben, indem er in einem dreckigen Loch altes Papier bündelt. Seine Frau hat als Kellnerin gearbeitet, aber wegen Krankheit ihren Job verloren und kann als *enemy alien* in der Rüstungsindustrie auch nichts finden«,[13] berichtete Adorno seinem Freund Horkheimer.

Zumindest ohne finanzielle Sorgen lebte der »beardy philosopher«[14] Felix Weil, wie Thomas Mann ihn nannte. Weil war nach Argentinien zurückgekehrt, 1935 von dort nach New York übergesiedelt und hatte am Institut für Sozialforschung sein Hauptwerk THE ARGENTINE RIDDLE über die politische und wirtschaftliche Situation Argentiniens verfasst. 1945 ließ er sich mit seiner fünften Frau Helen ebenfalls in Pacific Palisades nieder. In der 1938 im Spoleto Drive 533 erbauten Villa, in der eine Zeit lang Eva Herrmann gewohnt hatte, empfing Weil neben den Freunden Horkheimer und Adorno, den Feuchtwangers, den Dieterles und Charlie Chaplin auch Thomas Mann, der sich dort zwar mit Hanns Eisler beim »aus

Enthusiasmus und Bosheit gemischten Diskurse über Wagner«[15] amüsierte, allerdings die »süße Bowle« monierte: »Überflüssig und unbekömmlich wie etwas.«[16]

Horkheimer verkehrte zudem mit Hanns Eisler, mit Lion Feuchtwanger und dessen Frau Marta, die den Philosophen ebenso gut aussehend wie humorvoll fand und nicht zuletzt seine Toleranz schätzte, welche in den Diskussionen, die er mit beinahe jedem führte, zum Ausdruck kam. Schließlich waren der Filmregisseur »William Dieterle mit seiner bezaubernden Gattin und ihrer Mutter wirklich reizende Freunde«[17] der Horkheimers. Auch die nachbarschaftlichen Beziehungen zu Thomas Mann, der in Deutschland einst mit Horkheimer »aneinandergeraten« war und erklärt hatte, »mit Marxisten könne er nicht reden«,[18] wurden herzlicher, und man besuchte sich regelmäßig. War der Nobelpreisträger verreist, sahen die Horkheimers nach seinem Anwesen, gossen die Blumen und begrüßten ihn bei der Rückkehr »mit Rahm, Milch, Kuchen, Blumen«.[19] 1944 fungierten die bereits 1940 naturalisierten Horkheimers als Zeugen bei der Einbürgerung von Thomas und Katia Mann, die man, nun ganz amerikanisch, mit Pfannkuchen und Ahornsirup feierte.

»Unser Leben verläuft sehr regelmäßig«, berichtete Horkheimer einer Freundin. »Ich stehe morgens gegen 9 Uhr auf und das Frühstück ist dann schon fertig. An den Tagen, an denen wir ein Mädchen haben, findet es im Esszimmer, an den anderen in der Küche statt. Ich erkläre regelmäßig, dass ich nichts mag und höchstens ein Glas Wasser trinke, lasse mich schließlich jedoch zu Tee, Eiern, Würstchen, Marmelade, Toast und sonst noch was überreden. Dann rase ich entweder in mein Arbeitszimmer oder in die Garage, um zu Teddie [Adorno] zu fahren, der genau 2½ Meilen von hier weg wohnt. Maidon ruft mir dann nach, ich sollte spätestens um 12.30 wieder hier sein und ich trage ihr auch insofern Rechnung, als ich wenige Minuten nach 1.30 wieder eintreffe. Dies wiederholt sich am Nachmittag, nur mit entsprechend veränderten Zeiten; ich halte einen Abstand von etwa 65 Minuten. Maidon arbeitet den Tag über teils in der Haushaltung, teils im Garten, jedoch ziehe ich das letztere vor, weil Haushaltung im allgemeinen einen schlechten Einfluss auf die Laune der Damen ausübt. Die Idee des Reinemachens, des Fegens und der Säuberung hängen bekanntlich mit kriegerischen, genussfeindlichen, ja geradezu antisemitischen Instinkten zusammen. [...] Meinen Bemühungen, Maidon zur Milde und Gartenarbeit zu bewegen, hält sie freilich entgegen, daß ich doch auch essen müsse. Leider muss ich dies zugeben. Dies kann jedoch nicht verhindern, dass bei jedem Huhn im Topf die Freude an jenem durch den Gedanken beeinträchtigt wird, dass dieser geputzt werden muss.«[20]

Tatsächlich brauchte man zum Haus Adornos in der South Kenter Avenue 316 in Brentwood mit dem Auto ziemlich genau sieben Minuten. Theodor Wiesengrund, 1903 als Sohn eines deutsch-jüdischen Weingroßhändlers und einer Sängerin korsischer Abstammung, unter deren Mädchennamen Adorno er berühmt wurde, in Frankfurt geboren, hatte Philosophie, Psychologie, Musik und Soziologie studiert und war 1924 mit einer Dissertation über DIE TRANSZENDENZ DES DINGLICHEN UND NOEMATISCHEN IN HUSSERLS PHÄNOMENOLOGIE promoviert worden. Er hatte in Wien Kompositionsunterricht bei Alban Berg und Klavierunterricht bei Salka Viertels Bruder Eduard Steuermann erhalten und als Redakteur der avantgardistischen Musikzeitschrift *Der Anbruch* gearbeitet. Nach seiner Habilitation mit der Arbeit DIE KONSTRUKTION DES ÄSTHETISCHEN BEI KIERKEGAARD an der Universität Frankfurt war er dort 1931 Privatdozent und Mitarbeiter der im Auftrag des Instituts für Sozialforschung herausgegebenen *Zeitschrift für Sozialforschung* geworden. Im Februar 1938 war er auf Einladung Max Horkheimers in die USA gegangen, Mitarbeiter des Instituts für Sozialforschung geworden sowie Direktor des musikalischen Teils des Princeton Radio Research Project, eines von der Rockefeller Foundation finanzierten Forschungsprojekts über die Rolle des Rundfunks.

Wie sein Freund Horkheimer war auch Theodor W. Adorno 1941 in den Westen der USA übergesiedelt. Beeindruckt von Adornos im Juli 1943 beendetem Essay über Arnold Schönberg, wandte sich Thomas Mann an ihn, als er für seinen Roman DOKTOR FAUSTUS Rat in musiktheoretischen Fragen benötigte. Auf Adornos Schönberg-Essay basiert die Erörterung des von Manns Romanfigur Adrian Leverkühn erfundenen Tonreihensystems. Thomas Mann erwähnte Adornos Mitwirkung in seinem »Roman eines Romans« ZUR ENTSTEHUNG DES DOKTOR FAUSTUS lobend, wenngleich er auf Drängen seiner Tochter Erika, die Adorno nicht ausstehen konnte, einige Passagen vor der Drucklegung wieder strich. Dennoch widmete er ihm ein Exemplar der Erstausgabe mit den Worten »Meinem heimlichen Ratgeber«. Tunlichst verschwieg Mann jedoch gegenüber Adorno, dass er auch mit Schönberg selbst gesprochen hatte. Die Hilfe Adornos wiederum suchte Mann hinter Schönbergs Rücken, denn obgleich quasi Nachbarn in Brentwood, mieden Adorno und Schönberg einander. Nach Erscheinen des DOKTOR FAUSTUS fand Schönberg, Thomas Mann habe die Übernahme seiner Zwölftontechnik nicht ausreichend hervorgehoben, kündigte ihm die Freundschaft und bezichtigte ihn öffentlich des Diebstahls geistigen Eigentums. Erst kurz vor seinem Tod 1951 sollte Schönberg Mann in einem Brief anbieten, »die Streitaxt«[21] zu begraben.

Während viele Menschen in seiner Umgebung angesichts der weltpolitischen Lage resignierten, forderte Max Horkheimer, den die Rebellion gegen Unrecht, Gewalt und Leid und zugleich die Sehnsucht nach Wahrheit, nach der Auflösung autoritärer Verhältnisse und nach Glück antrieb, das uneingeschränkte Engagement seiner Mitarbeiter ein: »Die Möglichkeit, ja die Wahrscheinlichkeit des Todes morgen nimmt uns die Verantwortung heute nicht ab. Es gibt keine Handlung, für die der Umstand, dass man ›in drei Jahren anyway im K.Z. sitzt‹ eine Begründung wäre, es sei denn, dass man sich noch mehr um's Wesentliche kümmert. Dieses Wesentliche aber ist unsere Arbeit.«[22]

Schon 1939 hatte Horkheimer den Entschluss gefasst, eine wissenschaftliche Untersuchung über den Nationalsozialismus und den Antisemitismus durchzuführen, 1943 endlich entschied das American Jewish Committee, die Studie zu finanzieren, an der sich mehrere Mitglieder des Instituts für Sozialforschung beteiligten. Man analysierte antisemitische Artikel und Reden, schuf eine Skala zur Messung antisemitischer Meinungen und beschäftigte sich mit der Psychologie des Antisemitismus; um diese Arbeiten zu koordinieren, kehrte Horkheimer 1944 und 1945 für einige Monate nach New York zurück. In Pacific Palisades arbeitete er zusammen mit Adorno weiter am wichtigsten Werk der Kritischen Theorie: der Friedrich Pollock gewidmeten DIALEKTIK DER AUFKLÄRUNG, einer Sammlung von Notizen, die den Untertitel »Philosophische Fragmente« trägt und erstmals 1944 in deutscher Sprache in einer Auflage von 500 hektographierten Exemplaren erschien.

Salka Viertel tischt Wurstsuppe auf, und Alfred Döblin sucht Gott

Am 5. November 1938 wurde auf Initiative des Agenten Paul Kohner in seinem Büro der European Film Fund ins Leben gerufen von Charlotte Dieterle, Ernst Lubitsch, den Drehbuchautoren Heinz Herald, lange Jahre als Dramaturg an Max Reinhardts Deutschem Theater in Berlin tätig, Felix Jackson alias Felix Raphael Joachimson, der Unterhaltungsfilme vor allem für die Columbia schrieb, sowie Liesl Frank. Während man Lubitsch als bekanntesten Europäer in Hollywood zum Präsidenten ernannte, um eine repräsentative Persönlichkeit an der Spitze zu besitzen, engagierte sich Liesl Frank als ehrenamtliche *acting secretary*, organisierte Affidavits, sammelte Geld und mietete Wohnungen für Neuankömmlinge. Der Schriftsteller Bruno Frank allerdings war von diesem Engagement seiner Frau alles andere als begeistert, er wollte sie am liebsten ständig um sich wissen.

Grundidee der Non-Profit-Organisation war es, die unzähligen Ansuchen von in Europa zur Emigration gedrängten oder schon in die Vereinigten Staaten emigrierten Filmschaffenden an bereits mehr oder weniger erfolgreiche Exilierte in Los Angeles um Affidavits, Arbeit, finanzielle oder andere Unterstützung zu koordinieren, zumal sich die Situation, seit Österreich »heim ins Reich« gekehrt war, zugespitzt hatte. Statt andere Filmschaffende individuell zu unterstützen, sollten Emigrierte, die das vermochten, fortan Geld an den European Film Fund spenden, der dann, so weit möglich, die erhofften Hilfeleistungen gewährte, teils als Darlehen, teils als

Schenkung. Viele überließen dem Fund ein Prozent ihrer Gage – bei jenen, die von Kohners Agentur vertreten wurden, zog dieser das Geld automatisch ab –, andere, wie die erfolgreichen Regisseure Michael Curtiz oder William Wyler, verpflichteten sich dazu, regelmäßig größere Beträge zu überweisen. So verzeichnet eine in Kohners Nachlass erhaltene Spendenliste für die zwölf Monate vom 1. Mai 1941 bis 30. April 1942 höchst unterschiedliche Beträge: Der auf Drehbuchaufträge hoffende Journalist Josef Mischel überwies zwei Dollar, 7,67 Dollar der Schauspieler Erwin Kalser, der seit 1939 in Hollywood gelegentlich ältere, kultivierte Herren darstellen durfte. Albert Bassermann gab 20, Vicki Baum 50 Dollar. Charlotte Dieterle spendete 300, Ernst Lubitsch 1200 und Henry Koster sogar 1300 Dollar.

Am 24. Oktober 1939 fasste der European Film Fund bei einer Sitzung im Haus von Fritzi Massary in Beverly Hills den Plan, einige der berühmtesten deutschsprachigen Autoren zu retten. Durch die Bemühungen Paul Kohners, der das Vorhaben den großen Filmstudios als gutes Investment präsentierte, kamen 1940 einjährige Verträge mit einem Wochengehalt von 100 Dollar zustande, immerhin das fünffache Durchschnittseinkommen der Flüchtlinge aus Nazideutschland. Die Filmfirmen stellten die meist filmunerfahrenen Schriftsteller einzig an, um ihnen ein Visum und damit die Immigration zu ermöglichen. Leonhard Frank, Heinrich Mann, Alfred Neumann und Friedrich Torberg wurden von Warner Bros. verpflichtet, von Metro-Goldwyn-Meyer Alfred Döblin, Jan Lustig, dessen Kontrakt als einziger verlängert wurde, Walter Mehring, Alfred Polgar und Wilhelm Speyer. Die karitativen Verträge retteten ihr Leben, doch nagte es bei vielen am Selbstwertgefühl, die *charity* der Filmindustrie anzunehmen, welche sie als ernsthafte Literaten, noch dazu nicht selten mit einem ausgeprägten Elitebewusstsein ausgestattet, im Grunde verachteten. »So saßen [… sie] in den Filmbetrieben; ohne

Englisch zu können, ohne das Filmemachen zu kennen, voller Verachtung für dies Gewerbe«,[1] formulierte Ludwig Marcuse. Damit ging es diesen Autoren nicht viel anders als so manchen künstlerisch unbefriedigten Darstellerinnen und Darstellern. »Wenn ich ein oder gar zwei Tage pro Woche filme, habe ich ein gutes Jahreseinkommen. Das Filmschauspielern ist natürlich keine Arbeit«, so Richard Révy. »Es ist – wenn man nicht Chaplin ist – mit Langeweile gepfefferte Tagelöhnerei.«[2]

Der Schweizer Curt Goetz, seinerzeit der erfolgreichste Autor des deutschsprachigen Boulevardtheaters, lehnte einen mit 5000 Dollar wöchentlich dotierten Fünfjahresvertrag bei MGM ab, kaufte eine Hühnerfarm in Van Nuys und erklärte, er sehe lieber 2000 Hühnern »unter den Pürzel«[3] als einem Hollywoodproduzenten ins Gesicht.

Unwillen, den Anforderungen der Filmproduktion nachzukommen, leistete sich auch der Komponist Arnold Schönberg. »Ich sehe ihn noch vor mir, vorgebeugt in seinem Sessel sitzend, mit beiden Händen den Schirmgriff umklammernd, die konzentriert blickenden Augen eines Genies auf Thalberg gerichtet, der ihm erklärte, warum ein großer Komponist die Musik zu einem großen Film wie DIE GUTE ERDE schreiben sollte. Bei dem Satz: ›Ich habe letzten Sonntag Ihre entzückende Musik gehört …‹ unterbrach Schönberg ihn: ›Ich schreibe keine ›entzückende‹ Musik.‹ […] Dann machte er in einem sehr gebildeten, wenngleich fehlerhaften Englisch klar, was er von der Filmmusik im Allgemeinen hielt: Sie sei ganz einfach fürchterlich. Man gehe überhaupt beim Film mit dem Ton unglaublich miserabel um; die Dämpfung jedes Ausdrucks, die Monotonie der Stimmen sei für das Ohr unerträglich. Er werde den Auftrag nur übernehmen, wenn er uneingeschränkt über die Tonstruktur des Films, Dialoge inbegriffen, bestimmen könne. Thalberg traute seinen Ohren nicht: ›Was verstehen Sie unter ›uneingeschränkt bestimmen‹?‹ – ›Ich meine, dass ich mit den Schauspielern arbeiten müsste‹, erwiderte Schönberg. ›Sie müssten nach meinen Anweisungen in verschiedenen Tonhöhen und Tonarten sprechen. Es wäre ähnlich wie beim PIERROT LUNAIRE, nur natürlich nicht so kompliziert.‹ Er wandte sich zu mir«, so erzählt Salka Viertel von der Unterhaltung zwischen Schönberg und Irving Thalberg, dem vielleicht talentiertesten aller Hollywoodproduzenten, »und fragte, ob ich mich an PIERROT erinnere und einige Verse sprechen könnte. Ich erinnerte mich und rezitierte: ›Der Mooond, den man mit Augen trinkt‹ (›Augen‹ hoch und lang im Ton) und beobachtete dabei Thalberg, vor dessen Blick wohl Luise Rainer und Paul Muni auftauchten, wie sie ihren Text halb sangen, halb sprachen. Aber in seinem Gesicht zuckte kein Muskel, als er, zu Schönberg gewandt, sagte: ›Well, Mr Schönberg, der Regisseur und ich haben offenbar Ansichten, die den Ihren widersprechen. Sehen Sie, der Regisseur will selber mit den Schauspielern arbeiten.‹ – ›Das kann er auch, nachdem sie ihren Text mit mir einstudiert haben‹, versicherte Schönberg bereitwillig.«[4]

Erstaunlicherweise nahm Thalberg, fasziniert von dem genialen Komponisten, nach diesem Gespräch noch immer nicht von der Idee einer Zusammenarbeit Abstand. Erst als Schönberg am nächsten Tag »den Preis für die Prostitution«[5] auf die unerhörte Summe von 50 000 Dollar verdoppelte, scheiterten die Verhandlungen. Der in bescheidenen Verhältnissen lebende Komponist, der als *visiting professor* an der University of California, Los Angeles 4800 Dollar jährlich verdiente, hätte davon jahrelang gut leben können. »Wenn du dem Teufel deine Seele verkaufst, solltest du einen sehr hohen Preis verlangen …«,[6] erklärte Schönberg, der auch alle weiteren Angebote, Filmmusik zu komponieren, in den nächsten Jahren als zu schlecht bezahlten »künstlerischen Selbstmord«[7] ablehnte. Als er 1944 altershalber emeritiert, also zwangsweise in Rente geschickt wurde, stellte sich seine finanzielle Lage noch prekärer als zuvor dar; zuletzt hatte er ein Jahresgehalt von 5100 Dollar. Nun erhielt er eine schmale, nach Dienstjahren berechnete Pension in Höhe von zunächst 29,60 Dollar monatlich, von März 1945 an bezog er 40,38 Dollar im Monat, wovon er sich, seine Frau und drei Kinder ernähren musste.

Leonhard Frank, schon vor dem Ersten Weltkrieg als Romancier außerordentlich erfolgreich, beschrieb seine wenig befriedigende Tätigkeit als Drehbuchautor in Hollywood in seinem autobiografischen Roman LINKS WO DAS HERZ IST, in dem er sich den Namen Michael Vierkant gab: »In Warner Brother's Studio bekam Michael ein Büro, eine Sekretärin, die Englisch und Deutsch sprach, und Schreibmaterial, genug für ein Dutzend Drehbücher. Wochenlang ereignete sich nichts. [...] Michael musste pünktlich um neun Uhr früh ins Studio kommen. Die Angestellte hinter dem Schalterfenster notierte sein Erscheinen. Um fünf Uhr ging er, nachdem er sich den ganzen Tag gelangweilt hatte, und dafür bekam er jeden Sonnabend einen Hundertdollarscheck. Der amerikanische Filmautor im Büro nebenan, der 3500 Dollar die Woche verdiente, löste das Rätsel, warum Michael keine Arbeit zugewiesen bekam. Er sagte, kameradschaftlich lächelnd: ›Die halten es vollständig für ausgeschlossen, dass ein Schriftsteller, der für hundert Dollar die Woche arbeitet, etwas Brauchbares schreiben kann.‹ [...] Die erfolgreichen deutschen Filmleute in Hollywood, die seit Jahren Unsummen verdient hatten und in luxuriösen Villen das Leben des Dollarmillionärs führten, kamen anfangs alle zu Michael und fuhren ihn in den letzten Cadillac-Modellen zu ihren Prachtpalästen. Als sie gerochen hatten, dass Michael kein Stern am Hollywoodhimmel werden würde, kannten sie ihn nicht mehr.«[8] Nachdem sein Vertrag mit Warner Bros. ausgelaufen war, war der fast 60-Jährige auf Spenden angewiesen. Anfangs war er oft an die Pazifikküste gefahren und hatte, »überwältigt von herzabdrückender

Europasehnsucht hoffnungslos hinausgestarrt, in dem Gefühl, hinter jenem Horizont sei Europa«.[9] Erst nach Wochen war ihm bewusst geworden, dass er in die falsche Richtung gestarrt hatte – nach Asien.

Der heute vor allem durch seinen Roman BERLIN ALEXANDERPLATZ in Erinnerung gebliebene Alfred Döblin, als Jude und Sozialdemokrat im »Dritten Reich« doppelt gefährdet, war 1933 in die Schweiz geflohen, dann weiter nach Frankreich und Portugal, von wo er nur dank des MGM-Kontrakts 1940 in die USA gelangte. Die wöchentlichen 100 Dollar reichten für Döblin, seine Frau Erna und den jüngsten Sohn Stephan zum Leben aus, nur 60 Dollar Monatsmiete bezahlten sie für die Unterkunft im Apartmentkomplex 1842 North Cherokee Avenue in Hollywood, in dem zeitweise auch der Schauspieler Alexander Granach und der Regisseur Leopold Jessner lebten. Doch nach genau einem Jahr lief am 7. Oktober 1941 der Vertrag aus: »er steht vor dem nichts, zeigt aber seinen alten berliner humor. was für ein geschäft aufmachen? um ein arzt-examen zu machen, müsste er ein jahr studieren, als *healer* müsste er englisch können (ich kann nich 'nen mann in hypnose ersuchen, er soll mir'n wort sagen, das mir für ihn fehlt)«,[10] heißt es in Bertolt Brechts ARBEITSJOURNAL. Die Familie Döblin, nun auf die Arbeitslosenunterstützung von 18 Dollar wöchentlich und, als diese nach sechs Monaten auslief, ebenfalls auf die Geldspenden wohlhabenderer Kollegen angewiesen, lebte von November 1942 an unter bescheidensten Umständen in der North Citrus Avenue 1347, für 35 Dollar Miete im Monat.

Als Warner Bros. Heinrich Manns Vertrag als Drehbuchautor nach einem Jahr nicht verlängerten, wurde das Geld schon bald so knapp, dass er die auf Kredit gekauften günstigen Möbel, für die an jedem Fünften des Monats 13,50 Dollar fällig wurden, verpfänden musste: »er geht allwöchentlich stempeln, holt sich 18 $ 50 arbeitslosenunterstützung ab, da sein kontrakt mit der filmfirma wie der döblins abgelaufen ist. er ist über 70. sein bruder thomas baut sich eben eine große villa«,[II] notierte Bertolt Brecht am 3. Dezember 1941 in sein ARBEITSJOURNAL. Angesichts seiner exponierten Stellung in der Emigrantengemeinde blieb Thomas Mann wenig anderes übrig, als seinen unter miserablen finanziellen Bedingungen lebenden älteren Bruder zu unterstützen, zunächst direkt, später indirekt durch Zahlungen an den European Film Fund.

Exzeptionell war das Schicksal Alfred Döblins und Heinrich Manns nicht. Die meisten exilierten Autorinnen und Autoren blieben dem amerikanischen Publikum unbekannt, nur wenige brachten es mit Bestsellern zu Wohlstand wie Vicki Baum, Emil Ludwig oder Franz Werfel, dessen reichlich kitschige Heiligengeschichte THE SONG OF BERNADETTE schon in den ersten drei Wochen eine Auflage von 300 000 Exemplaren erreichte. Die Twentieth Century Fox erwarb die Rechte für stattliche 125 000 Dollar, der Ende 1943 uraufgeführte Film mit Jennifer Jones erhielt zwölf Oscarnominierungen und gewann vier der begehrten Statuen.

In Berlin waren viele literarisch Tätige gewohnt gewesen, stundenlang bei einer einzigen Tasse Kaffee im Romanischen Café, einem Kristallisationspunkt des musischen und künstlerischen Lebens, Treffpunkt für Produzenten und Agenten, Umschlagplatz für Ideen, Jobbörse für junge Talente, Arbeitsplatz für Literaten und Privatbüro erfolgreicher Genies, zu sitzen, also quasi zu wohnen, und dort jederzeit Bekannten zu begegnen. Ganz ähnlich hatte das Alltagsleben in Wien, Prag oder anderen Großstädten ausgesehen. Nun fühlte man sich verloren in Los Angeles, einer Reihe von Vororten auf der Suche nach einer Stadt, wie gespottet wurde, wo nur ein Auto und das Telefon einen vor der völligen Isolation bewahrten.

Mit dem Kriegseintritt der USA verschärfte sich dieses Problem, als 1942 *enemy aliens,* also feindliche Ausländer, mit *cur-*

few, einer Ausgangssperre zwischen acht Uhr abends und sechs Uhr früh, belegt wurden und sich tagsüber nicht weiter als fünf Meilen von ihren Wohnungen entfernen durften. »[...] das heißt, es ist in dieser weitläufigen Stadt jeder persönliche Verkehr praktisch unmöglich gemacht«,[12] so Lion Feuchtwanger. Und Erich Maria Remarque, der recht luxuriös in einem Bungalow im Park des Beverly Wilshire Hotels residierte, klagte: »Dieser *curfew* macht alles etwas unwirklicher; es ist etwas wie ein gläsernes Warten; ich lese, bewege mich, arbeite nicht mehr, schlafe – alles etwas abwesend, ohne Rebellion, ohne Aufregung, einfach die Tatsachen hinnehmend, – dass wir in Deutschland nicht leben, weil wir demokratisch denken; – u. in einer Demokratie halb eingesperrt werden, weil wir aus Deutschland stammen.«[13] Vergeblich erhoben Thomas Mann und Albert Einstein Einspruch. Diese Regelung galt nicht an der Ostküste, wo man begreiflicherweise weniger Angst vor einer japanischen Invasion hatte, und betraf merkwürdigerweise nicht die Österreicher. Auch Deutsche, die vor dem Kriegseintritt der USA eine andere Staatsangehörigkeit angenommen hatten, waren nicht betroffen, so etwa Thomas Mann, seit 1936 Bürger der ČSR.

Wenngleich wohlhabende Emigrierte wie William Dieterle oder Erich Wolfgang Korngold gelegentlich zum Lunch bei Musso & Frank, einem eichengetäfelten Restaurant in Hollywood einluden, oder sich Thomas Mann und Alma Mahler-Werfel im Nobelrestaurant Romanoff's an »Champagner, Caviar«[14] delektierten, entstand geradezu zwangsläufig eine Kultur der privaten Einladungen, die angesichts der fehlenden Informationsbörse der Kaffeehäuser nicht nur als Netzwerke unentbehrlich, sondern geradezu eine soziale Existenzform waren, deren Abwesenheit sofort das Gefühl von Einsamkeit entstehen ließ. Man sei nicht sosehr Fremdling mit befreundeten Fremdlingen rundum, stellt Ludwig Marcuse fest. Doch in Hollywood spielte sich, wie man in Fritz Kortners Memoiren lesen kann, »das gesellschaftliche Leben [...] kastenartig ab. In der Regel verkehrten nur Gleichhochbezahlte miteinander«.[15] »Alle Filmschreiber, Zeichner und Umschreiber, die fünfhundert Dollar die Woche verdienten, hielten zusammen und ließen sich nie mit denen sehen, die tausend Dollar die Woche bekamen. Wer in die 3000–5000-Dollar-Kategorie fiel, hatte natürlich schon sehr viel mehr Auswahl an Zirkeln. Von fünftausend an konnte man es schon wagen, L. B. Mayer selbst anzurufen«,[16] berichtete Christiane Grautoff.

Das galt jedoch nicht für Salka Viertels Sonntagnachmittage in Pacific Palisades und war eine entscheidende Voraussetzung für deren singuläre Rolle als »eine Zuflucht der Menschlichkeit«,[17] so Berthold Viertel. Salkas Gästeliste war deutlich heterogener als jene in den Häusern der Hollywood-Tycoone in Santa Monica und Bel Air, aber auch der Feuchtwangers und der Manns in Pacific Palisades. Emigrierte, die gerade einmal 100 Dollar in der Woche verdienten, und solche, die auf die Arbeitslosenunterstützung oder Spenden angewiesen waren, hieß Salka Viertel nicht weniger herzlich willkommen als Hollywoodstars und Auflagenmillionäre. Nirgendwo sonst vermischten sich Erfolgreiche und Erfolglose, Unbekannte und weltweit Bewunderte, die Angehörigen verschiedener Einkommensklassen, Nationalitäten und Berufe, aber auch die Mitglieder unterschiedlichster, ansonsten separierter Zirkel so selbstverständlich wie in der Mabery Road, wo es keinen Dresscode gab und eine unprätentiöse Atmosphäre wenig Raum für Eitelkeiten und Selbstdarstellung ließ. Während so mancher nur zu Hollywoodpartys ging, »weil sein Agent es für richtig und nötig hielt, da er jemand wahnsinnig Wichtigen dort treffen würde«, und dort alles tat, »um von dem, von dem er hoffte, eine neue Rolle zu bekommen, bemerkt zu werden«,[18] war es bei Salka Viertel »gemütlich«, wie ein Lieblingswort Helene Thimigs lautete.

Thomas Mann genoss statt Champagner und Kaviar »Wurstsuppe«[19] und Bier, diskutierte mit Theodor W. Adorno, lachte über die Churchill- und Gandhi-Parodien Charlie Chaplins und freute sich über dessen »genaues Zuhören«,[20] als er ihm von seinem FAUSTUS-Roman erzählte. Chaplin gewann Hanns Eisler als musikalischen Ghostwriter, die exzentrische Mercedes de Acosta verliebte sich in die Garbo, die ihrerseits mit Max Reinhardt Pläne für einen HAMLET-Film schmiedete. Salka Viertel habe »eine Art Großzügigkeit [...] sowohl als Gastgeberin wie als Gesprächspartnerin« besessen, erinnerte sich Fritz Kortners Tochter Marianne, die als Kind oft in der Mabery Road zu Gast war, »sie war anders als die meisten Frauen ihrer Generation. Sie trat als selbstständiger Mensch auf. Sie war nicht schüchtern, sie war nicht zurückhaltend, sie hat an allen Diskussionen stark teilgenommen, aber sie war auch nicht penetrant in irgendeiner Weise. Sie hat ungeheuer verstanden, mit Leuten sich zu unterhalten, aus ihnen das Beste rauszuziehen. Sie war auch jemand, der gut zuhören konnte. Viele von ihren Partys waren ja arrangiert, damit gewisse Amerikaner und gewisse Emigranten zusammenkamen, und das war ganz bewusst von ihr geplant, und sie hat unendlich vielen Menschen geholfen, in jeder Hinsicht. Man fühlte sich, und ich glaube, jeder fühlte sich, von ihr beschützt.«[21]

Anfangs hatten zu Salkas Gästen fast ausschließlich Menschen aus der Filmindustrie gezählt. In den 30er- und 40er-Jahren kamen weiterhin Bühnen- und Filmschaffende wie George Cukor, Ernst Deutsch, Ernst Lubitsch und Fritzi Massary, Tallulah Bankhead, Jean Renoir, Marlene Dietrich und Max Reinhardts Sohn, der Produzent Gottfried Reinhardt – von 1933 bis 1943 Salkas 22 Jahre jüngerer Geliebter und bei Bertholds Abwesenheit ersatzweise Gastgeber in der Mabery Road –, Eleonora und Francesco von Mendelssohn, Humphrey Bogart und Lauren Bacall, Charles Laughton, John

Huston, Montgomery Clift und Judy Garland, aber auch der Psychologe Alfred Adler, der Komponist Arnold Schönberg mit seiner Gattin Gertrud, der Dirigent Leopold Stokowski und der Physiker Albert Einstein, Autoren wie Aldous Huxley, Lion Feuchtwanger, Bertolt Brecht, Bruno Frank und Franz Werfel mit ihren Frauen, Erich Maria Remarque, Clifford Odets, André Malraux und Norman Mailer. In den Räumen über der Garage lebten nacheinander Brechts Mitarbeiterin und Geliebte Ruth Berlau und Christopher Isherwood.

Tatsächlich gab es auch vielfältige Beziehungen zwischen den Exilierten und Einheimischen, und der Einfluss der Emigration auf die amerikanische Kultur ist nicht zu unterschätzen. So gilt, nur ein Beispiel von unzähligen, Victor Gruen, 1903 als Victor David Grünbaum in Wien geboren, 1938 in die USA emigriert und ab 1940 in Hollywood ansässig, als Erfinder der Shopping Mall, des Inbegriffs US-amerikanischer Suburbanisierung. Arnold Schönberg unterrichtete unter anderem Oscar Levant, auf dem Höhepunkt seiner Popularität noch vor Horowitz und Rubinstein der bestbezahlte Konzertpianist in Amerika, durch den er seinen künftigen Tennispartner George Gershwin kennenlernte, und John Cage, der einer der weltweit einflussreichsten Komponisten des 20. Jahrhunderts wurde. Die Malerin und Galeristin Galka Scheyer machte Cage mit dem 1900 in Gelnhausen geborenen, 1936 in die USA emigrierten Filmpionier Oskar Fischinger bekannt, dessen abstrakte Arbeiten als Vorläufer des modernen Videoclips gelten und dessen Vorstellung, man könne eine allen Objekten innewohnende Seele befreien, indem man die Dinge zum Klingen bringe, ihn stark beeinflusste. Einige von Tennessee Williams' Werken wie MYSTERIES OF THE JOY RIO oder HARD CANDY wurden in erheblichem Maße von jenen Thomas Manns geprägt, welche er bereits 1935 kennengelernt hatte. Ob ihn Christopher Isherwood tatsächlich 1943 zu

Mann in den San Remo Drive mitnahm, wie der Dramatiker behauptete, darf bezweifelt werden.

»In der Emigration hat eigentlich jeder ein offenes Haus, und so hatten wir in Kalifornien mehr Verkehr mit Schriftstellern als in München«,[22] heißt es in den Memoiren Katia Manns, die bei Einladungen gerne »Knödelsüppchen, Roastbeef, Götterspeise«[23] auftischte. Freundschaften und Arbeitsbeziehungen wie zwischen Lion Feuchtwanger und Bertolt Brecht setzten sich fort, man lud sich gegenseitig ein, telefonierte häufig, feierte gemeinsam Weihnachten (etwa 1941 zusammen mit Elisabeth Bergner, Alexander Granach und Fritz Lang, 1942 mit Eisler und Homolka) – und blieb doch per Sie; Briefe Brechts waren stets an den »lieben Doktor« gerichtet. Alte Nachbarschaften wie die der Manns mit dem Dirigenten Bruno Walter sowie Bruno und Liesl Frank lebten wieder auf, aber es kam auch zu neuen Bekanntschaften: Thomas Mann und Arnold Schönberg begegneten sich 1938 in Pacific Palisades auf einer Soiree bei Vicki Baum, trafen sich aber erst 1940 im Haus von Salka Viertel wieder. 1942 stellte Hanns Eisler Brecht und Schönberg einander vor. Der Kreis der Emigranten war überschaubar, das Beziehungsnetz dicht. So teilten sich die Haushalte Brecht, Horkheimer, Adorno, Eisler und Kortner zeitweise ein Dienstmädchen. Der Autor und Filmcutter Albrecht Joseph arbeitete als Sekretär im Büro des European Film Fund ebenso wie für Emil Ludwig, Franz Werfel, Thomas Mann und Bruno Frank, hatte eine Affäre mit Bruno Walters Tochter Lotte, heiratete in erster Ehe Lella Simon, die spätere Frau des Komponisten Franz Waxman, und danach Alma Mahler-Werfels Tochter Anna.

Man traf sich zum Tee, zum Abendessen im kleinen Kreis, der zum Dessert oder danach oft noch erweitert wurde, und zu großen Gartenfesten. Man spielte Tennis und nutzte den Swimmingpool, dabei durchaus nicht ohne die Skrupel, in einer Zeit, in der Millionen ermordet wurden, und trotz der Sorge um Angehörige oder Freunde in Europa, die verzweifelt auf Visa warteten oder die man bereits deportiert hatte, in einem Paradies wie Pacific Palisades zu leben – »aber das Wasser etwa nicht zu genießen oder die Sonne auszusperren, hätte Hitlers Opfern auch keine Hilfe gebracht«,[24] fand Albrecht Joseph. Gerne schlug man die Zeit mit den beliebten Scharaden tot, von allen nur »The Game« genannt, bei denen selbst Thomas Mann gerne mitriet. Ob er es ablehnte, sich pantomimisch zu betätigten, wie manche behaupteten, oder darin sogar brillierte, so andere, sei dahingestellt. Höhepunkte des gesellschaftlichen Lebens waren sorgfältig arrangierte Geburtstagspartys, an deren Einladungsliste wochenlang gefeilt worden war. »Eine der schönsten Facetten des Hollywood-Lebens unserer Emigration ist die Herzlichkeit, mit der Geburtstage gefeiert werden. Sie sind nicht nur Meilensteine der Zeit in dem ausgesprochen zeitlosen Dasein hier, sie sind auch die Anlässe, aus denen die Kolonie sich ihrer Zusammengehörigkeit erinnert – fast die einzigen Anlässe«,[25] meinte Berthold Viertel.

So versammelten sich zur Nachfeier von Heinrich Manns 70. Geburtstag am 2. Mai 1941 um festlich gedeckte Tischtennisplatten in Salka Viertels Haus 45 Personen, die schlemmten wie einst in Deutschland: Es gab Schildkrötensuppe, Forellen à la meunière, Medaillons vom Milchkalb- und vom Rinderfilet in Burgundersauce, dazu Pommes frites und Spargel in Mayonnaise. Vermutlich war dieser Abend der letzte Höhepunkt in den von Einsamkeit und zunehmender Verarmung geprägten Exiljahren Heinrich Manns. Die förmlichen Ansprachen der beiden Brüder Mann dauerten zwar so lange, dass das Fleisch des Hauptgangs längst übergart war, »doch alle waren hungrig, und niemand stieß sich daran«, so Salka Viertel.

Einst war das Verhältnis der Geschwister durch eine erbitterte Konkurrenz bestimmt gewesen. Zunächst war der 1871 geborene Heinrich, der sich mit Romanen wie PROFESSOR UNRAT und DER UNTERTAN als einer der besten Satiriker des Wilhelminischen Zeitalters erwiesen hatte, der Prominentere gewesen, dann hatte ihn der jüngere Bruder überflügelt. Schon früh hatte sich der seine Homosexualität sublimierende Thomas über die hemmungslose Erotik des das pralle Leben genießenden Heinrich echauffiert. Auch über ihre divergierende politische Einstellung hatten sich die beiden entzweit und waren sich jahrelang aus dem Weg gegangen. Doch nun im Exil hing Heinrich Mann, dessen Ruhm verblasst war, rührend an dem sich seiner herausragenden Stellung bewussten Bruder.

»Bruno Franks und Lion Feuchtwangers Reden waren kurz und heiter. Das Dessert wurde serviert und verschwand rasch, es war die *pièce de resistance,* meine Schokoladentorte, ›eine Spezialität des Hauses‹. Gegen Ende des Diners stand Marta Feuchtwanger auf, erhob ihr Glas und brachte einen Toast aus ›auf die Frau, die Heinrich Mann das Leben gerettet hat. Sie zog die Dornen aus seinen blutigen Händen und trug ihn praktisch auf ihren Armen über die Pyrenäen. Sie erfüllte uns alle mit Mut.‹ Es war wunderbar von Marta, das zu sagen, denn niemand von den Sprechern hatte daran gedacht, Nelly zu erwähnen. Sie wurde rot und verbarg ihr Gesicht in den Händen, als wir sie umdrängten, um mit ihr anzustoßen, und dann deutete sie plötzlich, schreiend vor Lachen, auf ihr rotes Samtkleid, das aufgeplatzt war, und man sah ihren vollen Busen in einem Spitzenbüstenhalter.«[26]

Nelly Mann, die »schreckliche Trulle«,[27] war für Thomas Mann ein permanentes Ärgernis: »Grässliches Benehmen von Heinrichs Weib«,[28] notierte er in sein Tagebuch, oder: »Desolate Aufführung des Weibes.«[29] Und Katia regte sich darüber auf, dass ihre Schwägerin »in trunkenem Zustand überall randaliert«.[30] Zwar stand Nelly Mann mit ihrer Sucht in der

Familie keineswegs alleine da, auch Thomas Manns Tochter Erika trank oft zu viel, deren Bruder Klaus war drogensüchtig, Thomas Mann selbst tablettenabhängig, doch die Toleranz gegenüber Nelly war geringer und wurde sicher nicht größer, als man sie am 26. Februar 1942 wegen Trunkenheit am Steuer verhaftete. Nach einer Nacht auf dem Polizeirevier durfte sie gegen eine Kaution in Höhe von 250 Dollar nach Hause – Geld, das die Manns erst hatten auftreiben müssen. Um diese geliehenen 250 Dollar zurückzahlen zu können, verpfändete Nelly sämtliche Möbel, ja sogar die Gardinen. Zehn Tage später verurteilte man sie zu einer Freiheitsstrafe von 60 Tagen auf Bewährung, zwei Wochen darauf erhielt sie wieder einen Führerschein auf Probe, nach weiteren vier Wochen eine ordentliche Fahrlizenz. Nicht nur, dass für Heinrich Mann Nellys ständige Chauffeurdienste unverzichtbar waren, sie war auch zur Ausübung ihrer verschiedenen Jobs darauf angewiesen. Mal verdingte sie sich in einer Wäscherei, mal fuhr sie Milch aus, um dann wieder Geld als Nachtwache in einem Krankenhaus zu verdienen. »Meine Frau arbeitet, davon müssen wir essen«,[31] erklärte Heinrich Mann.

Am 10. November 1943 streifte Nelly einen entgegenkommenden Pontiac und sollte deshalb am 7. Januar vor Gericht erscheinen. Hätte man festgestellt, dass der Unfall unter Alkoholeinfluss verursacht worden war, wäre zur neuen Strafe auch die zur Bewährung ausgesetzte hinzugekommen. Drei Tage vor der Anhörung wurde Nelly Mann bewusstlos ins General Hospital eingeliefert. Sie hatte sich mit Schlaftabletten das Leben nehmen wollen. Es war nicht ihr erster derartiger Versuch, und es sollte nicht der letzte bleiben. Am 17. Dezember 1944 fand Heinrich Mann seine Frau bewusstlos im Schlafzimmer. Ein Krankenwagen soll mit der moribunden Nelly von Hospital zu Hospital geschickt worden sein, so erzählte man sich in der Emigrantenkolonie, »weil der abgerissene alte Mann, der die Sterbende begleitet, so wenig Vertrauen erweckend – oder sollte man sagen: kreditwürdig – aussah«.[32] Als sie schließlich doch noch Aufnahme in einer Klinik gefunden hatte, starb sie an Atemlähmung. Thomas Mann kam notgedrungen für die Beisetzung »von Heinrichs unglücklicher Frau, die ihm viel Schaden getan«,[33] auf.

Die Nachfeier zu Döblins 65. Geburtstag organisierte Helene Weigel. 180 illustre Gäste versammelten sich am 14. August 1943 im El Pablo Rey Playhouse, einem mietbaren Theater- und Kinosaal in Santa Monica, um den vereinsamten und verarmten Dichter zu ehren, darunter Lion Feuchtwanger, Leopold Jessner und Thomas Mann. Heinrich Mann hielt die Begrüßungsansprache, Eduard Steuermann spielte Musik von Hanns Eisler, Arnold Schönberg und Ernst Toch, Friedrich Hollaenders Ex-Frau Blandine Ebinger sang Berliner Chansons, Alexander Granach, Fritz Kortner und Peter Lorre lasen aus Döblins Büchern. Ludwig Hardt erheiterte das Publikum unfreiwillig, als er bei seiner Rezitation von Kleists Gebet des Zoroaster in der Bitte, er möge fähig sein, die Torheiten und Irrtümer seiner Gattung zu übersehen, versehentlich das Wort »Gattung« durch »Gattin« ersetzte – die meisten Gäste wussten, dass Döblin gerade mit seiner Frau das Wochenende in Hardts Haus in Pacific Palisades verbracht hatte.

»und am schluss hielt döblin eine rede gegen den moralischen relativismus und für feste maße religiöser art, womit er die irreligiösen gefühle der meisten feiernden verletzte. ein fatales gefühl ergriff die rationaleren zuhörer«,[34] notierte der Besucher Brecht. Döblin, der 1912 in Berlin aus der jüdischen Gemeinde ausgetreten war, hatte 1941 die katholische Taufe empfangen, aber seine Konversion bis dato verheimlicht, vielleicht, weil er seine Freunde nicht irritieren wollte, vielleicht aus Solidarität mit den Verfolgten in Nazideutschland, vielleicht, weil er in den USA abhängig von finanziellen Zuwendungen jüdischer Organisationen war. Tatsächlich empfand

Brecht es geradezu als Verrat, dass sein Freund und Vorbild sich vom Atheismus lossagte und damit die Basis der gemeinsamen Lebens- und Weltanschauung verließ. Zum Befremden der Festgäste bekannte Döblin, er sei am Aufstieg Hitlers mitschuldig geworden, »weil ich nicht Gott suchte«.[35] Es kam zum Eklat, einige Gäste verließen die Feier, ohne sich zu verabschieden.

Ohnehin war das Exil in Pacific Palisades nicht nur von Freundschaft, Anerkennung und Respekt geprägt. Weniger Begüterte nahmen beispielsweise Anstoß am ostentativen Luxusleben Erich Maria Remarques, und wohl nirgends im Exil war die Disproportion der Lebensstile größer als im kleinen Pacific Palisades, wo mit Mann, Feuchtwanger, Ludwig und Baum vier der wirtschaftlich Erfolgreichsten lebten. Bruno Frank störte sich an dem herzlichen Verhältnis Feuchtwangers zu Brecht, gegen den er eine unüberwindliche Abneigung empfand. Brecht wiederum verkehrte zwar mit Heinrich Mann, konnte aber dessen jüngeren Bruder Thomas nicht ausstehen, den er als politisch opportunistischen Repräsentanten einer bürgerlichen Welt verachtete. Er nannte Thomas Mann »das reptil«[36] und dessen Joseph »die enzyklopädie des bildungsspießers«,[37] stichelte aber auch gegen Adorno, obwohl er mit diesem regelmäßig verkehrte, und lästerte über »den doppelclown horkheimer und pollock«.[38] Bruno Frank, Erich Maria Remarque und Marlene Dietrich waren ihm ebenso fern wie der fromm gewordene Franz Werfel, den er als den »heiligen frunz von hollywood«[39] schmähte und sich darin ausnahmsweise mit Thomas Mann einig war, der ebenfalls über den Katholizismus Werfels spöttelte. Hanns Eisler bezeichnete gegenüber Brecht Schönbergs Musik despektierlich als die »etablierung der milchmädchenrechnung in der musik«.[40] Katia Mann fand, Schönberg sei »kein sonderlich gewinnender Mensch«, mochte dessen Frau Gertrud »gleich gar nicht«, welche es allerdings »auch nicht grad leicht mit ihrem tyrannischen Mann«[41] habe, und meinte, Alma Mahler-Werfel, die »immer zu viel süße Liköre« trinke, sei »von Natur her ziemlich bös«.[42] Emil Ludwig sprach »sehr giftig«[43] von Thomas Mann, was Ludwig Hardt diesem sogleich hinterbrachte.

»Törichter Mensch«,[44] notierte wiederum Thomas Mann knapp in sein Tagebuch, nachdem er Emil Ludwig begegnet war, den er in den 30er-Jahren mehrmals in der Schweiz besucht hatte, mit dem er aber nun in Pacific Palisades den Umgang mied. Der promovierte Jurist Emil Ludwig, 1881 in Breslau als Sohn des Augenarztes Hermann Ludwig Cohn, eines liberal gesinnten, assimilierten Juden, geboren, hatte schon 1905 seine bürgerliche Karriere in der Firma seines Onkels, des durch den Handel mit Stein- und Braunkohle zu großem Wohlstand gelangten Fritz von Friedlaender-Fuld, zugunsten einer eher bohèmehaften Existenz als Poet aufgegeben. Er war 1906 gemeinsam mit seiner Frau Elga ins schweizerische Moscia übergesiedelt, ganz in die Nähe des Monte Verità, der seit der Jahrhundertwende nackte Sonnenanbeter, okkultistische Scharlatane und Edelanarchisten anzog, Prototypen künftiger Hippies und Ökofreaks, die sich von rohem Obst und Gemüse ernährten, wallende Gewänder oder ein »Luftkleid«, also gar nichts, trugen, barfuß bis an den Hals Beete jäteten, nackt turnten und tanzten.

War Ludwigs Dichtung zunächst ohne große Resonanz und er ohne nennenswerte Einkünfte geblieben, bescherte ihm in den 20er-Jahren die Hinwendung zur »Historischen Belletristik« Erfolg, also zu mit ausgeprägtem Sinn für wirksame Szenen und eine spannende Komposition verfassten Biografien berühmter Künstler und Staatsmänner. Seine anekdotenreichen, vom Grundzug der Verehrung bestimmten Porträts von Goethe, Rembrandt, Napoleon, Kaiser Wilhelm II., Otto von Bismarck, Abraham Lincoln, Michelangelo oder Heinrich Schliemann waren Welterfolge, erreichten sensationelle Auflagen und wurden in zwei Dutzend Sprachen übersetzt. Dabei war Emil Ludwig, der seine Arbeiten scharf vom historischen Roman abgrenzte, eher Psychograf als Biograf – als der er sich verstand – oder gar Geschichtsschreiber. »Ich hatte nie den Ehrgeiz, neue Quellen zu finden, vielmehr den, mithilfe der allbekannten die Gestalten neu und so plastisch zu formen, dass der Mann auf der Straße sie zu sehen glaubt«, hatte Ludwig, der seinen positiv verstandenen Dilettantismus von Goethe ableitete, erklärt. »Was ist schöner, als vor allem die Jugend durch Beispiele großer Männer anzuregen und ihr zu zeigen, dass alle nur Menschen waren und alle dieselben Hemmungen und Schwierigkeiten, Verwirrungen und Leiden durchmachen mussten und doch die Gipfel erreichten! Nur, wer statt olympischer Halbgötter den menschlichen Charakter, also den Kampf des Genius mit sich selber aufzeigt, spornt die Jugend zur Nacheiferung an.«[45]

Seinen Ruhm als Publizist mehrte Ludwig durch Interviews mit Stalin, dem er im Dezember 1931 mutig die Schonungslosigkeit vorwarf, mit der dieser gegen Feinde vorging. Ein Jahr später brachte er durch eine kluge Gesprächsführung Mussolini dazu, sich als faschistischen Caesar zu präsentieren. »Emil Ludwig hats nicht leicht«, konstatierte Kurt Tucholsky 1932. »Er müsste eigentlich ein Rundschreiben an seine Kritiker schicken: ›Entschuldigen Sie bitte, dass ich so viel Erfolg habe.‹«[46] 1933 wurden auch Emil Ludwigs Bücher von den Nazis ins Feuer geworfen: »Gegen Verfälschung unserer Geschichte und Herabwürdigung ihrer großen Gestalten, für Ehrfurcht vor unserer Vergangenheit!«[47] Als er 1936 die Schrift DER MORD VON DAVOS über den jüdischen Studenten David Frankfurter, der ebendort Wilhelm Gustloff, den Leiter der Schweizer Landesgruppe der NSDAP, erschossen hatte, verfasste, schäumte Joseph Goebbels nach der Lektüre:

»Da kann man zum Antisemit werden, wenn man es nicht schon ganz und gar wäre. Diese Judenpest muss ausradiert werden.«[48]

Nach dem »Anschluss« Österreichs 1938 und dem Beginn des Zweiten Weltkriegs 1939 fühlte sich Ludwig, der schon in den 20er-Jahren als Repräsentant eines »anderen«, eines europäisch geprägten Deutschlands gegolten hatte, angesichts einer möglichen deutschen Invasion auch in der Schweiz nicht mehr sicher und emigrierte nach Kalifornien, zunächst nach Montecito bei Santa Barbara, dann lebte er in Beverly Hills und ließ sich 1942 schließlich in Pacific Palisades nieder. Er bezog zunächst jenes eigenartig verwinkelte Haus am Amalfi Drive 701, in dem zuvor Aldous Huxley gelebt hatte (heute steht dort ein Bau aus dem Jahr 1965), 1944 übersiedelte er in ein zweigeschossiges, zehn Jahre zuvor errichtetes Haus in der Grenola Street 303. Der gastfreundliche Emil Ludwig lud insbesondere Musiker wie Ernst Toch und Eric Zeisl zu sich ein, die dann am Piano vierhändig Wiener Walzer spielten, verkehrte sporadisch mit Bruno Frank, mit dem er sich allerdings schon 1941 zerstritt, und mit Lion Feuchtwanger, doch scheint er sich in keinen der diversen Zirkel wirklich integriert zu haben. Und obwohl er als äußerst großzügig galt und vielen pekuniär schlechter gestellten Menschen half, begegnete man ihm selten mit Sympathie.

»Emil Ludwig war ein sehr sensitiver, feingebildeter, begabter Mensch, persönlich liebenswürdig und amüsant, aber all diese vortrefflichen Eigenschaften waren umschlossen von einer Kruste von Schmockerei, die ihn schließlich unausstehlich machte«,[49] heißt es in den Erinnerungen Albrecht Josephs. »[…] ein sehr gehemmter, etwas angetrunkener, subalterner, aber mit dem ›funken‹ versehener mensch, völlig gesinnungslos, unoriginell, aber dem originellen ausgeliefert, töricht, aber die weisheit schätzend«,[50] lautete Brechts wenig schmeichelhaftes Urteil.

»Schauerlich berührt von dem schwindenden Rechtssinn in diesem Land«

Neben solchen Animositäten und ausgiebigem Tratsch – Thomas Mann und Fritzi Massary etwa plauderten über »[Arturo] Toscaninis geschlechtliche Aktivität mit 82 Jahren«[1] – gab es auch ernsthafte Konflikte. Die Fragen, ob es eine Kollektivschuld der Deutschen gebe und wie es nach dem Ende des Krieges mit Deutschland weitergehen solle, entzweiten die Exilgemeinde. Erbittert führte man die Diskussion um *hard peace* oder *soft peace*. Am 1. August 1943 traf man sich bei Salka und Berthold Viertel in Pacific Palisades, um über eine Stellungnahme zur Gründung des Nationalkomitees Freies Deutschland in der Sowjetunion zu diskutieren, eine Angelegenheit offenbar nur für Männer: Während sich im ersten Stock des Hauses Heinrich und Thomas Mann, Lion Feuchtwanger, Ludwig Marcuse, Bruno Frank, der seit 1938 an der University of California lehrende Philosoph und Physiker Hans Reichenbach, Bertolt Brecht und der Hausherr Berthold Viertel berieten, unterhielten sich im Parterre Salka Viertel, Liesl Frank, Sascha Marcuse, Marta Feuchtwanger, Elisabeth Reichenbach und Helene Weigel. Die Akteure in der oberen Etage entwarfen und unterzeichneten eine Erklärung, die die Notwendigkeit betonte, »scharf zu unterscheiden zwischen dem Hitlerregime und den ihm verbundenen Schichten einerseits und dem deutschen Volke andererseits«,[2] und in der man sich zuversichtlich zeigte, dass nach dem Krieg ein demokratisches Deutschland aufgebaut werden könne. Dass Thomas Mann tags darauf die Unterschrift mit »katzenjammer«,[3] wie Brecht kolportierte, telefonisch zurückzog, da er nicht wolle, dass sich die Deutschen allzu leicht von der Kriegsschuld distanzieren könnten, erboste Brecht.

Mann hatte drei Jahre lang gezögert, bevor er sich 1936 zum Kampf gegen das nationalsozialistische Deutschland entschlossen hatte. Nun nutzte er alle publizistischen Möglichkeiten, Franklin D. Roosevelt und dessen Politik zu unterstützen und seinen Beitrag zum *war effort* der Alliierten zu leisten. Vier Jahre lang richtete sich Mann, dem das Deutsche Reich die deutsche Staatsangehörigkeit als »Volksschädling« aberkannt hatte, in der monatlichen Radiosendung »Deutsche Hörer« an seine einstigen Mitbürgerinnen und Mitbürger in Deutschland und nahm, meist im NBC-Studio am Hollywood Boulevard, mehr als 50 Ansprachen »zur Erregung innerdeutschen Widerstands«[4] auf. Bereits im September 1941 sprach er von den Verbrechen gegen »Polen und Juden«, im November erwähnte er erstmals »Massen-Vergasungen«, im Juni 1942 konfrontierte er die Zuhörenden mit dem »viehische[n] Massenmord von Mauthausen«.[5]

Der Aufschrei der Weltöffentlichkeit blieb aus, und so konstatierte Mann am 10. April 1943 in seinem Tagebuch ernüchtert: »Die Abschlachtung der Juden hat allgemeinen Beifall, stößt mindestens auf Gleichgültigkeit.«[6] Anders als viele Exilierte sah er seine Heimat Deutschland mit den Augen der Opfer der deutschen Aggression. Die Bombardierung seiner Geburtsstadt Lübeck in der Nacht auf den 29. März 1942 durch die Royal Air Force hielt er angesichts der Zerstörung Coventrys durch die deutsche Luftwaffe für gerecht und hatte »nichts einzuwenden gegen die Lehre, dass alles bezahlt werden muss«.[7] Und am 18. Juli 1944 notierte Mann: »Die Zeitung über die Bombardements von München mit 6000 Toten u. 100 000 Obdachlosen, Vernichtung des Braunen Hauses, des Justizpalastes etc. – Kann Gefühle der Genugtuung nicht unterdrücken.«[8]

Während die einen Mann vorhielten, er mache Stimmung für einen *soft peace,* nannten ihn die anderen einen Vansittartisten. Das war durchaus als rufschädigender Vorwurf intendiert. Dem frankophilen und germanophoben, 1941 zum Lord erhobenen englischen Diplomaten Sir Robert Gilbert Vansittart, der die Schuld am Zweiten Weltkrieg nicht allein bei den Nationalsozialisten, sondern auch bei den Deutschen in der Zeit vor Hitlers Machtergreifung suchte, warf man »antideutschen Rassismus« vor und unterstellte ihm, er halte die Deutschen aufgrund ihrer aggressiven Natur und ihres kriegerischen Charakters für unheilbar. »Der Deutsche [...] war immer der Barbar, der Bewunderer des Krieges, der Feind – heimlich oder offen – der Menschenfreundlichkeit, des Liberalismus und der christlichen Zivilisation«,[9] hatte Vansittart 1941 geschrieben. »Es gibt nicht zwei Deutschland, ein böses und ein gutes, sondern nur eines, dem sein Bestes durch Teufelslist zum Bösen ausschlug«,[10] meinte Thomas Mann. Nach allem, was geschehen sei, könnten »der Fall und die Buße gar nicht tief genug«[11] sein. Vor allem Bertolt Brecht attackierte den von ihm ohnehin nicht geschätzten Kollegen heftig, nicht allein mit seinem satirischen Gedicht ALS DER NOBELPREISTRÄGER THOMAS MANN DEN AMERIKANERN UND ENGLÄNDERN DAS RECHT ZUSPRACH, DAS DEUTSCHE VOLK FÜR DIE VERBRECHEN DES HITLERREGIMES ZEHN JAHRE LANG ZU ZÜCHTIGEN.[12]

Am 7. Mai 1945 notierte Mann angesichts der deutschen Niederlage: »Es ist nicht gerade Hochstimmung, was ich empfinde. [...] bis jetzt fehlt es an jeder Verleugnung des Nazitums, jedem Wort, dass die ›Machtergreifung‹ ein fürchterliches Unglück, ihre Zulassung, Begünstigung ein Verbrechen ersten Ranges war. Die Verleugnung u. Verdammung der Taten des Nationalsozialismus innen und außen, die Erklärung, zur Wahrheit, zum Recht, zur Menschlichkeit zurückkehren zu wollen – wo sind sie? Die alberne Zerrissenheit der Emigration, der neidische Hass auf mich und meine Haltung kommen hinzu, die Freude niederzuhalten. – Eine gewisse Genugtuung ist das physische Überleben.«[13] Knapp zwei Monate später zeigte er sich doch erschüttert »von den Verfügungen über Deutschland. Die unsinnige Vergrößerung Polens bis zur Oder. Die Massen-Dislozierung ins verengerte Land, in an orderly and decent way. Die Reduzierung auf einen Agrarstatus (bei Abtrennung der Haupt-Agrargebiete) mit etwas harmloser Industrie für den Selbstgebrauch. Beabsichtigt wahrscheinlich die Reduzierung der Bevölkerung auf 40 oder so Millionen. Nichts davon noch überraschend, aber als definitiver Plan doch chockant.«[14] Auch gegen eine mögliche Teilung Deutschlands sprach er sich aus. Am 17. Dezember 1945 unterzeichnete Mann, wenn auch »nicht ganz leichten Herzens«,[15] einen Aufruf, der für eine behutsame Politik gegenüber dem von Hunger und Wirtschaftschaos bedrohten Deutschland eintrat.[16] Er selbst betonte mehrfach, er hege keine Absicht, die USA jemals wieder zu verlassen.

Der gesundheitlich schwer angeschlagene Emil Ludwig, im Gegensatz zu Thomas Mann tatsächlich ein überzeugter Vansittartist, war zu dieser Zeit bereits nach Deutschland gereist und hatte sich dort als Erstes nach Weimar begeben, wo er die verschollenen Särge Goethes und Schillers wiedergefunden hatte. Ansässig wurde er aber, wie schon bis 1939, in Moscia im Tessin und verfasste dort seine Altersmemoiren. Einen deutschen Verleger dafür zu finden, gelang dem einst erfolgsverwöhnten, inzwischen nahezu verarmten Autor bis zu seinem Tod 1948 nicht mehr. In jenem Jahr kehrte Erich Maria Remarque, der bereits 1942 aus dem wenig geliebten Los Angeles nach New York übergesiedelt und 1947 amerikanischer Staatsbürger geworden war, in das benachbarte Porto Ronco zurück, wo er, ab 1958 verheiratet mit der Schauspielerin Paulette Goddard, der Ex-Frau Charles Chaplins, bis zu seinem Tod 1970 lebte.

Nicht nur Filmschaffende wie Billy Wilder oder Otto Preminger hatten sich in den USA beruflich etabliert und betrachteten diese als neue Heimat. Für Ludwig Marcuse, seit 1944 US-Bürger, begann ein neuer Lebensabschnitt, als er 1945 eine Professur an der University of Southern California für deutsche Literatur und Philosophie erhielt: »Bis 1945 lebte ich noch in Deutschland, wenn auch meine Adresse Beverly Hills, Kalifornien, war.« Nun erst begann Marcuse, der vor allem in Emigrantenkreisen verkehrt, auf Deutsch geschrieben und fast ausschließlich Deutsch gesprochen hatte, intensiv Englisch zu lernen. 1949 besuchte er erstmals nach 16 Jahren Deutschland, obgleich er die dort weitverbreitete kritische Haltung gegenüber der Emigration scharf ablehnte: »Die dümmste deutsche Wendung der Jahre nach 1945 lautete: Wir hätten in einer Loge gesessen und mit dem Opernglas das ferne Schauspiel genossen. Wir sahen allerdings mit einem sehr scharfen Glas die, welche so was später verbreiteten; sie lebten vom geplünderten Europa.«[17] Erst nach seiner Emeritierung 1959 zog er mit seiner Frau ins oberbayerische Bad Wiessee.

Leonhard Frank, der 1945 überraschenderweise die Filmrechte seines Romans Karl und Anna an MGM hatte verkaufen können, verließ »die ewig besonnte, lebensferne Hölle von Hollywood«,[18] um sich frei von finanziellen Sorgen in New York seiner schriftstellerischen Tätigkeit zu widmen. 1950 nach Deutschland remigriert, musste der einstige Auflagenmillionär allerdings desillusioniert erkennen, dass er dort weitgehend in Vergessenheit geraten war.

Auch Alma Mahler-Werfel, die 1946 eingebürgerte Witwe des 1945 verstorbenen Franz Werfel, übersiedelte 1951 nach New York. Als sie an Diabetes erkrankte, erklärte die Antisemitin, sie könne unmöglich an einer solch jüdischen Krankheit leiden, trank entgegen ärztlichen Rat weiterhin ihre tägliche Flasche süßen Bénédictine und vereinsamte zusehends, nicht nur wegen ihrer annähernden Taubheit, sondern wohl auch wegen ihres komplizierten Charakters.

Seit dem Tod Präsident Roosevelts und dem Ende des Krieges prägte im Angesicht des sich anbahnenden Kalten Krieges zwischen den Westmächten und der Sowjetunion die *Red Scare,* die »Rote Angst«, das Land. Lauter als jemals zuvor blies man zum Sturm auf das reanimierte »rote Gespenst«. Eine emotional aufgeladene, geradezu hysterische Kommunistenhatz begann. Joseph McCarthy, ein Bauernsohn aus Wisconsin, der ehrgeizig und mit Gespür für die Ängste der Nachkriegszeit in einer einzigartigen Karriere zu einem der mächtigsten US-Senatoren aufstieg, vermutete selbst im Weißen Haus sowjetische Agenten. Nach erfolgreicher Säuberung der Amtsstuben gerieten die amerikanischen Kunstschaffenden und Intellektuellen ins Fadenkreuz des vom erzkonservativen Republikaner J. Edgar Hoover geradezu diktatorisch und quasi als autonome Behörde geführten Federal Bureau of Investigation, ebenso die Exilierten.

Über Lion Feuchtwanger hatte die Bundespolizei bereits im November 1940 ein Dossier angelegt, nicht zuletzt wegen seines Besuchs bei Stalin im Jahr 1937. Er wurde vom FBI überwacht und mehrfach verhört, Briefe und Telegramme wurden abgefangen, sämtliche Kontobewegungen registriert. Anwohnerinnen und Anwohner des dünn besiedelten Paseo Miramar meldeten dem FBI die Nummern der Autos, die vor seinem Haus parkten. Marta Feuchtwanger soll mit Helene Weigel am Telefon stundenlang Rezepte aus einem polnischen Kochbuch ausgetauscht haben, um die Lauscher des FBI zu irritieren, das nicht nur die Gespräche der Brechts abhörte, penibel alle Besuche notierte und die Post kontrollierte, sondern auch den Hausmüll durchwühlte.

Bespitzelt wurden nahezu alle Exilierten, auch Thomas Mann, über den ein Nachbar aber nichts Schlimmes zu berichten wusste, außer dass er arrogant sei und zu allen Tages- und Nachtzeiten Besuch empfange, und seine Tochter Erika, die wiederum selbst dem FBI ihre Mitarbeit zur Enttarnung faschistischer Spione angeboten hatte. Klaus Mann war allein schon wegen seiner allgemein bekannten »sexual perversion«[19] suspekt. 1948 wohnte er mit seinem Liebhaber Harold – der Nachname bleibt in den Tagebüchern und Briefen ungenannt – eine Zeit lang in einem Apartment im nahen Amalfi Drive 395 und unternahm dort am 11. Juli einen ersten Suizidversuch.

Als Bertolt Brecht am 30. Oktober 1947 vor dem House Committee on Un-American Activities, einem Untersuchungsausschuss des Repräsentantenhauses, der die angebliche Infiltration der amerikanischen Gesellschaft durch Kommunisten unter die Lupe nahm, erscheinen musste, erklärte er, er habe nie einer kommunistischen Partei angehört, saß tags darauf im Flugzeug nach Paris und betrat niemals wieder die ungeliebten Staaten. Auch Helene Weigel, die seit Kriegsende unermüdlich Pakettransporte an befreundete Menschen in Deutschland und Österreich organisiert hatte, war froh, heimkehren zu können. Kurz nach Brecht reiste sie gemeinsam mit Tochter Barbara per Schiff nach Europa; nur deren Bruder Stefan, durch seinen Militärdienst amerikanischer Staatsbürger geworden, blieb in den USA.

Hanns Eisler wurde vom 24. bis 26. September 1947 in Washington verhört. Auf die Frage, ob er Mitglied der Kommunistischen Partei gewesen sei, antwortete Eisler, er habe sich zwar um die Mitgliedschaft beworben, »aber ich vernachlässigte die ganze Angelegenheit«. Als der Vorsitzende daraufhin feststellte: »Dann ist Ihre Antwort, Sie waren niemals ein Mitglied der Kommunistischen Partei?«, antwortete Eisler: »Ja – das ist nicht korrekt. Ich möchte korrekt sein. Sie können das so auffassen, dass ein Mann, der sich bewarb beizutreten, es war.« – »Waren Sie Mitglied?« – »Nicht im eigentlichen Sinn.«[20] Ähnlich untersuchte man drei Tage lang auch sämtliche in den Augen des Ausschusses verdächtigen künstlerischen Tätigkeiten Eislers und verhörte Zeugen.

1898 als jüngster Sohn des Wiener Privatdozenten Rudolf Eisler, eines Nachfahren des berühmten Prager Rabbi Loew, der der Legende nach den Golem erschaffen hatte, in Leipzig geboren, war Hanns Eisler von 1919 an in Wien Schüler Arnold Schönbergs gewesen, der ihn vier Jahre lang unentgeltlich unterrichtet hatte. Doch bald hatte Eisler Schönbergs Musik als L'art pour l'art kritisiert und sich zum Ziel gesetzt, einen einzigartigen proletarischen Musikstil zu schaffen, der sich deutlich von der elitären und in seinen Augen bourgeoisen Avantgarde absetzen sollte. Von 1925 an hatte Eisler in Berlin gelebt und als wohl wichtigster Komponist der Agitprop-Bewegung neuartige Chorwerke, politische Kampflieder und ab 1927 auch Filmmusik komponiert. 1928 hatte er erstmals einen Text von Bertolt Brecht vertont und war 1930, nach dessen Entfremdung von Kurt Weill, sein engster Mitarbeiter geworden.

1933 war Eisler über die Tschechoslowakei und Frankreich nach London emigriert, 1935 hatte ihn ein Lehrauftrag für Musikgeschichte und Komposition nach New York an die New School for Social Research gebracht. Nach Aufenthalten in Spanien und bei Brecht in Dänemark war er am 21. Januar 1938 gemeinsam mit seiner zweiten Frau Lou, der ungarischen Adligen Louise Anna Gosztonyi von Abalechota, abermals in die USA eingereist und hatte erneut an der New School gelehrt.

Sein Kampf um ein Dauervisum für die USA glich einer Odyssee: Der ausgebürgerte, also staatenlose Eisler beantragte im März 1938 beim amerikanischen Konsulat in Havanna ein *immigrant visa,* doch die Ausfertigung ließ auf sich warten, da die US-Behörden dem Konsulat in Havanna mitteilten, dass Eislers Anschauung »antifaschistisch und prokommunistisch« und er »nicht tragbar für ein Immigrant Visa«[21] sei; immerhin wurden die Besuchervisa der Eislers verlängert. Auf Initiative der einflussreichen Journalistin Dorothy Thompson protestieren zahlreiche prominente Persönlichkeiten bei den Behörden, doch nicht einmal eine Intervention von Eleanor Roosevelt half. Nachdem die Besuchervisa endgültig abgelaufen waren, ordnete man am 2. März 1939 die Ausweisung der Eislers an, gab aber immerhin zweimal ihren Gesuchen statt, die Ausreisefrist zu verlängern. Wieder setzten sich Prominente für den Komponisten ein, schließlich unterstützte der mexikanische Präsident Lázaro Cárdenas del Río, nachdem ihn Telegramme mit Bitten von Albert Einstein, Thomas Mann, Ernest Hemingway und anderen erreicht hatten, eine Gastprofessur Eislers am Konservatorium von Mexico City und gewährte dem Ehepaar die Einreise. In Mexiko erhielten die Eislers am 7. September 1939 neue Besuchervisa für zwei Monate, kehrten zurück in die USA, verließen diese jedoch nicht fristgerecht und lebten illegal in New York.

Als am 17. Juli 1940 ein Haftbefehl wegen Passvergehens erlassen wurde, entzogen sie sich durch Flucht nach Mexiko. Letztlich gelang es ihnen auf dem US-Konsulat in Mexicali, endlich *non quota visa* zu erhalten, wie sie beispielsweise Wissenschaftler bekommen konnten, um den Lehrauftrag einer amerikanischen Universität zu erfüllen, vermutlich, weil der zuständige Vizekonsul nichts von den bisherigen Schwierigkeiten der Eislers wusste und es versäumte, die Akten durchzusehen. Dennoch verweigerte man ihnen in Calexico die Einreise. Hanns Eisler wurde verhört und festgehalten, schriftlich legte er beim Berufungsausschuss der Obersten Einwanderungsbehörde in Washington Protest ein, dem am 16. Oktober endlich stattgegeben wurde. So konnten Hanns und Lou Eisler am 22. Oktober wieder amerikanischen Boden betreten und nach New York fahren, acht Tage später wurden die Haftbefehle zurückgenommen.

Im April 1942 reiste Eisler zunächst ohne seine Frau nach Los Angeles, um dort nach Arbeitsmöglichkeiten Ausschau zu halten, Mitte August übersiedelte auch Lou Eisler zu ihrem Mann, und die beiden bezogen eine Wohnung in Brentwood. Durch die Vermittlung Brechts erhielt Eisler den Auftrag, die Musik zu Fritz Langs Anti-Nazi-Drama HANGMEN ALSO DIE zu komponieren, die ihm 1944 eine erste Oscar-Nominierung einbringen sollte. Die Gage ermöglichte es den Eislers im Februar 1943, eine 1928 erbaute und mit 575 Quadratmetern äußerst geräumige Villa im Amalfi Drive 1650 in Pacific Palisades zu mieten, in der für kurze Zeit auch die Feuchtwangers gewohnt hatten. Im Jahr darauf bezogen sie ein mit gut 380 Quadratmetern Wohnfläche immer noch komfortables Haus weiter südlich im Amalfi Drive 689, in dem ebenfalls schon die Feuchtwangers gelebt hatten, später übersiedelten sie ins benachbarte Malibu.

Schon seit 1943 durch das FBI überwacht, wurde Hanns Eisler, inzwischen ordentlicher Professor an der University of Southern California, 1947 in die antikommunistische Hetzjagd gegen seinen Bruder Gerhart Eisler mit hineingezogen. Anlass war nicht zuletzt die Verleumdung durch ihre Schwester, die ehemalige KPD-Vorsitzende Ruth Fischer, die sich zur radikalen Gegnerin Stalins entwickelt hatte – bei den Eislers herrschten ähnliche familiäre Beziehungen wie in Shakespeares Königsdramen, meinte Chaplin. Gerhart Eisler, am 4. Februar 1947 wegen eines Passvergehens festgenommen, auf Ellis Island interniert, dann in New York inhaftiert und schließlich gegen eine Kaution in Höhe von 20 000 Dollar auf freien Fuß gesetzt, wurde beschuldigt, als Agent einer ausländischen Macht führend für den kommunistischen Umsturz in den USA gearbeitet zu haben. Es folgten Verurteilung, Entlassung, abermals die Verhaftung und ein erneutes Verhör. Als er

1949 fünf Jahre Haft zu erwarten hatte, gelang es Gerhart Eisler, als blinder Passagier auf einem polnischen Schiff nach Großbritannien zu entkommen und über Prag in die DDR zu reisen, wo er später Mitglied des Zentralkomitees werden sollte.

Unzählige Medienberichte beschäftigten sich 1947 nicht nur mit Gerhart Eisler, sondern auch mit seinem jüngeren Bruder, obwohl sich Letzterer in den USA nie politisch betätigt hatte. »Unser Leben ist sehr unangenehm geworden. Seit Monaten kann Hanns das Radio nicht anmachen, ohne idiotische Geschichten entweder über Gerhart oder über sich selbst zu hören«, heißt es in einem Brief Lou Eislers an einen Freund in London. »Hanns ist in diesem Lande zum Monster, zum Ausgestoßenen, zum subversiven Charakter geworden, wie Du weißt, ist das Land ohnehin mit Hass gegen die Roten überflutet.«[22]

»Erschüttert durch die Nachricht, dass H. Eißler auf Verfügung des Department of Justice, das der Empfehlung des Un-American Committee stattgegeben, verhaftet und nach Deutschland deportiert werden soll«, notierte Thomas Mann am 3. Oktober 1947 in sein Tagebuch. »Schauerlich berührt von dem schwindenden Rechtssinn in diesem Land, der Herrschaft fascistischer Gewalt. Nervöse Träume von Protest, Anklage und Selbstopfer, das aber zweifellos töricht wäre und mir nicht gedankt werden würde.«[23] Die Hilfsaktion zahlreicher Prominenter, die sich zum National Committee for Justice for Hanns Eisler formierten, brachte keinen Erfolg, das Justizministerium verfügte trotz öffentlicher Proteste, unter anderem von Thomas Mann, Charles Chaplin und Albert Einstein, die Ausweisung Hanns Eislers und ein künftiges Einreiseverbot.

Am 28. Februar 1948 fand ein Abschiedskonzert in der New Yorker Town Hall statt, veranstaltet von Leonard Bernstein und Aaron Copland, am 26. März verließen Hanns und Lou

Eisler die USA und flogen nach Wien; Hausrat und Möbel waren wegen ihrer Steuerschulden beschlagnahmt worden. Ende Oktober 1948 vertonte Eisler in wenigen Stunden Johannes R. Bechers AUFERSTANDEN AUS RUINEN, die spätere Nationalhymne der am 7. Oktober 1949 gegründeten DDR, in welcher Eisler bis zu seinem Tod 1962 lebte. Dass der österreichische Staatsbürger im Juli 1953 betrunken in West-Berlin aufgefunden und von der Polizei an die Grenze gebracht wurde, schlachtete die westdeutsche Presse ebenso aus wie 1958 Peter Kreuders Klage auf Plagiat, in der er behauptete, Eislers Hymne sei seinem von Hans Albers interpretierten Filmschlager GOODBYE JOHNNY nachempfunden.

Heinrich Mann wollte sich ebenfalls in der jungen DDR niederlassen, die ihm 1949 den Nationalpreis verlieh und 1950 die Präsidentschaft der neu gegründeten Akademie der Künste antrug. Der Umzug aus Santa Monica nach Deutschland war bereits organisiert, als er an einem Schlaganfall starb.

Schon unmittelbar nach dem Ende des Krieges war als einer der ersten Exilanten Alfred Döblin zurückgekehrt, um sich am Aufbau eines demokratischen Deutschlands zu beteiligen; er wirkte als französischer Kulturoffizier bei der Militärregierung in Baden-Baden. Von 1953 bis 1956 lebte er in Frankreich. An Morbus Parkinson erkrankt, musste er sich immer häufiger in Kliniken behandeln lassen. Bei seinem Tod 1957 in Emmendingen waren viele seiner einst populären Bücher längst in Vergessenheit geraten.

Auch Max Horkheimer entschied sich 1950 zur Rückkehr nach Deutschland, bemühte sich aber zugleich, seine amerikanische Staatsbürgerschaft dadurch nicht zu verlieren. Tatsächlich unterzeichnete US-Präsident Harry S. Truman 1952 ein Gesetz, das Horkheimer deren Aufrechterhaltung trotz der dauerhaften Niederlassung in Deutschland zusicherte. Das Institut für Sozialforschung wurde 1950 mit Mitteln unter anderem der amerikanischen Militärverwaltung, der Stadt

Frankfurt und privater Sponsoren wieder errichtet, Horkheimer zum Dekan der Philosophischen Fakultät gewählt, im Jahr darauf als erster nicht getaufter Jude in der Geschichte Deutschlands zum Rektor. Ebenfalls 1951 wurde ein neues Institutsgebäude in der Senckenberganlage eröffnet, doch sei dies, so Horkheimer, keineswegs als Wiedergutmachung aufzufassen, »denn nichts war imstande wiedergutzumachen, was das verbrecherische nationalsozialistische System Deutschlands den Juden getan hatte«.[24] Seinem Exilland blieb Horkheimer verbunden, initiierte ein Austauschprogramm zwischen den Universitäten Frankfurt und Chicago und förderte Bildungsreisen für Studierende und Lehrende, damit diese das demokratische Bildungswesen der USA kennenlernten. Enttäuscht von der Entwicklung der Sowjetunion – »was unter Stalin geschehen ist, das […] ist so schlimm […] wie das, was unter Hitler geschehen ist«[25] –, trat er nicht länger für gesellschaftliche Veränderungen auf revolutionärem Weg ein, gehörte zu den Befürwortern der deutschen Wiederbewaffnung, der Gründung der Bundeswehr und sogar des Vietnamkriegs, ganz im Gegensatz zum noch immer radikal links eingestellten Herbert Marcuse, der die »brutale imperiale Weltmacht der USA«[26] brandmarkte.

Der im »Dritten Reich« verbliebene, nun medienwirksam den Begriff der Inneren Emigration für sich reklamierende Schriftsteller Frank Thiess hatte Thomas Mann schon 1945 vorgeworfen, er habe zum Thema deutsche Schuld nichts zu sagen, da die tatsächlich Emigrierten »der deutschen Tragödie« von den »Logen und Parterreplätzen des Auslands« zugeschaut hätten.[27] Zudem führte Thiess ins Feld, dass Mann, seit 23. Juni 1944 amerikanischer Staatsbürger, »juristisch gesehen […] nicht mehr Deutscher« und damit zwischen ihm und Deutschland »das Tischtuch zerschnitten« sei.[28] Zwar besuchte Thomas Mann die Deutsche Demokratische Republik ebenso wie die Bundesrepublik Deutschland, doch als er am 24. Juni 1952, vor allem, weil sich das politische Klima in den USA entscheidend verändert hatte, Pacific Palisades für immer verließ, zog er es vor, seine letzten Lebensjahre in der Schweiz zu verbringen.

Ebenfalls dorthin übersiedelte Salka Viertel. War Thomas Mann der auch in den USA berühmteste Repräsentant deutscher Kultur in Pacific Palisades gewesen, hatte sie zweifellos die wichtigste und einflussreichste Schlüsselposition in der kleinen Exiliertenkolonie eingenommen. Schon früh war Salka Viertel, die 1939 amerikanische Staatsbürgerin geworden war, als Gründungsmitglied der Anti-Nazi-League und wegen der »internationalen« Persönlichkeiten, die regelmäßig bei ihr verkehrten, ins Visier des FBI geraten. 1945 beantragte J. Edgar Hoover offiziell, die Mabery Road 165 überwachen zu dürfen: Die Post wurde geöffnet, das Telefon abgehört, die Nachbarschaft ausgefragt. Als Salka Viertel 1953 den schwerkranken Berthold Viertel, von dem sie 1948 nach 30 Jahren geschieden worden war, in Wien besuchen wollte, verweigerte man ihr einen Pass und befragte die Freundin Hanns Eislers und Charles Chaplins in Washington als *alledged Communist.* Erst nachdem sie einen hoch bezahlten Anwalt eingeschaltet hatte, erhielt sie die Papiere, doch da war Berthold Viertel bereits bestattet worden.

Die in jeder Hinsicht couragierte Salka Viertel, die zuvor den Regisseur Carlton Moss und seine weiße Frau bei sich aufgenommen hatte, obwohl Anwohnerinnen und Anwohner Unterschriften dagegen gesammelt hatten, dass sie »an Neger vermietete«,[29] verpachtete im April 1953 ihr Haus in Pacific Palisades an John Houseman, der es im folgenden Jahr erwarb. 1902 als Jacques Haussmann, Sohn eines jüdischen Elsässers und einer Britin, in Bukarest geboren, hatte er 1947 die Uraufführung von Brechts GALILEI produziert, von Joseph Losey inszeniert mit Charles Laughton in der Titelrolle, den Brecht bei Salka Viertel in der Mabery Road kennengelernt und mit dem er den englischen Text immer wieder überarbeitet hatte. Es dürfte ihn freilich verstimmt haben, dass Hedda Hopper in der *Los Angeles Times* von Laughtons Stück sprach und den Autor Brecht nicht einmal erwähnte. Zu den Premierengästen im nur 260 Personen fassenden Coronet Theatre in Hollywood hatten Ingrid Bergman, Charles Chaplin, Gene Kelly und Billy Wilder gehört, der Architekt Frank Lloyd Wright, der Komponist Igor Strawinsky und natürlich Salka Viertel. Die pendelte ab 1953 zwischen Europa und den Staaten und ließ sich 1960, von der breiten Öffentlichkeit weitgehend vergessen, im schweizerischen Klosters nieder, wo sie ihre letzten 18 Lebensjahre verbrachte, bis zuletzt regelmäßig besucht von ihrer Freundin Greta Garbo.

1952 erhielt Chaplin, unterwegs zur Londoner Weltpremiere seines Films LIMELIGHT, auf hoher See die Nachricht, dass er nicht wieder in die USA einreisen dürfe. Im selben Jahr erlebte Feuchtwanger mit GOYA seinen größten kommerziellen Erfolg; der Roman wurde vom Book-of-the-Month-Club ausgewählt und in 24 Sprachen übersetzt. Und ebenfalls 1952 wurde sein letztes Theaterstück WAHN ODER DER TEUFEL IN BOSTON unter dem Titel DELUSION OR THE DEVIL IN BOSTON in Los Angeles aufgeführt, vor Zuschauern wie Thomas und Katia Mann, Aldous Huxley und Christopher Isherwood; den gleichen, im Jahr 1692 in Salem angesiedelten Stoff sollte später Arthur Miller im Drama THE CRUCIBLE bearbeiten.

Man interpretierte Feuchtwangers Theaterstück als aktuelle Kritik an der Verfolgung der Intellektuellen durch das House Committee on Un-American Activities, das seinen Blick längst auch auf ihn gerichtet hatte: Bereits am 5. Mai 1941, genau zwölf Wochen nachdem sie in Nogales eingereist waren, hatten der 1933 aus Deutschland ausgebürgerte Lion und Marta, der die deutsche Staatsangehörigkeit 1936 aberkannt worden war, erstmals die *Petition for Naturalization* ausgefüllt, also die US-Staatsbürgerschaft beantragt. Eine Entscheidung wurde jedoch immer wieder hinausgezögert, Feuchtwanger vom FBI engmaschig überwacht. Um seine Akte kümmerte sich Senator Richard Nixon – der spätere US-Präsident zeigte brennendes Interesse daran, dass der vermeintliche Kommunist nicht eingebürgert werde. In den Jahren 1957 und 1958 fanden in Feuchtwangers Villa in Pacific Palisades mehrere, zum Teil mehrtägige »Gespräche« statt, die natürlich vielmehr Befragungen waren, geführt von Mitarbeitern des INS, des eng mit dem FBI kooperierenden Immigration und Naturalization Service. Ein letztes Mal verhörte man den krebskranken Feuchtwanger, der kurz zuvor eine schwere Operation überstanden hatte, am 20. Oktober 1958. Zwei Monate darauf starb er im Mount Sinai Hospital in Los Angeles nach 18-jährigem Exil als Staatenloser. 40 Tage später, am 30. Januar 1959, wurde seine Witwe Marta eingebürgert.

Ronald Reagan spielt Helden, Henry Miller Pingpong und Jakob Gimpel Klavier

Wenige Tage nachdem Thomas Mann, nicht zuletzt weil Senator McCarthy die USA zu einem Überwachungs- und Denunziantenstaat machte, Pacific Palisades für immer verlassen hatte, ließ sich im Juli 1952 in einem Cape-Cod-Stil-Haus im Amalfi Drive 1258, keine zehn Gehminuten von Manns Anwesen im San Remo Drive entfernt, ein B-Movie-Schauspieler nieder. Offiziell noch immer Demokrat, war er zu Beginn der McCarthy-Ära nach rechts gedriftet und soll von 1947 bis 1952, als Hollywood auf »antiamerikanische Umtriebe« durchleuchtet wurde, unter dem Decknamen T-10 mindestens sechs Schauspielerkollegen ans FBI verraten haben: Ronald Reagan. »[…] es wurde mir allmählich klarer, dass Josef Stalin sich vorgenommen hatte, Hollywood in eine Propagandamaschine für sein sowjetisches Expansionsprogramm zu verwandeln, um die ganze Welt kommunistisch zu machen«,[1] heißt es in seinen 1990 erschienenen Memoiren. »Aber ich musste feststellen, dass viele ›Liberale‹ einfach nicht akzeptieren konnten, dass Moskau Böses im Schilde führte, oder dass es Hollywood und viele andere Industrien durch Unterwanderung erobern wollte, oder dass Stalin ein mörderischer Gangster war. Für sie war der Kampf gegen den Totalitarismus eine ›Hexenjagd‹ und ›Kommunistenfresserei‹.«[2]

1911 in der 700-Seelen-Gemeinde Tampico im Bundesstaat Illinois als Sohn eines Schuhverkäufers geboren, hatte Reagan seinen Lebensunterhalt in jungen Jahren als Rettungsschwimmer und Radio-Sportkommentator bestritten, 1932 seinen Bachelor in Wirtschaft und Soziologie gemacht und war 1937 nach Hollywood gekommen, wo Warner Bros. dem 1,85 Meter großen, breitschultrigen, blauäugigen, mit einer sanften, vollen Stimme gesegneten Nachwuchsschauspieler ohne fundierte Ausbildung nicht nur eine Chance, sondern gleich einen Siebenjahresvertrag gaben. Er übernahm einige Hauptrollen in mediokren Filmen sowie im Footballtrainer-Biopic KNUTE ROCKNE. ALL AMERICAN, in dem er den Footballspieler George Gipp gab, musste sich ansonsten mit Nebenrollen begnügen, wurde zur Air Force einberufen, kam aber wegen seines beeinträchtigten Sehvermögens nicht an die Front, sondern drehte rund 400 Trainingsfilme für die Armee.

Im Oktober 1947 lud das House Committee on Un-American Activities eine Reihe von Personen vor, die in der Filmindustrie arbeiteten. Ziel der Verhöre war es, sämtliche links oder auch nur liberal angehauchte Filmschaffende aus Hollywood zu vertreiben. Als Erster bezeugte Walt Disney, dessen rassistische und antisemitische Neigungen kein Geheimnis waren und der 1938 trotz eines von der Hollywood Anti-Nazi-League initiierten Hollywoodboykotts die im »Dritten Reich« hofierte Leni Riefenstahl empfangen hatte, dass die Bedrohung durch Kommunisten in der Filmindustrie ernst sei, und denunzierte mehrere Personen, die für ihn gearbeitet hatten. Am 25. Oktober 1947, fünf Tage vor dem Verhör Bertolt Brechts, erklärte Ronald Reagan, seit 1947 Präsident der Screen Actors Guild, dass eine kleine Clique innerhalb seiner Gewerkschaft kommunistische Taktiken anwende, um deren Politik zu steuern, er jedoch nicht wisse, ob diese Mitglieder, deren Namen er zumindest in diesem Verhör verschwieg, Kommunisten seien.

Disney und Reagan gehörten wie Robert Taylor und Gary Cooper zu den »freundlichen« Zeugen, die man von den »unfreundlichen« Zeugen unterschied, welche sich unter Berufung auf den ersten Zusatzartikel der amerikanischen Verfassung, der die Freiheit der politischen und weltanschaulichen Meinung und das Recht auf Geheimhaltung schützt, weigerten, Auskunft über ihre politische Gesinnung zu geben. Im Verlauf der »Hollywood Hearings« wurden die sogenannten »Hollywood Ten«, neun Drehbuchautoren und ein Regisseur, wegen Missachtung des Kongresses zu Gefängnisstrafen verurteilt. Zahlreiche weitere Personen wurden aus oftmals nicht nachvollziehbaren Gründen auf schwarze Listen gesetzt, darunter auch die Schauspielerin Nancy Davis. Sie bat den Gewerkschaftspräsidenten Reagan um Hilfe – es stellte sich heraus, dass sie das Opfer einer Verwechslung war – und wurde am 4. März 1952 dessen zweite Frau. »Pacific Palisades [war] zu jener Zeit noch eine erschwingliche und ruhige Wohngegend. [...] Niemand konnte verstehen, warum wir so weit fortzogen – ›aufs Land‹, wie man damals meinte.«[3]

Als sich die Kinokarriere Reagans, der noch bis 1964 für insgesamt 53 Filme vor der Kamera stand, allmählich dem Ende zuneigte, wurde er 1954 *spokesman,* also Botschafter, der auf eine Firmengründung Thomas Alva Edisons zurückgehenden General Electric Company. Er tourte durchs Land, hielt Reden in Firmenniederlassungen und Produktionsstätten und moderierte die jeden Sonntagabend ausgestrahlte Fernsehreihe GENERAL ELECTRIC THEATER, in deren Zentrum die Adaption eines Romans, einer Kurzgeschichte oder eines Theaterstückes stand, besetzt mit Gaststars wie Fred Astaire, Bette Davis, James Dean, den Marx Brothers oder James Stewart und oftmals auch mit Reagan selbst, in der aber auch über Düsentriebwerke berichtet oder mit Gästen über die Zukunft der Elektrizität diskutiert wurde. Einen Werbeclip für die Sendung drehte man in Reagans im Januar 1957 bezogenen 443 Quadratmeter großem Haus im San Onofre Drive 1669 in Pacific Palisades, das als General-Electric-Musterhaus wegweisend sein sollte. 90 Stromkreise versorgten alle nur denkbaren elektrischen Apparaturen. »Sie statteten uns mit so vielen Kühlschränken, Backöfen und schicken Lampen aus – ganz zu schweigen von dem eingebauten Müllschlucker –, dass sie an einer Wand eine spezielle Schalttafel für all die Kabel und Schalter anbringen mussten«,[4] so Nancy Reagan. Innovativ waren aber vor allem energiesparende Steuerungen von Klimaanlage, Heizung, Innen- und Außenbeleuchtung, und so wurde ausgerechnet Reagan zum Pionier ökologisch verträglicheren Wohnens.

1962 trat Ronald Reagan der Republikanischen Partei bei. Vier Jahre später wurde er, im Wahlkampf unter anderem von John Wayne und Walt Disney unterstützt, zum Gouverneur des Flower-Power-Staats Kalifornien gewählt. Bei der Präsidentschaftswahl am 4. November 1980 gewann er haushoch gegen den bisherigen Amtsinhaber Jimmy Carter und wurde am 20. Januar 1981 als 40. und mit 69 Jahren damals ältester Präsident der Vereinigten Staaten vereidigt, 1984 wiedergewählt. Während fast drei Jahrzehnten war Ronald Reagan zumindest aus amerikanischer Sicht der berühmteste Einwohner von Pacific Palisades, stolz spannte man 1980 das Banner »Welcome to Pacific Palisades – Home of our 40th President« auf, obschon das Viertel bis heute als Hochburg der Demokraten gilt; bei den Präsidentschaftswahlen 2020 sollte Joe Biden 76 Prozent der Stimmen erzielen.

1982 verkauften die Reagens ihr Haus im San Onofre Drive, dessen weiteres Schicksal typisch für das zur Schlafstatt der Hollywood-Elite auf- oder vielleicht auch abgestiegene Pacific Palisades ist: Nachdem es 2013 für fünf Millionen Dollar abermals den Besitzer gewechselt hatte, wurde es in eine protzige, 1115 Quadratmeter große Residenz verwandelt, die unter dem Namen The Riviera White House für 33 Millionen auf den Markt kam. Inkludiert waren nicht nur ein mit Kaschmir ausgekleideter Fernsehraum, eine mit 25 000 Pfauenfedern dekorierte Toilette, eine Autogarage mit integrierter Bar und ein 2000 Flaschen fassender Weinkeller, sondern auch eine alte Duschtür samt Messingtafel mit der Aufschrift: »An dieser Stelle duschte in der Wahlnacht am 4. November 1980 der ehemalige kalifornische Gouverneur Ronald Reagan, seine Frau Nancy nahm ein Bad. Das Telefon klingelte, und Nancy antwortete. Sie reichte ihrem Mann das Telefon, und als Wasser über ihn floss, hörte er Jimmy Carters Stimme: ›Mr Reagan? Herzliche Glückwünsche. Sie sind Präsident der Vereinigten Staaten.‹«[5]

Doch kehren wir zurück in die 1950er-Jahre. Dass das damals rund 10 000 Einwohner zählende Pacific Palisades auch nach seiner Zeit als »neues Weimar unter Palmen« ein intellektuelles und künstlerisches Zentrum blieb, verdankte es unter anderem der Huntington Hartford Foundation. George Huntington Hartford II., 1911 geboren, hatte mit zwölf Jahren 90 Millionen Dollar geerbt, was heute knapp anderthalb Milliarden entspricht. Seine Familie war vermögend geworden durch die Great Atlantic and Pacific Tea Company, die besser unter dem Kürzel A&P bekannte größte Lebensmittelmarktkette der Welt mit zeitweise 16 000 Läden. So besaß er die Möglichkeit, ein mitunter extravagantes Leben als Philanthrop, Kunstsammler, Bühnen- und Filmproduzent zu führen. Der in seinem Geschmack nicht sehr elaborierte Milliardär, der Mozart für überschätzt, Margaret Mitchells GONE WITH THE WIND für den größten amerikanischen Roman und abstrakte Malerei für eine Gefahr für die Menschheit hielt, gründete das Huntington Hartford Theater in Hollywood, ein grafologisches Institut und ein eigenes Kunstmuseum in New York. Er kaufte auch eine New Yorker Zeitung und versuchte sich mit Frack und Rolls-Royce als Lokalreporter oder erwarb eine Insel der Bahamas, von der er mehrere Tonnen Sand ins 7000 Kilometer entfernte London fliegen ließ, um damit den Ballsaal des Savoy-Hotels für ein Wohltätigkeitsfest zu dekorieren. Um durch Stipendien die gemeinschaftliche Kreativität in der Kunst zu fördern, rief er im Dezember 1948 die Huntington Hartford Foundation ins Leben und installierte in Pacific Palisades eine 1951 eröffnete Künstlerkolonie als Rückzugsort für Malende, Bildhauende, Schreibende und Komponierende.

Das dafür erworbene, ursprünglich mit einem von Stacheldraht gekrönten Maschendrahtzaun umgebene Gelände im Rustic Canyon war von Legenden umwoben, deren Ursprung man vermutlich beim Arnold-Schönberg-Schüler John Vincent suchen muss, der 1953 bis 1965 der Huntington Hartford Foundation vorstand. Unter dem Einfluss eines mutmaßlichen deutschen Spions namens Schmidt, über den man aber weiter nichts zu berichten wusste, sollten die früheren Besitzer namens Winona und Norman Stephens ab 1933 vier Millionen Dollar investiert und die Murphy-Ranch zur autarken Nazikommune ausgebaut haben, in der man sich mit paramilitärischen Übungen auf den Krieg vorbereitet und den Sieg der Deutschen über die USA erhofft habe. Tatsächlich hatten der in Pasadena wohnhafte Ingenieur Norman F. Stevens, Sohn eines Anstreichers aus Maine, und seine Frau Winona, Tochter des wohlhabenden Chicagoer Fabrikbesitzers Arthur J. Bassett, unter dem Pseudonym »Jessie M. Murphy, widow« am 28. August 1933 ein 20 Hektar großes Areal erworben und unter anderem ein Doppelgenerator-Kraftwerk, einen 90000-Liter-Heizöltank, einen durch neu erschlossene Quellen versorgten, 1,6 Millionen Liter fassenden Wasserspeicher und einen Luftschutzbunker erbauen lassen sowie einfache Unterkünfte über einer Betongarage. Den Auftrag, ein vierstöckiges Herrenhaus mit zentraler Halle, Speise-, Gesellschafts- und 22 Schlafräumen zu errichten, hatte 1939 ausgerechnet der berühmte afroamerikanische Architekt Paul R. Williams erhalten.

»Sie mögen Nazis gewesen sein, aber sie waren Nazis mit Geschmack«,[6] kommentierte sieben Jahrzehnte später der

Lokalhistoriker Randy Young. Diese Pläne waren jedoch nie ausgeführt worden, denn am 8. Dezember 1941, einen Tag nach dem japanischen Angriff auf Pearl Harbor, soll die örtliche Polizei das Gelände besetzt und mehrere Personen festgenommen haben, darunter jenen ominösen Herrn Schmidt; Akten sind allerdings keine zu eruieren. Auch ob es einen Zusammenhang mit dem weißen Hakenkreuz gab, das 1938 in Pacific Palisades in der heutigen Latimer Road 29 an die Haustür des jüdisch-englischen Schriftstellers und ehemaligen Rabbiners Lewis Brown geschmiert worden war, konnte nie geklärt werden.

Das Gelände des Ehepaares Stevens jedenfalls ging mit benachbarten weiteren 40 Hektar Land in den Besitz der Huntington Hartford Foundation über, und der Architekt Frank Lloyd Wright jr., der Sohn Frank Lloyd Wrights, des Pioniers der organischen Architektur, entwarf ein gutes Dutzend weit genug voneinander entfernt stehender Cottages sowie ein Zentralgebäude mit Speisesaal und einen riesigen Swimmingpool. Zu den ersten Gästen zählte Christopher Isherwood, den der Filmproduzent und Publizist Frank Taylor bat, wie unter anderem schon seine Schriftstellerkollegen Speed Lamkin und Robert Penn Warren, dem Kuratorium der Stiftung beizutreten. Doch schon bald gelangte Isherwood zur Überzeugung, die Auswahl der Fellows werde zu sehr von Klatsch und persönlichen Vorlieben beeinflusst, und störte sich überdies an den strengen Regeln, die der in jeglicher Hinsicht konservative Hartford implementiert hatte. Rauchen war ebenso verboten wie der Gebrauch von Autos, Telefongespräche mussten auf maximal drei Minuten beschränkt werden, Kindern war es untersagt, das Gelände zu betreten, und niemand durfte ohne vorherige Genehmigung Besuch über Nacht empfangen. Als 1952 ein Autor dagegen verstieß und deshalb sein Stipendium verlor, zog sich Isherwood aus dem Stiftungskuratorium zurück.

Zu den rund 400 Fellows gehörten im Lauf der Jahre der Literaturkritiker Mark Van Doren, der Poet Byron Herbert Reece, seine Kollegin Jean Starr Untermeyer, der Bildhauer Robert Cremean und die Malerin Bena Frank Mayer, Max Eastman, einst Freund Trotzkis und dessen Übersetzer ins Englische, nun aktiver Unterstützer Harry S. Trumans, Van Wyck Brooks, 1937 für sein Werk THE FLOWERING OF NEW ENGLAND mit dem Pulitzerpreis für Geschichte ausgezeichnet, sowie der Maler George Biddle, ein Kindheitsfreund von Präsident Franklin D. Roosevelt, der die sozialreformerischen Ideen des New Deal in Wandgemälden und Fresken festgehalten hatte. Edward Hopper malte 1957 in Pacific Palisades an seinem berühmten Ölgemälde WESTERN MOTEL, das eine in einem sonnendurchfluteten Hotelzimmer neben gepackten Koffern wartende Frau zeigt und als Sinnbild für das Lebensgefühl der US-amerikanischen Gesellschaft zwischen Mobilität und Anonymität, Fortschrittsglaube und Melancholie der Einsamkeit gilt.

Auch der einst als Wunderkind gefeierte Komponist Lukas Foss war in der Foundation kreativ. 1922 als Sohn des deutsch-jüdischen Philosophen Martin Fuchs in Berlin geboren, war er 1933 mit seiner Familie nach Frankreich, 1937 in die USA emigriert und hatte bei Paul Hindemith an der Yale University studiert. 1953 wurde er als Nachfolger Arnold Schönbergs Professor an der University of California, Los Angeles. Sogar dreimal war Ernst Toch zu Gast, der hier an der die Shoah thematisierenden Kantate VANITY OF VANITIES, ALL IS VANITY und an der 1956 mit dem Pulitzerpreis ausgezeichneten SYMPHONY NO. 3 arbeitete, Eric Zeisl, der 1938 aus Wien nach Paris, im September 1939 in die USA emigriert war, immerhin zweimal, in den Sommern 1957 und 1958, den beiden letzten vor seinem Tod – »es war die glücklichste Zeit, die Eric jemals erlebte«,[7] meinte rückblickend seine Witwe Gertrud.

Zeisl traf dort unter anderem auf seine Komponistenkollegen Ingolf Dahl und Roy Harris. Dahl, 1912 als Sohn eines deutsch-jüdischen Vaters und einer schwedischen Mutter in Hamburg geboren, war 1933 in die Schweiz, 1938 in die USA emigriert. Auch der 1898 im Bundesstaat Oklahoma geboren Harris, dessen SYMPHONY NO. 3 aus dem Jahr 1938 bis heute ein fester Bestandteil des amerikanischen Repertoires ist, besaß einen unmittelbaren Bezug zur deutschsprachigen Emigration, war doch sein engster Mitarbeiter für einige Jahre Walter Arlen gewesen, der aus Wien in die USA geflohen war: »Am 14. März 1939 – einen Tag, bevor mein Visum ablief. Es war ein Glück, dass ich weg bin. Es ist überhaupt ein Wunder, dass ich lebe. Ich habe mich als Repräsentant von sechs Millionen ermordeten Juden gesehen – einer, der zufällig nicht ermordet wurde. […] Diese Tragödie hat mein ganzes Leben belastet – mein Vater war in zwei KZs, meine Großmutter wurde in Treblinka ermordet, mein Cousin hat sich später erschossen, meine Mutter hat Selbstmord begangen. Während des Krieges musste ich sie bewachen, sie wollte vom Dach springen. […] 1947 war ich dann zum ersten Mal in Santa Monica, wo bereits mein Großvater, ein Onkel und eine Tante lebten. Sie boten mir sogleich an, bei ihnen zu wohnen. Aber von 1947 bis 51 bin ich als Assistent von Roy Harris herumgezogen wie ein Zigeuner, durch Colorado, Utah, Tennessee, ich war sein Reisegefährte, habe seine Partituren ins Reine geschrieben. […] Natürlich war vieles in Amerika ein großes Glück, aber das schließt das Unglück ja nicht aus. Es hat seit 1938 keine Minute mehr gegeben, in der ich völlig frei hätte lachen können. Wenn man nicht tot ist – was ich ja nicht bin –, dann ist man doch verwundet, von einer inneren Verzweiflung besessen. Immer gibt es eine Nostalgie für das, was man verloren hat, und für das, was man nie leben konnte. Das steckt alles in meiner Musik.«[8]

1965, ein Jahr nachdem sich Roy Harris ganz in Pacific Palisades niedergelassen hatte – er lebte bis zu seinem Tod 1979 im Tellem Drive 1200 –, stellte die Huntington Hartford Foundation den Betrieb ihrer Künstlerkolonie ein, deren Gebäude nach dem großen Mandeville-Canyon-Buschfeuer vom Oktober 1978, das 30 Häuser in Pacific Palisades und Brentwood zerstört hatte, aufgegeben wurden.

Die in Kalifornien fast jährlich auftretenden Lauffeuer bildeten und bilden eine ständige Gefahr. Das von den trockenen Santa-Ana-Winden auf Pacific Palisades zugetriebene sogenannte Bel-Air-Fire, eines der schlimmsten in der Geschichte von Los Angeles, hätte im November 1961 beinahe die Villa Auroa vernichtet; das Feuer wütete schon am anderen Ende der Lucero Avenue. Marta Feuchtwanger wässerte das glücklicherweise nicht mit Holz, sondern Ziegeln gedeckte Dach, auf das heiße Asche flog. Der alarmierte Bibliothekar der Universität, Martas Gärtner und ihre schon für Lion Feuchtwanger tätige Sekretärin Hilde Waldo trugen die wertvollsten Bücher zu einem Lastwagen, der sie abtransportierte. Sämtliche benachbarten Liegenschaften waren bereits evakuiert worden, halb Pacific Palisades drohte ein Raub der Flammen zu werden. Als endlich auch die bis zum letzten Moment ausharrende Marta Feuchtwanger die Feuerwehr anrufen und sich abholen lassen wollte, drehte der Wind. 500 Villen in der Umgebung waren abgebrannt, die Villa Aurora war zwar von Löschwasser überschwemmt und beschädigt, aber vom Feuer verschont worden.

Zu den kulturgeschichtlich bedeutsamsten Palisadians zählte der 1889 in London geborene Philosoph und Anthropologe Gerald Heard, der 1937 zusammen mit seinen Freunden Aldous und Maria Huxley in die USA übergesiedelt war und neben philosophischen Schriften auch Kriminalromane veröffentlichte. 1939 hatte er den Ramakrishna-Mönch Swami Prabhavananda kennengelernt, den Gründer der Vedanta

Society of Southern California, hatte unter dessen Leitung das Studium von Vedanta begonnen, einer der populärsten Richtungen der indischen Philosophie, ganz entscheidend Aldous Huxley und Christopher Isherwood beeinflusst und war sozusagen zu ihrem spirituellen Paten geworden. 1942 stiftete er das Trabuco College, ein geistiges Zentrum 120 Kilometer südlich von Los Angeles, das 1949 in den Besitz der Vedanta Society of Southern California gelangte und aus dem schließlich das Ramakrishna-Kloster hervorging.

Heard wohnte bis Anfang der 1960er-Jahre im Gartenhaus von Margaret Gage im Spoleto Drive 545; nur zwei Häuser entfernt lebte Felix Weil, der einstige Finanzier des Frankfurter Instituts für Sozialforschung, der nun als Vizepräsident der California Riviera Home Owners Association amtierte, welche sich unter anderem darum kümmerte, dass keine hässlichen Carports die exklusive Wohngegend verschandelten. 1955 experimentierte Heard als einer der ersten mit LSD, dem 1938 von Albert Hofmann in Basel synthetisierten Lysergsäurediethylamid. Er wurde ein ebenso leidenschaftlicher Fürsprecher bewusstseinserweiternder Drogen wie Aldous Huxley, dem seine zweite Frau Laura am 22. November 1963, fast zur gleichen Zeit, als Lee Harvey Oswald Präsident John F. Kennedy erschoss, ebenfalls zwei Schüsse setzte: Sie spritzte dem Moribunden LSD und bescherte ihm so »den schönsten Tod«.[9]

Das Designerpaar Charles und Ray Eames bezog 1949 ein selbst entworfenes Haus im Chautauqua Boulevard 205, einen inmitten eines Eukalyptuswäldchens stehenden gradlinigen Bau aus schwarz lackierten Doppel-T-Stahlträgern und Glasscheiben, die von farbigen Rechtecken durchbrochen werden, welche unweigerlich an die Bilder Mondrians denken lassen. Ausgestattet war es jedoch keineswegs so kühl minimalistisch, wie man vermuten könnte. Die Eamesens dekorierten ihr Heim üppig mit Textilien, Steinen, Pflanzen, Spielzeug und

Volkskunst aus aller Herren Länder. Sie blieben bis an ihr Lebensende – Charles starb 1978, Ray zehn Jahre später – im sogenannten Case Study House Nr. 8 wohnen, das als ein Meisterwerk der Moderne, als eine Architekturikone gilt und ebenso großen Einfluss auf die Entwicklung der modernen Architektur hatte wie ihre Sitzgelegenheiten auf die Welt des Möbeldesigns. Ihr bekanntester Stuhl ist heute vermutlich der Plastic Chair, eine einteilige, körpergerecht geformte Sitzschale aus fiberglasverstärktem Polyesterharz, die 1950 als erster seriell hergestellter Kunststoffstuhl der Möbelgeschichte auf den Markt kam. Der berühmte Eames Lounge Chair, der 1956 in Produktion ging und heute auch in Deutschland als Statussymbol in vielen gut situierten Haushalten steht, entstand übrigens auf Anregung eines österreichischen Emigranten, des eng mit dem Ehepaar befreundeten Regisseurs Billy Wilder.

Im Viertel Castellammare lebte und arbeitete von 1953 bis zu seinem Tod 1973 auch der Maler Stanton Macdonald-Wright, der 1912 den Synchromismus mitbegründet hatte, die erste amerikanische Avantgarde-Kunstbewegung überhaupt, welche auf der Idee beruhte, dass Farben in einem Gemälde wie die Noten in einer Symphonie arrangiert werden und dieselben komplexen Empfindungen wie Musik hervorrufen können. Macdonald-Wrights »Synchromien«, die rhythmische Farbformen mit fortschreitenden und reduzierenden Farbtönen verwenden, gehörten zu den ersten abstrakten Gemälden in der amerikanischen Kunst. 1890 in Charlottesville im Bundesstaat Virginia geboren, hatte Macdonald-Wright in Paris studiert und sich mit Picasso, Chagall und Matisse befreundet, hatte seine synchromistischen Bilder 1913 erst in München, dann in Paris und 1914 in New York ausgestellt und war 1918 nach Los Angeles übergesiedelt, 1942 hatte er begonnen, an der University of California, Los Angeles zu lehren. Stanton Macdonald-Wright schuf unter anderem Wandmalereien für die Los Angeles City Hall und die Santa Monica Library – und sein Haus in Pacific Palisades, das er, inspiriert vom Zen-Buddhismus und fernöstlicher Kunst, errichten ließ. Hier stellte er das Synchrome Kineidoskop fertig, einen Projektor für farbiges Licht, an dem er bereits 1913 mit Morgan Russell und zuletzt mit dem deutschen Emigranten Oskar Fischinger gearbeitet hatte.

1963 kaufte Henry Miller, einer der umstrittensten Literaten des 20. Jahrhunderts, geschmäht als »Schmuddelkönig«,[10] eine zweistöckige weiße Villa mit beheizbarem Swimmingpool im Ocampo Drive 444. 1891 in New York als Sohn aus Deutschland stammender Eltern geboren, stand der Autor der Trilogie Sexus, Plexus und Nexus und des Romans Quiet Days in Clichy seit der längst überfälligen amerikanischen Erstveröffentlichung des 1934 entstandenen, stark autobiografisch gefärbten erotischen Werks Tropic of Cancer im Jahr 1961 auf dem Zenit seines Ruhms. Von immer mehr Fans belagert, meist frühen Hippies, die Miller und seine Werke für ihre Lebensphilosophie vereinnahmten, floh er aus Big Sur nach Pacific Palisades, wo er, 1966 bis 1977 in fünfter Ehe mit der 46 Jahre jüngeren japanischen Nachtclubsängerin Hiroko »Hoki« Tokuda verbunden, bis zu seinem Tod 1980 wohnen bleiben sollte. Tropic of Cancer war zunächst als Pornografie eingestuft und verboten worden, doch nach mehreren Prozessen befand 1964 der Supreme Court, das oberste Gericht der USA, das Buch sei nicht obszön und der modernen Literatur zugehörig.

Miller propagierte nicht nur auf dem Papier eine von Zwängen und bürgerlichen Tabus befreite Lebensvorstellung, er überschritt auch im Leben die engen Grenzen der bestehenden gesellschaftlichen Moral. Aus heutiger Sicht völlig harmlos war, dass viele seiner zahlreichen Hausgäste nackt im Pool planschten, sich im Garten sonnten und Pingpong spielten. »Und hier kam unsere wettergegerbte Schaukel ins Spiel«, erinnerte sich Jahrzehnte später ein damaliges Nachbarskind. »Wenn man sich auf einem der kalten Metallsitze niederließ und kräftig Schwung holte, konnte man über die Zaunlinie schweben und einen Blick erhaschen. Gelegentlich sahen wir Mr Miller selbst im Wasser, aber er, das sei festgehalten, war nie nackt.«[11]

Miller unterhielt zahlreiche Beziehungen zu Emigrierten. Schon 1941, als er im nahen Beverly Glen gewohnt hatte, war er auf einer Party des Pianisten Jakob Gimpel Marta Feuchtwanger begegnet. »Sie faszinieren mich. Sie müssen mir mehr über sich erzählen«, soll er zu ihr gesagt haben. »Aber ich tat es nicht«, so Marta. »Da wurde er böse und machte eine obszöne Bemerkung. Ich ignorierte es. Ich war zu alt, um mich aufzuregen.«[12] Marta Feuchtwanger und Henry Miller hatten sich von da an aber des Öfteren getroffen, und sie beschrieb in ihren Erinnerungen, wie sehr sie sich amüsiert habe: Wie im Fasching habe sie sich mit ihm gefühlt, im Fasching in Pacific Palisades. Marta erzählte auch, dass Miller stets von ständig wechselnden hübschen jungen Frauen umgeben gewesen sei, oft Asiatinnen, »und einmal hatte er einen schönen jungen Griechen«.[13] 1943 hatte er die Drehbuchautorin Renée Nell kennengelernt und mit ihr intensiven und befruchtenden Gedankenaustausch gepflegt: Die Jugendliebe Adornos, geboren 1910 als Irmgard Auguste Beermann in Berlin, wurde später eine bedeutende Psychoanalytikerin, zu deren Patienten auch Leonard Bernstein zählte.

Zu Henry Millers engsten Freunden in Pacific Palisades gehörte in den 1960er- und 1970er-Jahren Jakob Gimpel, geboren 1906 im damaligen österreichischen Lemberg, dem heutigen ukrainischen Lviv. Ausgebildet von Alban Berg, war er 1938 nach Los Angeles emigriert und hatte sich zunächst mit Klavierstunden und Aufnahmen für die Filmstudios durchgeschlagen, unter anderem hatte er 1946 für den Bugs-Bunny-Cartoon RHAPSODY RABBIT die UNGARISCHE RHAPSODIE

Nr. 2 von Franz Liszt eingespielt, nach diesen Tonaufnahmen und Filmaufnahmen von Gimpels Händen waren dann die Klaviersequenzen des Zeichentrickfilms entstanden.

Unter den Prominenten, die Miller aufsuchten, befanden sich der britische Dichter Lawrence Durrell, Steve McQueen, Bob Dylan, Joan Baez, Norman Mailer, Warren Beatty und die Bestsellerautorin Erica Jong, er selbst bemühte sich gezielt um die Bekanntschaft weiblicher Hollywoodstars wie Ava Gardner, Kim Novak oder Elke Sommer.

An Zelebritäten herrschte und herrscht in Pacific Palisades, wo sich in den letzten Jahren Dan Aykroyd und Hilary Swank ansiedelten, beide am Paseo Miramar in Nachbarschaft der Villa Aurora, Jennifer Garner und Ben Affleck, Matt Damon, Matthew Perry, Bradley Cooper, Rihanna und The-Big-Bang-Theory-Erfinder Chuck Lorre, ohnehin kein Mangel. Das zeigt beispielhaft die Liste der Personen, die man für jeweils zwei Jahre zum rein repräsentativen *Honorary Mayor* ernannte. Zu ihnen gehörte 1953 Jerry Lewis, geboren 1926 im US-Bundesstaat New Jersey als Joseph Levitch, Sohn eines aus Russland emigrierten Unterhaltungssängers und Vaudeville-Darstellers. Er hatte seinen Durchbruch 1946 mit improvisierten Auftritten im Duo mit Dean Martin geschafft und sich dabei als Meister der physischen Comedy erwiesen, 1956 setzte er seine Karriere solistisch fort und wurde nicht zuletzt in Europa als künstlerischer Erbe Charlie Chaplins gefeiert. In Pacific Palisades wohnte er wie vor ihm schon Vicki Baum, Mercedes de Acosta, Hanns Eisler, Douglas Fairbanks, Lion Feuchtwanger, Cary Grant, Aldous Huxley, Christopher Isherwood, Emil Ludwig, Thomas Mann, David Niven, Luise Rainer, David O. Selznick, Rose Stradner und der Vater des klassischen Hollywood-Horrorfilms James Whale im Amalfi Drive, im Haus Nr. 1048. In späteren Jahren residierten allein an dieser promigesättigten Straße unter anderem Burt Bacharach, der Komponist von Songs wie The Look of Love und

Raindrops Keep Fallin' on My Head, die Schauspieler James Caan, Harvey Fierstein, John Goodman, Whoopi Goldberg, Goldie Hawn, Rita Moreno, Kurt Russell und Sylvester Stallone sowie der Regisseur Steven Spielberg. Zu Ehrenbürgermeistern kürte man unter anderen 1959 Mel Blanc, die Stimme der Zeichentrickfiguren Bugs Bunny und Daffy Duck, 1969 Peter Graves, 1977 Walter Matthau, 1986 Chevy Chase, 1988 Rita Moreno, 2000 Anthony Hopkins, 2002 Steve Guttenberg, 2018 Billy Crystal und 2021 Eugene Levy.

Dass auffallend viele davon Nachkommen jüdischer Immigrierter aus Deutschland, Österreich oder Osteuropa waren, ist kein Zufall. Nach dem Krieg zogen immer mehr Eingewanderte der zweiten Generation von der Atlantikküste und insbesondere aus dem Mittleren Westen nach Los Angeles, das sich nach Tel Aviv und New York zur Metropole mit der weltweit drittgrößten Zahl jüdischer Menschen transformierte; diese wuchs von 130 000 im Jahr 1941 auf 500 000 im Jahr 1980. Besonders deutlich veränderte sich das – trotz der Geflüchteten während des Zweiten Weltkriegs – noch bis Ende der 1960er-Jahre überwiegend methodistisch geprägte Pacific Palisades, dessen jüdischer Bevölkerungsanteil nun geradezu explodierte, symptomatisch begleitet von der Eröffnung von Mort's Deli an der Ecke von Sunset Boulevard und Swarthmore Avenue, bis zur Schließung 2007 eine Institution.

Etwas weiter westlich steht am Sunset Boulevard die Kehillat Israel Reconstructionist Synagogue, der heute mehr als 1000 Haushalte angehören. Der Rekonstruktionismus, zu dem sich zwei Prozent der jüdischen Menschen weltweit bekennen, ist eine betont progressive Strömung des Judentums, Frauen steht die Ordination zur Rabbinerin seit 1972 offen, eine geschlechtergerechte Liturgie bezeichnet Gott nicht ausschließlich mit männlichen Attributen. Südlich der Einmündung des Paseo Miramar findet man das Chabad Jewish Community Center, zu dessen Mitgliedern gut 400 Familien aus Pacific Palisades zählen. Chabad ist eine Gruppierung innerhalb des orthodoxen Judentums und betont besonders das kontemplative Gebet und das systematische Studium der chassidischen Lehre. Insgesamt beträgt heute der Anteil von Personen, die sich selbst als jüdisch identifizieren, in Pacific Palisades rund 30 Prozent, in den gesamten Vereinigten Staaten weniger als zwei Prozent.

Überdurchschnittlich sind auch Bildung und Wohlstand der aktuell rund 28 000 Köpfe zählenden Einwohnerschaft: 81,3 Prozent der Palisadians besitzen mindestens einen Bachelorabschluss, mehr als in 98,7 Prozent aller amerikanischen Wohnviertel, und das mittlere Einkommen in Pacific Palisades ist höher als in 99,7 Prozent aller *neighborhoods* der Vereinigten Staaten.[14] Ein bekannter, auch auf T-Shirts gedruckter Slogan lautet dennoch: »Wenn du reich bist, lebst du in Beverly Hills. Wenn du berühmt bist, lebst du in Malibu. Wenn du glücklich bist, lebst du in Pacific Palisades.«[15]

Das Erbe des Exils

Marta Feuchtwanger, die Alleinerbin des 1958 verstorbenen Lion Feuchtwanger, vereinbarte 1959 mit der University of Southern California, dass Villa und Bibliothek in deren Besitz übergehen, sie aber ein Wohnrecht auf Lebenszeit behalten solle; als »Kuratorin« der Villa, die sich mehr und mehr mit Belegexemplaren von Lions Werken und Korrespondenz anfüllte, bezog sie sogar ein kleines Gehalt. Sie war eine eindrucksvolle, aparte und geradezu exotische Erscheinung im öffentlichen Leben von Los Angeles, zuletzt eine Symbolgestalt des Exils, ja eine lebende Legende. Meist chinesisch, oft in ärmellose Umhänge aus gold- und silberbestickten Brokatstoffen oder schwarze Seidencapes, gelegentlich auch in indische Saris gekleidet, das Haar akkurat zu einem strengen Knoten gebunden, besuchte sie mit hoheitsvollem Habitus Konzerte, Ausstellungen und Lesungen. Nur zögernd nahm sie 1969 erstmals eine Einladung nach Deutschland an. »Die Ereignisse haben meinem guten Gefühl recht gegeben. Es ist schön, dass ich diese Wandlung in Deutschland noch erleben durfte«,[1] bekannte sie danach.

Nachdem Marta Feuchtwanger 1987 mit 96 Jahren in einem Pflegeheim in Santa Monica verstorben war, engagierten sich auf Initiative des Feuchtwanger-Biografen Volker Skierka zahlreiche politisch, publizistisch und künstlerisch Tätige für den Erhalt der Villa Aurora, des »letzten noch existenten Kulturdenkmals der deutschen Exilliteratur«.[2] Fritz J. Raddatz, der damalige Feuilleton-Chef der *Zeit,* brachte die Idee einer »Villa Massimo an der amerikanischen Westküste«[3]

auf, unter anderem unterstützt von Freimut Duve, dem Vorsitzenden des Kulturausschusses des Deutschen Bundestags, und von Michael Naumann, dem Leiter des Rowohlt Verlags. Man konnte Richard von Weizsäcker, Willy Brandt, Hans-Dietrich Genscher, Hans-Jochen Vogel, Tom Bradley, den Bürgermeister von Los Angeles, Richard Burt, US-Botschafter in Deutschland, und weitere einflussreiche Persönlichkeiten für diese Idee gewinnen, darunter Autoren von Günter Grass bis Jurek Becker sowie Marianne Heuwagen, Korrespondentin der *Süddeutschen Zeitung*.

1988 wurde in Berlin der Kreis der Freunde und Förderer der Villa Aurora e.V. gegründet, in Los Angeles die Foundation for European-American Relations. Mithilfe der Stiftung Deutsche Klassenlotterie und des Auswärtigen Amtes konnte die gemeinnützige Organisation 1990 die Villa der University of Southern California abkaufen. 8000 wertvolle Bücher wurden auf den Universitäts-Campus überführt, die restlichen 22000 Bände blieben als Dauerleihgabe der USC in der Villa Aurora. Diese erhielt wiederum mithilfe der Lotteriestiftung, die für Kauf und Renovierung insgesamt mehr als sechs Millionen DM aufbrachte, und einem Zuschuss des Auswärtigen Amtes ein neues, auf 23 Betonsäulen ruhendes Fundament und wurde unter Leitung von Frank Dimster, einem Professor für Architektur an der USC mit deutsch-rumänischen Wurzeln, aufwendig restauriert. Asbest wurde entfernt, die Leitungen und die sanitären Anlagen wurden erneuert, man installierte ein Sicherheitssystem und eine Klimaanlage.

1995 konnte die Villa Aurora feierlich eingeweiht werden. Jährlich werden bis zu zwölf Stipendien in den Sparten Bildende Kunst, Komposition, Film, Literatur und Performance für einen dreimonatigen Aufenthalt vergeben. Zu den bislang mehr als 400 Geförderten, die den Geist des Orts belebten und ihrerseits von der US-amerikanischen Kultur inspiriert wurden, gehören Züli Aladag, Wolfgang Becker, Irene Dische,

Tanja Dückers, Jan Ole Gerster, Durs Grünbein, Petra Haffter, Thomas Hettche, Felicitas Hoppe, Thomas Jonigk, Tanja Kinkel, Judith Kuckart, Philipp Lachenmann, Michael Lentz, Dea Loher, Franz Martin Olbrisch, Rosa von Praunheim, Axel Ranisch, Judith Schalansky, Maria Schrader, Lutz Seiler, Ilja Trojanow und Petra Volpe. Zudem vergibt die Villa Aurora jährlich das Feuchtwanger Fellowship an Schreibende, die sich im Rahmen ihrer publizistischen Tätigkeit für die Wahrung der Menschenrechte engagieren oder in ihrer freien Meinungsäußerung beeinträchtigt sind – der Begriff »Writer in Exile« wird vermieden, damit gegenüber der US-Regierung nicht der Verdacht entsteht, man schleuse Personen ein, die das Land dann nicht mehr verlassen.

Die Villa Aurora ist aber nicht nur ein Ort internationaler Begegnungen, sondern hält als Kulturdenkmal des Exils auch das Andenken an jene wach, die Zuflucht vor der Verfolgung durch das nationalsozialistische Regime suchten und von denen nicht wenige großen Einfluss auf das Kulturleben an der amerikanischen Westküste hatten. So erinnert die Reihe REMEMBERING THE EXILES mit einer Vielzahl von Lesungen, Vorträgen, Konzerten und Filmvorführungen an Menschen, die in Südkalifornien ein neues Zuhause fanden. Dabei haben sich potenzielle Geldgebende durchaus schon von antisemitischen Vorurteilen oder ihrer Abneigung gegen den »Kommunisten Feuchtwanger« abhalten lassen, das Programm zu unterstützen, selbst das Missverständnis, die Villa sei nach dem russischen Panzerkreuzer *Aurora* benannt, sei aufgetaucht, heißt es.

Zu jenen, die der Villa besonders nahestehen, gehören – und wieder überschneiden sich die Themenkreise Exil und Hollywood – auch zwei Schauspieler, die seit Langem in Pacific Palisades ansässig sind: Eric Braeden, in seiner deutschen Heimat vor allem durch seine Rolle als John Jacob Astor im Film TITANIC bekannt, ist in den USA einer der populärsten

Darsteller überhaupt, steht er doch seit 1980 für die Seifenoper THE YOUNG AND THE RESTLESS vor der Kamera. Wie kaum ein anderer engagiert sich Braeden, 1941 als Hans-Jörg Gudegast in Bredenbek bei Kiel geboren und 1959 mit etwa 50 Dollar im Gepäck in die Vereinigten Staaten ausgewandert, für die deutsch-amerikanischen Beziehungen und den deutsch-jüdischen Dialog. Um ein positiveres Image seiner alten Heimat in Amerika zu fördern, gründete er 1989 die Deutsch-Amerikanische Kulturgesellschaft, wofür er 1992 mit dem Bundesverdienstkreuz und 2005 in der Villa Aurora mit dem Großen Bundesverdienstkreuz ausgezeichnet wurde. 2007 erhielt er als erster deutscher Schauspieler nach Marlene Dietrich einen Stern auf dem Walk of Fame. Bei einer szenischen Lesung in der Villa Aurora trat Braeden auch schon als Lion Feuchtwanger auf.

Als Darsteller Thomas Manns ins kollektive Gedächtnis gebrannt hat sich Armin Mueller-Stahl, der Einzige seiner Zunft, der in beiden deutschen Staaten wie in Hollywood Anerkennung fand. Er brillierte im 2001 erstausgestrahlten Fernsehdreiteiler DIE MANNS – EIN JAHRHUNDERTROMAN. Die Spielszenen in Manns Haus in Pacific Palisades wurden allerdings in den Kölner WDR-Studios gedreht, nicht am Originalschauplatz, der aber in Interviewsequenzen mit Manns Sekretärin Hilde Kahn und Katia Manns Neffen Klaus Pringsheim jr. zu sehen ist.

Als Thomas Manns ehemaliges Domizil im San Remo Drive 1550 im Sommer 2016 zum Kauf angeboten wurde, fehlte in den Annoncen jeder Hinweis darauf, dass es sich um den einstigen Wohnsitz eines weltbekannten Literaten handelte. Entscheidend im Hinblick auf mögliche Interessierte schien der auf Luxusanwesen spezialisierten Maklerin Joyce Rey allein das Grundstück, nicht das zweigeschossige Haus, in dem jahrzehntelang der Anwalt Chet Lappen und seine Frau Jon, gute

Freunde Marta Feuchtwangers, gewohnt hatten; am 26. August 1953 hatten sie es für 50 000 Dollar von Thomas Mann erworben. Nach Chet Lappens Tod und Jon Lappens Umzug in ein Altersheim war es 2012 zunächst als Mietobjekt auf den Markt gekommen und zeitweise als Airbnb-Wohnung genutzt worden. Nun stand der Abriss scheinbar außer Frage, zweifellos würde man bald einen lukrativeren Neubau hinstellen.

Herta Müller, wie Thomas Mann mit dem Nobelpreis für Literatur ausgezeichnet, der damalige Außenminister Frank-Walter Steinmeier, Kulturstaatsministerin Monika Grütters und andere sprachen sich öffentlich dafür aus, die, obschon nur noch drei der ursprünglich sieben Palmen im üppigen Garten stehen, Seven Palms genannte Villa als Erinnerungsstätte zu erhalten, mit einem Residenzprogramm, das herausragenden Intellektuellen, wissenschaftlich und künstlerisch Tätigen Gelegenheit zum Austausch untereinander und mit dem Gastland über die großen Fragen unserer Zeit bieten solle. So erfolgte denn auch der umgerechnet 12,5 Millionen Euro teure Ankauf im November 2016 durch das Auswärtige Amt für die Bundesrepublik Deutschland mit dem ausdrücklichen Ziel, einen lebendigen transatlantischen Debattenort zu schaffen. Als erste Thomas Mann Fellows wohnten hier 2018 Heinrich Detering, Professor für Neuere deutsche Literatur und Vergleichende Literaturwissenschaft, Jutta Allmendinger, Präsidentin des Wissenschaftszentrums Berlin für Sozialforschung, und Yiannos Manoli, Inhaber der Fritz-Hüttinger-Professur für Mikroelektronik und Institutsleiter des Hahn-Schickard Instituts für Mikro- und Informationstechnik.

Im September 2019 kehrte Frido Mann für kurze Zeit in das Haus seiner Großeltern zurück, in das, so Bundespräsident Frank-Walter Steinmeier, »Weiße Haus des Exils«: »Dieses Haus hier war tatsächlich nicht nur das Heim einer Familie, nicht nur ein Ort, an dem gedacht und geschrieben wurde, der Mittelpunkt von ›Weimar am Pazifik‹, ein Zentrum für

Literatur, Musik, Film und Kunst. Nein, es war auch ein politisches ›Weißes Haus‹, und Thomas Manns Arbeitszimmer war gewissermaßen das Oval Office der Exil-Opposition gegen Hitlers Terrorherrschaft in Berlin. Frido Mann hat mir eine seiner frühesten Kindheitserinnerungen geschildert, die mich tief beeindruckt hat. Der kleine Junge steht kurz vor seinem 4. Geburtstag in dem sonnendurchfluteten Haus, und er spürt eine Unruhe im Haus: hektische Telefonanrufe, verstohlene Besucher, alles in Bewegung, rings um ihn her. Es ist der 21. Juli 1944. Das Attentat auf Hitler ist fehlgeschlagen. Doch die Nachrichten des Vortages, die nach und nach eintreffen, lösen bei der Familie nicht Enttäuschung oder Resignation aus – nein, es macht sich vielmehr eine neue Hoffnung breit, dass dies doch endlich der Anfang vom Ende des verhassten Diktators sein muss. […] Allen neuen Fellows möchte ich Folgendes mit auf den Weg geben: Ihre Arbeit hier wird wichtig sein. Sie unternehmen diese transatlantische Reise in einer Zeit der politischen Turbulenzen – Turbulenzen auf beiden Seiten des Atlantiks, aber auch zwischen unseren beiden Ländern. […] Mögen die Fellows dieses Haus mit demokratischem Geist erfüllen – und mit Debatten, die Kontinente überbrücken. […] Ich bin sicher, Thomas Mann wäre stolz, dass sein geliebtes Zuhause am San Remo Drive eine transatlantische Zukunft hat.«[4]

Anmerkungen

Ein wahres Schloss am Meer

1 Mann, Thomas: Autobiographisches. Frankfurt am Main 1968, S. 402.
2 Hermann Kesten an Franz Schoenberner. – In: Kesten, Hermann (Hg.): Deutsche Literatur im Exil. Briefe europäischer Autoren. Wien 1964, S. 295 f.
3 Alfred Döblin an Hermann Kesten, 10. 1. 1943. – In: Kesten, Hermann: Deutsche Literatur im Exil, S. 228.
4 Gespräch mit Konrad Kellen am 12. 2. 2002 in Pacific Palisades, ebenso sämtliche folgenden Zitate Kellens.
5 Zit. nach: Endstation Schein-Heiligenstadt. Eric Zeisls Flucht nach Hollywood. Hg. von Werner Hanak, Michael Haas und Karin Wagner. Wien 2006, S. 47.
6 In den USA ersetzte Arnold Schönberg den Umlaut in seinem Namen durch den Doppelvokal.
7 Gespräch mit Ann Sommer am 25. 2. 2007 in Pacific Palisades.
8 Gespräch mit Ann Sommer am 26. 1. 2002 in Pacific Palisades.
9 Gespräch mit Ann Sommer am 25. 2. 2007 in Pacific Palisades, ebenso alle weiteren Zitate.
10 Beitrittserklärung zur Reichfachschaft Film vom 25. 9. 1933. Bundesarchiv Berlin (ehemals BDC), Reichskulturkammer: Sommer, Hans.
11 Der Präsident der Reichsmusikkammer an Hans Sommer, 4. 1. 1938. Bundesarchiv Berlin (ehemals BDC), Reichskulturkammer: Sommer, Hans.
12 Rundschreiben der Reichsfilmkammer vom 6. 7. 1938. Bundesarchiv Berlin (ehemals BDC), Reichskulturkammer: Sommer, Hans.
13 Mann, Thomas: Briefe 1889–1936. Hg. von Erika Mann. Frankfurt am Main 1962, S. 441.

Fritz springt von der Klippe, die Sioux tanzen, und Christus kehrt auf die Erde zurück

1 Zu Hart siehe: Davis, Ronald L.: William Hart. Projecting the American West. Norman 2003.
2 Zu Ince siehe: Taves, Brian: Thomas Ince. Hollywood's Independent Pioneer. Lexington 2012.
3 Cerra, Julie Lugo/Wanamaker, Marc: Movie Studios of Culver City. Charleston 2011, S. 8.
4 Ince, Thomas H.: In the »Movies« Yesterday and Today. History and Development of the Motion Picture Screen. – In: *Bakersfield Morning Echo,* 13. Juli 1924, S. 12. Im Original englisch.
5 Carr, Harry: Impressions of Cyclonic Personality of Thomas Ince; How He Rose to Power. – In: *Los Angeles Times,* 23. 11. 1924, Morgenausgabe, S. 1. Im Original englisch.
6 Schallert, Edwin: A Ghost Town of the Films. – In: *Los Angeles Times,* 29. 5. 1921, Morgenausgabe, S. 1. Im Original englisch.
7 Ebd., S. 10.
8 In der Literatur häufig erwähnt wird ein Brand vom 4. 7. 1922, der aber nicht durch Dokumente oder Zeitungsberichte zu verifizieren war.

Methodisten campen, und ein vereinsamter Schwabe baut einen japanischen Palast

1 *Corona Daily Independent,* 25. 4. 1923, S. 4.
2 Warnack, Henry Christeen: Violates Goos Taste. – In: *Los Angeles Times,* 18. 4. 1916, Morgenausgabe, S. 6. Im Original englisch.
3 Das Gebiet unmittelbar westlich von Santa Monica, zu dem unter anderem die durch Salka Viertels Salon bekannte Mabery Road gehört, wurde erst durch die »Santa Monica Canyon Add« am 28. 4. 1925 Teil des Stadtgebiets.
4 *Oxnard Daily Courier,* 11. April 1922, S. 6.
5 Annonce in der *Los Angeles Times* vom 11. 7. 1922, Morgenausgabe, S. 6. Im Original englisch.
6 Annonce in der *Los Angeles Times* vom 16. 7. 1922, Morgenausgabe, S. 34. Im Original englisch.
7 Ainsworth, Ed: Auctioneer Hammer to End Famed Oriental Art Dream. – In: *Los Angeles Times,* 3. 9. 1951, Morgenausgabe, Part II., S. 1 f., hier: S. 2. Im Original englisch.

»Lass Dich anstecken von ihrem: take it easy«

1 Mann, Erika und Klaus: Rundherum. Abenteuer einer Weltreise. Reinbek 1999, S. 31.

2 Viertel, Salka: Das unbelehrbare Herz. Frankfurt am Main 2011, S. 183.

3 Ebd., S. 185.

4 Undatierter Brief von Francesco von Mendelssohn an Salka Viertel, geschrieben im August 1928 im Zug nach New York. Nachlass Viertel, Deutsches Literaturarchiv Marbach.

5 Brief von Francesco von Mendelssohn an Salka Viertel, datiert »ungefähr 10. Juli« [1929]. Nachlass Viertel, Deutsches Literaturarchiv Marbach.

6 Zinnemann, Fred: An Autobiography. London 1992, S. 25. Im Original englisch.

7 Brief von Berthold Viertel an Salka Viertel, 28. 6. 1940. Nachlass Viertel, Deutsches Literaturarchiv Marbach.

8 Goebbels, Joseph: Tagebücher 1924–1945. Bd. 2: 1930–1934. Hg. von Ralf Georg Reuth. München 1992, S. 758.

9 Zit. nach: Kreimeier, Klaus: Die UFA Story. Geschichte eines Filmkonzerns. München/Wien 1992, S. 248.

10 Baum, Vicki: Es war alles ganz anders. Frankfurt am Main/Berlin 1963, S. 483 f.

11 Zit. nach: Nottelmann, Nicole: Die Karrieren der Vicki Baum. Köln 2007, S. 209.

12 Tagebucheintrag vom 6. 4. 1938. – Sinngem. zit. nach: Mann, Thomas: Tagebücher 1937–1939. Hg. von Peter de Mendelssohn. Frankfurt am Main 2003, S. 204.

13 Baum, Vicki: Es war alles ganz anders. Frankfurt am Main/Berlin 1963, S. 471.

14 https://www.dwell.com/article/whoopi-goldberg-home-for-sale-pacific-palisades-real-estate-0c1a094e, Abruf am 9. 2. 2022. Im Original englisch.

15 Hauptmann, Hans: Die Vernichtung der arischen Kulturgüter. – In: Der Jud ist schuld …? Diskussionsbuch über die Judenfrage. Basel/Berlin/Leipzig/Wien 1932, S. 163.

»What watch?« – »Ten watch.« – »Such much?«

1 *Film-Kurier,* 3.9.1932.
2 Zit. nach: Heilbut, Anthony: Exiled in Paradise. German Refugee Artists and Intellectuals in America, from the 1930s to the Present. New York 1983, S. 199. Im Original englisch.
3 Kreisler, Georg: Lola und das Blaue vom Himmel. Eine Erinnerung. Hg. von Thomas B. Schumann. Hürth 2002, S. 15.
4 Polgar, Alfred: Leben am Pacific. – In: *Aufbau,* Vol. VIII, No. 36, 4.9.1942, S. 21.
5 Mann, Thomas: Tagebücher 1946–1948. Hg. von Inge Jens. Frankfurt am Main 2003, S. 108.
6 Adorno, Theodor W.: Minima Moralia. Frankfurt 2003, S. 54.
7 *Der Angriff,* 29.12.1933.
8 Kortner, Fritz: Aller Tage Abend. Autobiographie. München 1979, S. 423.
9 Brecht, Bertolt: Arbeitsjournal 1942–1955. Hg. von Werner Hecht. Frankfurt am Main 1973, S. 490.
10 Albert Bassermann an Paul Kohner, 8.5.1939. – Zit. nach: Klapdor, Heike (Hg.): Ich bin ein unheilbarer Europäer. Briefe aus dem Exil. Berlin 2007, S. 177.
11 Fürst, Manfred: Ein Taxi-Chauffeur in Hollywood. – In: *Aufbau,* Vol. IX, No. 28, 9.7.1943, S. 13.
12 Zit. nach: Hecht, Werner: Helene Weigel. Frankfurt am Main 2000, S. 190.
13 Zit. nach: Ebd., S. 191.
14 Zit. nach: Hecht, Werner: Brecht Chronik 1898–1956. Frankfurt am Main 1997, S. 743.
15 Viertel, Salka: Das unbelehrbare Herz. Frankfurt am Main 2011, S. 381.
16 Andor, Lotte: Ich war nie ein Bernhardiner. Typoskript, 1983. Leo Baeck Archive New York, LBI Memoir Collection ME 412, S. 11.
17 Wie die Mabery Road besitzen auch die Grundstücke auf der westlichen Seite des Adelaide Drive die Postleitzahl von Santa Monica, gehören aber zur Pacific Palisades Neighborhood im City Council District 11 von Los Angeles. Die Häuser auf der Ostseite, darunter Lorres Haus, stehen auf der Gemarkung von Santa Monica.
18 Rodek, Hanns-Georg: Letzter Flüchtling in Hollywood. – In: *Die Welt,* 11.12.2004.
19 Brecht, Bertolt: Arbeitsjournal. Hg. von Werner Hecht. Erster Band: 1938–1942. Frankfurt am Main 1973, S. 359.

20 Ebd., S. 405.
21 Thomas Mann an Agnes E. Meyer, 25. 10. 1946. – Zit. nach: Mann, Thomas: Tagebücher 1946–1948, S. 465 f.
22 *Evening Star,* 10. 11. 1937.
23 Capote, Truman: Frühstück bei Tiffany. Aus dem Amerikanischen neu übersetzt von Heidi Zerning. München 2007, S. 32.
24 *Modern Screen Magazine,* Februar 1937. Im Original englisch.
25 *The Scotsman,* 5. 1. 2010. Im Original englisch.
26 Brecht, Bertolt: Arbeitsjournal. Hg. Von Werner Hecht. Erster Band: 1938–1942. Frankfurt am Main 1973, S. 494.
27 Ebd., S. 494.
28 Ebd., S. 469.
29 Brecht, Bertolt: Arbeitsjournal. Hg. von Werner Hecht. Zweiter Band: 1942–1955. Frankfurt am Main 1973, S. 509.
30 Brecht, Bertolt: Werke. Große kommentierte Berliner und Frankfurter Ausgabe. Frankfurt 1988 ff. Bd. 27, S. 50.
31 Brecht, Bertolt: Arbeitsjournal 1938–1942, S. 362.
32 Ebd., S. 303.
33 Ebd., S. 313.
34 Brecht, Bertolt: Hollywood. – In: Das Bertolt Brecht-Buch. Gütersloh 1972, S. 623.
35 Zit. nach: Asper, Helmut G.: »Etwas Besseres als den Tod …« Filmexil in Hollywood. Porträts, Filme, Dokumente. Marburg 2002, S. 426.
36 Zit. nach: Lyon, James K.: Broadway und »Der kaukasische Kreidekreis«. – In: Hecht, Werner (Hg.): Brechts Kaukasischer Kreidekreis. Frankfurt am Main 1985, S. 117–126, hier: S. 118.
37 *The Scotsman,* 5. 1. 2010. Im Original englisch.
38 *The Helena Independent,* 21. 12. 1942, S. 6. Im Original englisch.
39 Klaus Mann an Erika Mann [vermutlich Januar 1927]. – In: Kroll, Fredric/Täubert, Klaus: Klaus-Mann-Schriftenreihe, Bd. 2: 1906–1927. Unordnung und früher Ruhm. Wiesbaden 1977, S. 166.
40 Sinngem. zit. nach einer undatierten Pressemeldung von E. A. Dupont. Marta Mierendorff Collection, University of Southern California, Los Angeles. Im Original englisch
41 Gespräch mit Tonio Selwart am 20. 2. 2002 in New York.

»Man verliert seine Heimat und gewinnt keine neue«

1 Slonimsky, Nicolas: Ernst Toch (1887–1967 [sic]). – In: *Neue Zeitschrift für Musik,* Jg. 128 (1967), Heft 12, S. 499–501, hier: S. 499.
2 Ernst Toch an Ernst und Johanna Bass, 30. 1. 1934. – Zit. nach: Endstation Schein-Heiligenstadt. Eric Zeisls Flucht nach Hollywood. Hg. von Werner Hanak, Michael Haas und Karin Wagner. Wien 2006, S. 60.
3 Zit. nach: Verdrängte Musik. Berliner Komponisten im Exil. Hg. von Habakuk Traber und Elmar Weingarten. Berlin 1987, S. 114.
4 Zit. nach: Weschler, Lawrence: My Grandfather's Last Tale. – In: The Atlantic Monthly, Vol. 278, No. 6, Dezember 1996.
5 Zit. nach: Albert, Claudia: Das schwierige Handwerk des Hoffens. Hanns Eislers Hollywooder Liederbuch (1942/43). Stuttgart 1991, S. 50.
6 Zit. nach: Kosfeld, Christian: 1. 10. 1964 – Todestag des Komponisten Ernst Toch. WDR ZeitZeichen, WDR 5, 1. 10. 2019.
7 Gertrud Zenzes an Gottfried Benn, 5. 4. 1953. – Zit. nach: Hof, Holger/Kraft, Stephan (Hg.): Gottfried Benn – Gertrud Zenzes – Briefwechsel 1921–1956. Göttingen 2021, S. 216.
8 Gespräch mit Konrad Kellen am 12. 2. 2002 in Pacific Palisades.
9 Undatierter Brief von Francesco von Mendelssohn an Christoph Bernoulli. Mendelssohn-Archiv der Staatsbibliothek zu Berlin.
10 Undatierter Brief von Eleonora von Mendelssohn an Berthold und Salka Viertel. Nachlass Viertel, Deutsches Literaturarchiv Marbach.
11 Klaus Mann: Tagebücher 1940–1943. Reinbek 1995, S. 12.
12 Viertel, Berthold: Studienausgabe in vier Bänden. Band 2: Kindheit eines Cherub. Hg. von Siglinde Bolbecher und Konstantin Kaiser. Wien 1991, S. 227.
13 Ebd., S. 228.
14 Francesco von Mendelssohn an Alice Bernoulli, 4. 7. 1946. Mendelssohn-Archiv der Staatsbibliothek zu Berlin
15 Gespräch mit Vita Petersen am 9. 1. 2002 in New York.
16 Unveröffentlichte Tagebücher Dieter Sattlers. Tagebuch 8, S. 42–45, Eintrag vom 25. 4. 1965. Privatbesitz.
17 Fuld, Werner/Ostermaier, Albert (Hg.): Die Göttin und ihr Sozialist. Christiane Grautoffs Autobiographie – ihr Leben mit Ernst Toller. Mit Dokumenten zur Lebensgeschichte. Bonn 1996, S. 1 112.
18 Klaus Mann an Ruth Landshoff, 4. 2. 1939. Deutsches Literaturarchiv Marbach. Teilnachlass Ruth Landshoff.

19 Zit. nach: *Time Magazine,* 22.5.1939. Im Original englisch.
20 Zit. nach: Reinhardt, Gottfried: Der Liebhaber. Erinnerungen seines Sohnes Gottfried Reinhardt an Max Reinhardt. Zürich 1974, S. 277.
21 *Völkischer Beobachter,* 3.3.1933, sinngem. zit.
22 Zit. nach: Wulf, Joseph: Theater und Film im Dritten Reich. Frankfurt am Main/Berlin/Wien 1983, S. 266.
23 Max Reinhardt an Eleonora von Mendelssohn [Ende August 1937]. New York Public Library, Manuscripts and Archives Division, Eleonora von Mendelssohn Papers, Box 3.
24 Thimig-Reinhardt, Helene: Wie Max Reinhardt lebte ... eine Handbreit über dem Boden. Frankfurt am Main 1975, S. 186.
25 Hollaender, Friedrich: Von Kopf bis Fuß. München 1965, S. 327.
26 Mann, Klaus: Tagebücher 1936–1937. Reinbek 1995, S. 98.
27 Lion Feuchtwanger an Bertolt Brecht, 16.2.1936. – Zit. nach: Feuchtwanger, Lion: Briefe an die Freunde. – In: Sinn und Form 11/1959, S. 12.
28 Zit. nach: Zuckmayer, Carl: Als wär's ein Stück von mir. Horen der Freundschaft. Frankfurt am Main 1966, S. 72.
29 Zit. nach: Ebd., S. 72.
30 Zit. nach: Novak, Andreas: »Salzburg hört Hitler atmen«. München 2005, S. 105.
31 Briefentwurf Max Reinhardts an Francesco von Mendelssohn [August 1943]. Wienbibliothek im Rathaus, Handschriftenabteilung, Teilnachlass Max Reinhardt, Sign. 2.2.2.13.
32 Thimig-Reinhardt, Helene: Wie Max Reinhardt lebte ... eine Handbreit über dem Boden. Frankfurt am Main 1975, S. 209.
33 Reinhardt an Helene Thimig, 25.8.1942. Wienbibliothek im Rathaus, Handschriftenabteilung, Teilnachlass Max Reinhardt, Sign. 2.2.1.388.
34 Thimig-Reinhardt, Helene: Wie Max Reinhardt lebte ... eine Handbreit über dem Boden. Frankfurt am Main 1975, S. 231.
35 Ebd., S. 203.
36 Helene Thimig an Max Reinhardt [1941]. Wienbibliothek im Rathaus, Handschriftenabteilung, Teilnachlass Max Reinhardt, Sign. 2.1.1.79.
37 Helene Thimig an Max Reinhardt, 15.7.1943. Wienbibliothek im Rathaus, Handschriftenabteilung, Teilnachlass Max Reinhardt, Sign. 2.1.1.166.
38 Thimig-Reinhardt, Helene: Wie Max Reinhardt lebte, S. 236 f.
39 Zit. nach: Reinhardt, Gottfried: Der Liebhaber. Erinnerungen sei-

nes Sohnes Gottfried Reinhardt an Max Reinhardt. Zürich 1974, S. 278.

40 Brecht, Bertolt: Arbeitsjournal. Hg. von Werner Hecht. Erster Band: 1938–1942. Frankfurt am Main 1973, S. 445.

41 Kortner, Fritz: Aller Tage Abend. Autobiographie. München 1979, S. 393.

42 Max Reinhardt an Einar Nilson, 18.11.1934. – Zit. nach: Fiedler, Leonhard: Max Reinhardt. Reinbek 1975, S. 122.

43 Max Reinhardt an Friedrich von Ledebur [Juli 1940]. – Zit. nach: Reinhardt, Max: Leben für das Theater. Briefe, Reden, Aufsätze, Interviews, Gespräche, Auszüge aus Regiebüchern. Hg. von Hugo Fetting. Berlin 1989, S. 317.

44 Reinhardt, Gottfried: Der Liebhaber., S. 278.

45 Helene Thimig an Reinhardt, 8.8.1942.Wienbibliothek im Rathaus, Handschriftenabteilung, Teilnachlass Max Reinhardt, Sign. 2.1.1.127.

46 Helene Thimig an Reinhardt, 7.9.1942. Wienbibliothek im Rathaus, Handschriftenabteilung, Teilnachlass Max Reinhardt, Sign. 2.1.1.131.

47 Zit. nach: Fuhrich-Leisler, Edda/Prossnitz, Gisela: Max Reinhardt in Amerika. Salzburg 1976, S. 406 ff.

48 Gottfried Reinhardt an Salka Viertel, 22.10.1943. Deutsches Literaturarchiv Marbach, Nachlass Viertel.

49 Zit. nach: Pascal, Stephen (Ed.): The Grand Surprise. The Journals of Leo Lerman. New Yok 2007, S. 543. Im Original englisch.

50 Zit. nach: Fuhrich-Leisler, Edda/Prossnitz, Gisela: Max Reinhardt in Amerika. Salzburg 1976, S. 409.

Goethe in Hollywood lässt sich huldigen

1 Marcuse, Ludwig: Mein zwanzigstes Jahrhundert. Auf dem Weg zu einer Autobiographie. Zürich 1975, S. 289.

2 Bahr, Ehrhard: Der Schriftstellerkongress 1943 an der Universität von Kalifornien. – In: Spalek, John M./Strelka, Joseph (Hg.): Deutsche Exilliteratur seit 1933. Bd. 1: Kalifornien. Bern 1976, S. 40–61, hier: S. 43.

3 Mann, Thomas: Freund Feuchtwanger. – In: *Die Weltwoche,* Zürich, 2.7.1954.

4 Mann, Thomas: Tagebücher 1940–1943. Hg. von Peter de Mendelssohn. Frankfurt am Main 2003, S. 661.

5 Mann, Thomas: Tagebücher 1933–1934. Hg. von Peter de Mendelssohn. Frankfurt am Main 1977, S. 93.
6 Ebd., S. 30.
7 Ebd., S. 71.
8 *The New York Times,* 22. 2. 1938.
9 Mann, Thomas: Tagebücher 1938–1940. Hg. von Peter de Mendelssohn. Frankfurt am Main 2003, S. 387.
10 Dietrich, Marlene: Nehmt nur mein Leben ... München 1981, S. 278–281.
11 Zit. nach: Reinhardt, Gottfried: Der Liebhaber, S. 270.
12 Claire Lehmkuhl an Erich Maria Remarque. – Zit. nach: Gilbert, Julie: Erich Maria Remarque und Paulette Goddard. Biographie einer Liebe. München 1997, S. 334.
13 Zit. nach: Schad, Martha: Frauen gegen Hitler. Schicksale im Nationalsozialismus. München 2001, S. 135.
14 Mann, Tagebücher 1940–1943, S. 112.
15 Thomas Mann an Agnes E. Meyer, 8. 7. 1940. – In: Thomas Mann – Agnes E. Meyer. Briefwechsel 1937–1955. Hg. von Hans Rudolf Vaget. Frankfurt 1992, S. 211.
16 Mann, Tagebücher 1940–1943, S. 116 f.
17 Ebd., S. 129.
18 Ebd., S. 130.
19 Ebd., S. 429 f.
20 Ebd., S. 478.
21 Ebd., S. 491.
22 Ebd., S. 560, sinngem. zit.
23 Mann, Thomas: Tagebücher 1944–1946. Hg. von Inge Jens. Frankfurt am Main 2003, S. 23.
24 Mann, Katia: Meine ungeschriebenen Memoiren. Frankfurt am Main 1976, S. 128.
25 Mann, Thomas: Briefe 1937–1947. Hg. von Erika Mann. Frankfurt am Main/Berlin 1963, S. 250.
26 Mann, Katia: Meine ungeschriebenen Memoiren, S. 129.
27 Zit. nach: Vaget, Hans Rudolf: Thomas Mann, der Amerikaner, S. 361.
28 George Tabori am 15. 10. 1987 im Gespräch mit Inge Jens. – Zit. nach: Mann, Thomas: Tagebücher 1946–1948, S. 714.

Der König von Pacific Palisades hilft, die toten Mäuse wegzuschaufeln

1 Zit. nach: Young, Randy: Exil im Paradies. Die Feuchtwangers in Pacific Palisades. – In: 10 Jahre Villa Aurora. 1995–2005. Ebenhausen 2005, S. 12–21, hier S. 16.
2 House Architect's Best. – In: *Los Angeles Times*, 22. 1. 1927, Morgenausgabe, S. 8. Im Original englisch.
3 Weschler, Lawrence M.: An Émigré Life. Munich, Berlin, Sanary, Pacific Palisades. Marta Feuchtwanger. Completed under the auspices of the Oral History Program University of California Los Angeles. Copyright © 1976 The Regents of the University of California, The University of Southern California, Vol. III, S. 1152. Im Original englisch.
4 Ebd., S. 1147. Im Original englisch.
5 Ebd., S. 1153. Im Original englisch.
6 Ebd., S. 1155. Im Original englisch.
7 Ebd., S. 1157 f. Im Original englisch.
8 Zit. nach: Flügge, Manfred: Die vier Leben der Marta Feuchtwanger. Berlin 2010, S. 335.
9 Zit. nach: Ebd., S. 9.
10 Zit. nach: Skierka, Volker: Lion Feuchtwanger. Berlin 1984, S. 37.
11 Zit. nach: Flügge, Manfred: Die vier Leben der Marta Feuchtwanger, S. 162.
12 Zit. nach: Ebd, S. 163.
13 Sinngem zit. nach: Skierka, Volker: Lion Feuchtwanger, S. 330.t.
14 Weschler, Lawrence M.: An Émigré Life, Vol. III, S. 1135. Im Original englisch.
15 Lion Feuchtwanger an Arnold Zweig, 9. 7. 1941. – Zit. nach: Skierka: Lion Feuchtwanger, S. 214.
16 Marcuse, Ludwig: Mein zwanzigstes Jahrhundert. Auf dem Weg zu einer Autobiographie. Zürich 1975, S. 281.
17 Tabori, George: Unterammergau oder Die guten Deutschen. Frankfurt am Main 1983, S. 15 f. – Hier zit. nach: Skierka, Volker: Lion Feuchtwanger, S. 224.
18 Marcuse, Ludwig: Mein zwanzigstes Jahrhundert, S. 280.

»Dieses Wesentliche aber ist unsere Arbeit«

1 Zit. nach: Jungk, Peter Stephan: Franz Werfel. Eine Lebensgeschichte. Frankfurt am Main [2]2006, S. 289.
2 Zit. nach: Ebd., S. 289.
3 Horkheimer an Theodor W. Adorno, 28. 8. 1941. – In: Horkheimer, Max: Gesammelte Schriften, Bd. 17: Briefwechsel 1941–1948. Frankfurt am Main 1996, S. 144.
4 Adorno, Theodor W.: Briefe an die Eltern 1939–1951. Frankfurt am Main 2003, S. 131.
5 Horkheimer, Max: Gesammelte Schriften. Bd. 7: Vorträge und Aufzeichnungen 1949–1973. Frankfurt am Main 1985, S. 443.
6 Vgl. dazu: Rosen, Zvi: Max Horkheimer. München 1995, S. 27.
7 Vgl. dazu: Ebd., S. 38.
8 Horkheimer an Friedrich Pollock, 27. 4. 1941. – Zit. nach: Horkheimer, Max: Gesammelte Schriften. Bd. 17, S. 27.
9 Mann, Thomas: Tagebücher 1940–1943, S. 293.
10 Max Horkheimer an Leo Löwenthal, 18. 6. 1941. – Zit. nach: Horkheimer, Max: Gesammelte Schriften. Bd. 17, S. 70.
11 Max Horkheimer an Friedrich Pollock, 4. 10. 1941. – Zit. nach: Horkheimer, Max: Gesammelte Schriften. Bd. 17, S. 187, sinngem. zit.
12 Max Horkheimer an Friedrich Pollock, 4. 10. 1941. – Zit. nach: Horkheimer, Max: Gesammelte Schriften. Bd. 17, S. 187.
13 Theodor W. Adorno an Max Horkheimer, 28. 9. 1942. – Zit. nach: Horkheimer, Max: Gesammelte Schriften, Bd. 17, S. 334.
14 Mann, Thomas: Tagebücher 1946–1948, S. 189.
15 Mann, Thomas: Gesammelte Werke. Frankfurt 1960. Bd. XI, S. 296.
16 Mann, Thomas: Tagebücher 1946–1948, S. 189.
17 Horkheimer an Clara und Siegfried Kander, 13. 8. 1945. – Zit. nach: Horkheimer, Max: Gesammelte Schriften. Bd. 17, S. 643.
18 Mann, Erika und Klaus: Escape to Life. Deutsche Kultur im Exil. Reinbek 1996, S. 277.
19 Mann, Thomas: Tagebücher 1940–1943, S. 655.
20 Max Horkheimer an Margot Weil, 6. 5. 1942. – Zit. nach: Horkheimer, Max: Gesammelte Schriften. Bd. 17, S. 277 f.
21 Zit. nach: Henke, Matthias: Arnold Schönberg. München 2001, S. 154.
22 Horkheimer an Felix Weil, 10. 3. 1942. – Zit. nach: Horkheimer, Gesammelte Schriften. Bd. 17, S. 274.

Salka Viertel tischt Wurstsuppe auf, und Alfred Döblin sucht Gott

1 Marcuse, Ludwig: Mein zwanzigstes Jahrhundert, S. 276.
2 Richard Révy an Manfred George, 20. 9. 1943. – Zit. nach: Horak, Jan-Christopher: Fluchtpunkt Hollywood. Eine Dokumentation zur Filmemigration nach 1933. Münster 1984, S. 33.
3 Goetz, Curt/Martens, Valérie von: Memoiren. Stuttgart 1969, S. 306.
4 Viertel, Salka: Das unbelehrbare Herz. Frankfurt am Main 2011, S. 281 f.
5 Ebd., S. 282
6 Zit. nach: Carroll, Brendan G.: Exil im Paradies. Europäische Emigranten und der Traum von Hollywood. – In: Endstation Schein-Heiligenstadt. Eric Zeisls Flucht nach Hollywood. Hg. von Werner Hanak, Michael Haas und Karin Wagner. Wien 2006, S. 110.
7 Zit. nach: Ebd., S. 111.
8 Frank, Leonhard: Links, wo das Herz ist. Berlin [2]2009, S. 201–204.
9 Zit. nach: Moore, Erna M.: Exil in Hollywood. – In: Spalek, John M./Strelka, Joseph (Hg.): Deutsche Exilliteratur seit 1933. Bd. 1: Kalifornien. Bern 1976, S. 21–39, hier: S. 29.
10 Brecht, Bertolt: Arbeitsjournal. Hg. von Werner Hecht. Erster Band: 1938–1942. Frankfurt am Main 1973, S. 304
11 Ebd., S. 325.
12 Lion Feuchtwanger an Franz Carl Weiskopf, 3. 4. 1942. – In: Feuchtwanger, Lion: Briefwechsel mit Freunden 1933–1958. Berlin 1991, Band II, S. 62.
13 Zit. nach: Gilbert, Julie: Erich Maria Remarque und Paulette Goddard. Biographie einer Liebe. München 1997, S. 323.
14 Mann, Thomas: Tagebücher 1944–1946, S. 54.
15 Kortner, Fritz: Aller Tage Abend. Autobiographie. München 1979, S. 423.
16 Fuld, Werner/Ostermaier, Albert (Hg.): Die Göttin und ihr Sozialist. Christiane Grautoffs Autobiographie – ihr Leben mit Ernst Toller. Mit Dokumenten zur Lebensgeschichte. Bonn 1996, S. 111 f.
17 Zit. nach: Prager, Katharina: »Ich bin nicht gone Hollywood!« Salka Viertel – ein Leben in Theater und Film. Wien 2007, S. 117.
18 Fuld, Werner/Ostermaier, Albert (Hg.): Die Göttin und ihr Sozialist, S. 113.
19 Mann, Thomas: Tagebücher 1944–1946, S. 13.
20 Mann, Thomas: Tagebücher 1946–1948, S. 43.
21 Asper, Helmut G./Brün-Kortner, Marianne: Erinnerungen an

Berthold Viertel. Ein Gespräch. – In: Bolbecher, Siglinde/Kaiser, Konstantin/Roessler, Peter (Hg.): Traum von der Realität. Berthold Viertel. Wien 1998, S. 33.

22 Mann, Katia: Meine ungeschriebenen Memoiren. Frankfurt am Main 1976, S. 132.

23 Zit. nach: Révy, Richard: Ich lebte in apokalyptischer Zeit. Aus Schriften und Tagebüchern. Ausgewählt und kommentiert von Dagmar Saval und Jürgen Rennert. Müggendorf 1996, S. 46.

24 Joseph, Albrecht: Portraits I. Carl Zuckmayer – Bruno Frank. Aachen 1993, S. 290.

25 Viertel, Berthold: Ansprache an Alfred Döblin. – In: *Aufbau*, Vol. IX, No. 34, 20. 8. 1943, S. 17.

26 Viertel, Salka: Das unbelehrbare Herz. Frankfurt 2001, S. 334 f.

27 Mann, Thomas: Tagebücher 1940–1943, S. 253.

28 Ebd., S. 406.

29 Ebd., S. 412.

30 Katia Mann an Klaus Mann, 20. 4. 1942. – Zit. nach: Jüngling, Kerstin: »Ich bin doch nicht nur schlecht.« Nelly Mann. Berlin 2009, S. 146.

31 Heinrich Mann an Berthold Fles, 19. 4. 1944. – Zit. nach: Jüngling, Kerstin: »Ich bin doch nicht nur schlecht.« Nelly Mann. Berlin 2009, S. 159.

32 Jüngling, Kerstin: »Ich bin doch nicht nur schlecht.« Nelly Mann. Berlin 2009, S. 166.

33 Mann, Thomas: Tagebücher 1944–1946, S. 137.

34 Brecht, Bertolt: Arbeitsjournal. Hg. von Werner Hecht. Zweiter Band: 1942–1955. Frankfurt am Main 1973, S. 605.

35 Ebd., S. 605.

36 Ebd., S. 621.

37 Ebd., S. 694.

38 Brecht, Bertolt: Arbeitsjournal. Hg. von Werner Hecht. Erster Band: 1938–1942. Frankfurt am Main 1973, S. 295.

39 Brecht, Bertolt: Arbeitsjournal. Zweiter Band, S. 664.

40 Ebd., S. 696.

41 Mann, Katia: Meine ungeschriebenen Memoiren. Frankfurt am Main 1976, S. 133.

42 Ebd., S. 132.

43 Mann, Thomas: Tagebücher 1940–1943, S. 566.

44 Ebd., S. 146.

45 Emil Ludwig im Urteil der Weltpresse. Berlin 1928, S. 6.

46 Tucholsky, Kurt: Gesammelte Werke. Reinbek 1975, Band 10, S. 48.

47 Zit. nach: In jenen Tagen ... Schriftsteller zwischen Reichstagsbrand und Bücherverbrennung. Eine Dokumentation. Leipzig/Weimar 1983, S. 287.
48 Eintrag vom 6. 11. 1936. – Zit. nach: Fröhlich, Elke (Hg.): Die Tagebücher von Joseph Goebbels. Teil I: Aufzeichnungen 1923–1941. München/New York/London/Paris 1987.
49 Joseph, Albrecht: Ein Tisch bei Romanoff's. Erinnerungen. Mönchengladbach 1991, S. 204.
50 Brecht, Bertolt: Arbeitsjournal. Erster Band, S. 366.

»Schauerlich berührt von dem schwindenden Rechtssinn in diesem Land«

1 Mann, Thomas: Tagebücher 1946–1948, S. 164.
2 Zit. nach: Lehnert, Herbert: Bert Brecht und Thomas Mann. – In: Spalek, John M./Strelka, Joseph (Hg.): Deutsche Exilliteratur seit 1933. Bd. 1: Kalifornien. Bern 1976, S. 62–88, hier: S. 68.
3 Zit. nach: Lehnert, Herbert: Bert Brecht und Thomas Mann. – In: Ebd.: S. 68.
4 Mann, Thomas: Tagebücher 1944–1946, S. 313.
5 Zit. nach: Vaget, Hans Rudolf: Thomas Mann, der Amerikaner, S. 125.
6 Mann, Thomas: Tagebücher 1940–1943, S. 561.
7 Mann, Thomas: Deutsche Hörer! Radiosendungen nach Deutschland aus den Jahren 1940–1945. Frankfurt am Main 1987, S. 59.
8 Mann, Thomas: Tagebücher 1944–1946, S. 78.
9 Vansittart, Robert Gilbert: Black Record. German's Past and Present. London 1941, Umschlagtext. Im Original englisch.
10 Zit. nach: Taylor, John Russell: Fremde im Paradies. Emigranten in Hollywood 1933–1950. Frankfurt am Main/Berlin 1987, S. 224.
11 Thomas Mann – Agnes E. Meyer. Briefwechsel 1937–1955, Frankfurt am Main 1992, S. 504.
12 Brecht, Bertolt: Gesammelte Werke in 20 Bänden. Frankfurt am Main 1967. Band X, S. 871 ff.
13 Mann, Thomas: Tagebücher 1944–1946, S. 200 f.
14 Ebd., S. 235 f.
15 Ebd., S. 286.
16 Heine, Gert/Schommer, Paul: Thomas Mann Chronik. Frankfurt am Main 2004, S. 420.
17 Marcuse, Ludwig: Mein zwanzigstes Jahrhundert, S. 273.

18 Frank, Leonhard: Links, wo das Herz ist. Berlin ^{2}2009, S. 213.
19 FBI-Bericht vom 18. 6. 1942. – Zit. nach: Stephan, Alexander: Im Visier des FBI. Deutsche Exilschriftsteller in den Akten amerikanischer Geheimdienste. Stuttgart/Weimar 1995, S. 165.
20 Zit. nach: Schebera, Jürgen: Hanns Eisler im USA-Exil ... 1938–1948. Meisenheim 1978, S. 158.
21 Zit. nach: Ebd., S. 73.
22 Lou Eisler an Alan Bush, 27. 8. 1947. – Zit. nach: Ebd., S. 222 f.
23 Mann, Thomas: Tagebücher 1946–1948, S. 165.
24 Zit. nach: Rosen, Zvi: Max Horkheimer, S. 48.
25 Interview von Dagobert Lindlau mit Max Horkheimer, DLF, 9. 5. 1966, Horkheimer-Archiv, Frankfurt. – Hier zit. nach: Ebd., S. 52.
26 Herbert Marcuse an Horkheimer, 17. 6. 1967. – Zit. nach: Ebd., S. 53.
27 Thiess, Frank: Die innere Emigration. – In: *Münchner Zeitung*, 18. 8. 1945.
28 Zit. nach: Vaget, Hans Rudolf: Thomas Mann, der Amerikaner, S. 492.
29 Prager, Katharina: »Ich bin nicht gone Hollywood!«, S. 258.

Ronald Reagan spielt Helden, Henry Miller Pingpong und Jakob Gimpel Klavier

1 Reagan, Ronald: Erinnerungen. Ein amerikanisches Leben. Berlin/Frankfurt am Main 1990, S. 107.
2 Ebd., S. 108.
3 Reagan, Nancy: »My Turn«. Jetzt kann ich reden. München 1990, S. 147.
4 Ebd., S. 150.
5 https://jamanproperties.com/press/article_billionaire, Zugriff am 10. 12. 2021. Im Original englisch.
6 https://www.huffpost.com/entry/hitler-bunker-los-angeles-murphy-ranch_n_1363362, Zugriff am 14. 12. 2021. Im Original englisch.
7 Zit. nach: Wagner, Karin: Fremd bin ich ausgezogen. Eric Zeisl. Biografie. Wien 2005, S. 247.
8 https://www.wienerzeitung.at/nachrichten/reflexionen/zeitgenossen/546887_Musik-ist-das-Beste-was-mir-passiert-ist.html?em_no_split=1, Zugriff am 13. 12. 2021.
9 https://www.spiegel.de/geschichte/schriftsteller-aldous-huxley-

sterbehilfe-mit-lsd-a-d61e7327-d9c2-498c-b582-5b0b812f0414, Zugriff am 18. 12. 2021.

10 Dearborn, Mary V.: Henry Miller. Eine Biographie. München 1991, S. 343,

11 https://www.lamag.com/longform/the-iconoclast-next-door, Zugriff am 15. 12. 2021.

12 Zit. nach: Flügge, Manfred: Die vier Leben der Marta Feuchtwanger, S. 337. Im Original teilweise englisch.

13 Weschler, Lawrence M.: An Émigré Life. Vol. IV, S. 1641. Im Original englisch.

14 www.neighborhoodscout.com/ca/los-angeles/pacific-palisades, Zugriff am 14. 12. 2021.

15 *Palisadian-Post*, 13. 11. 2008. Im Original englisch.

Das Erbe des Exils

1 Zit. nach: Flügge, Manfred: Die vier Leben der Marta Feuchtwanger, S. 378.

2 *Der Spiegel*, Nr. 52, 1987. – Sinngem. zit. nach: https://www.spiegel.de/kultur/ein-wahres-schloss-am-meer-a-4a0e0b3f-0002-0001-0000-000013526710, Zugriff am 16. 12. 2021.

3 Zit. nach: Flügge, Manfred: Die vier Leben der Marta Feuchtwanger, S. 405.

4 https://www.bundespraesident.de/SharedDocs/Reden/DE/Frank-Walter-Steinmeier/Reden/2018/06/180619-USA-Thomas-Mann-Haus.html, Zugriff am 3. 1. 2022.

Literatur

Adler, Gusti: … aber vergessen Sie nicht die chinesischen Nachtigallen. Erinnerungen an Max Reinhardt. München/Wien 1980.

Anger, Kenneth: Hollywood Babylon. Frankfurt am Main 1992.

Asper, Helmut G.: »Etwas Besseres als den Tod …« Filmexil in Hollywood. Porträts, Filme, Dokumente. Marburg 2002.

Asper, Helmut G.: Filmexilanten im Universal Studio 1933–1960. Berlin 2005.

Bachardy, Don: Stars in My Eyes. Madison 2000.

Bach, Steven: Marlene Dietrich. Life and Legend. New York 1992.

Bahr, Ehrhard: Weimar on the Pacific. German Exile Culture in Los Angeles and the Crisis of Modernism. Berkeley/Los Angeles/London 2008.

Barron, Stephanie (Hg.): Exiles + Emigrés. The Flight of European Artists from Hitler. Los Angeles 1997.

Bartley, Margaret: Grisha. The Dramatic Story of the Life of Cellist Gregor Piatigorsky (1903–1976). New Russia 2004.

Barton, Ruth: Hedy Lamarr. The Most Beautiful Woman in Film. Lexington 2010.

Baum, Vicki: Es war alles ganz anders. Frankfurt am Main/Berlin 1963.

Bedford, Sybille: Aldous Huxley. A Biography. New York 1974.

Biographisches Handbuch der deutschsprachigen Emigration nach 1933. Hg. vom Institut für Zeitgeschichte München, der Research Foundation for Jewish Immigration Inc. New York und Werner Röder. 3 Bde. München/New York/London/Paris 1983.

Blubacher, Thomas: Die vielen Leben der Ruth Landshoff-Yorck. Berlin 2015.

Blubacher, Thomas: »Gibt es etwas Schöneres als Sehnsucht?« Die Geschwister Eleonora und Francesco von Mendelssohn. Leipzig 2008.

Blubacher, Thomas: Paradies in schwerer Zeit. Künstler und Denker im Exil in Pacific Palisades. München 2011.

Braeden, Eric: I'll Be Damned. How My Young and Restless Life Led Me to America's #1 Daytime Drama. New York 2017.

Brecht, Bertolt: Arbeitsjournal. Hg. von Werner Hecht. Frankfurt am Main 1973.

Brinkmann, Reinhold/Wolff, Christian: Driven Into Paradise. The Musical Migration from Nazi Germany to the United States. Berkeley/Los Angeles 1999.

Brunas, Michael/Brunas, John/Weaver, Tom: Universal Horrors. The Studio's Classic Films, 1931–1946. Jefferson/London 1990.

Callow, Simon: Charles Laughton. A Difficult Actor. New York 1988.

Chaplin, Charles: My Autobiography. New York 1964.

Crawford, Dorothy Lamb.: A Windfall of Musicians. Hitler's Émigrés and Exiles in Southern California. New Haven/London 2009.

Davis, Ronald L.: William Hart. Projecting the American West. Norman 2003.

Dawes, Amy: Sunset Boulevard. Cruising the Heart of Los Angeles. Los Angeles 2002.

De Acosta, Mercedes: Here Lies the Heart. New York 1960.

Dearborn, Mary V.: Henry Miller. Eine Biographie. München 1991.

Doherty, Thomas: Hollywood and Hitler 1933–1950. New York 2013.

Durzak, Manfred (Hg.): Die deutsche Exilliteratur 1933–1945. Stuttgart 1973.

Exil. Sechs Schauspieler aus Deutschland. Elisabeth Bergner, Dolly Haas, Hertha Thiele, Curt Bois, Franz (Francis) Lederer, Wolfgang Zilzer (Paul Andor). Hg. von der Stiftung Deutsche Kinemathek. Berlin 1983.

Exil in den USA. Mit einem Bericht »Schanghai – Eine Emigration am Rande«. Leipzig 1979 [= Kunst und Literatur im antifaschistischen Exil 1933–45, Bd. 3].

Feuchtwanger, Marta: Nur eine Frau. München/Wien 1983.

Flügge, Manfred: Das flüchtige Paradies. Künstler an der Côte d'Azur. Berlin 2008.

Flügge, Manfred: Der Engel bin ich. Begegnungen in Los Angeles. Berlin 1999.

Flügge, Manfred: Die vier Leben der Marta Feuchtwanger. Berlin 2010.

Flügge, Manfred: Muse des Exils. Das Leben der Malerin Eva Herrmann. Berlin 2012.

Frank, Leonhard: Links, wo das Herz ist. Berlin [2]2009.

Freyermuth, Gundolf S.: Reise in die Verlorengegangenheit. Auf den Spuren deutscher Emigranten (1933–1940). Hamburg 1990.

Frühwald, Wolfgang/Schieder, Wolfgang: Leben im Exil. Probleme der Integration deutscher Flüchtlinge im Ausland 1933–1945. Hamburg 1981.

Fuhrich-Leisler, Edda/Prossnitz, Gisela: Max Reinhardt in Amerika. Salzburg 1976.

Fuld, Werner/Ostermaier, Albert (Hg.): Die Göttin und ihr Sozialist. Christiane Grautoffs Autobiographie – ihr Leben mit Ernst Toller. Mit Dokumenten zur Lebensgeschichte. Bonn 1996.

Gemünden, Gert: Continental Strangers. German Exile Cinema 1933–1951. New York 2014.

Gilbert, Julie: Erich Maria Remarque und Paulette Goddard. Biographie einer Liebe. München 1997.

Goldberg, Whoopi: Book. New York 1998.

Gumprecht, Holger: »New Weimar« unter Palmen. Deutsche Schriftsteller im Exil in Los Angeles. Berlin 1998.

Haas, Michael/Hanak, Werner/Wagner, Karin (Hg.): Endstation Schein-Heiligenstadt. Eric Zeisls Flucht nach Hollywood. Wien 2006.

Hecht, Werner: Helene Weigel. Frankfurt am Main 2000.

Heilbut, Anthony: Exiled in Paradise. German Refugee Artists and Itellectuals in America, from the 1930s to the Present. New York 1983.

Henke, Matthias: Arnold Schönberg. München 2001.

Henreid, Paul: Ladies' Man. An Autobiography. New York 1984.

Heusler, Andreas: Lion Feuchtwanger. Münchner – Emigrant – Weltbürger. Salzburg 2014.

Hilmes, Oliver: Witwe im Wahn. Das Leben der Alma Mahler-Werfel. Berlin 2004.

Hirsch, Foster: A Method to their Madness: The History of the Actors Studio. New York 1984.

Hollaender, Friedrich: Von Kopf bis Fuß. München 1965.

Horak, Jan-Christopher: Anti-Nazi-Filme des deutschen Exils. In: Deutschsprachige Exilliteratur seit 1933. Bd. 3: USA. Hg. von John M. Spalek, Konrad Feilchenfeldt und Sandra H. Hawrylchak. Bern/München 2000.

Horkheimer, Max: Gesammelte Schriften. 19 Bd. Hg. von Alfred Schmidt und Gunzelin Schmid Noerr. Frankfurt am Main 1985–1996.

Horowitz, Joseph: Artists in Exile. How refugees from twentieth-century war and revolution transformed the American Performing Arts. New York 2008.

Isherwood, Christopher: Diaries. Volume One: 1939–1960. Edited and introduced by Katherine Bucknell. London 1996.

Jansen, Irene: Berthold Viertel. Leben und künstlerische Arbeit im Exil. New York/San Francisco/Bern/Frankfurt am Main/Berlin/Wien/Paris 1992.

Jens, Inge und Walter: Frau Thomas Mann. Das Leben der Katharina Pringsheim. Reinbek 2003.

Jezic, Diane Peacock: The Musical Migration and Ernst Toch. Ames 1989.

Joseph, Albrecht: Portraits I. Carl Zuckmayer – Bruno Frank. Aachen 1993.

Jungk, Peter Stephan: Franz Werfel. Eine Lebensgeschichte. Frankfurt am Main [2]2006.

Jüngling, Kerstin: »Ich bin doch nicht nur schlecht.« Nelly Mann. Berlin 2009.

Kaus, Gina: Von Wien nach Hollywood. Erinnerungen. Frankfurt am Main 1990.

Kesten, Hermann: Deutsche Literatur im Exil. Briefe europäischer Autoren 1933–1949. München 1964.

Kebir, Sabine: Abstieg in den Ruhm. Helene Weigel. Eine Biographie. Berlin 2000.

Kellen, Konrad: Katzenellenbogen. Erinnerungen an Deutschland. Wien 2003.

Kellen, Konrad: Mein Boss, der Zauberer. Thomas Manns Sekretär erzählt. Reinbek bei Hamburg 2011.

Kirkham, Pat: Charles and Ray Eames. Designers of the 21st Century. Boston 1998.

Klapdor, Heike (Hg.): Ich bin ein unheilbarer Europäer. Briefe aus dem Exil. Berlin 2007.

Koopmann, Helmut: Thomas Mann – Heinrich Mann. Die ungleichen Brüder. München 2005.

Kortner, Fritz: Aller Tage Abend. Autobiographie. München 1979.

Kreisler, Georg: Lola und das Blaue vom Himmel. Eine Erinnerung. Hg. von Thomas B. Schumann. Hürth 2002.

Kurzke, Hermann: Thomas Mann. Das Leben als Kunstwerk. Eine Biographie. München 1999.

Loomis, Jan: Images of America. Pacific Palisades. Charleston/Chicago/Portsmouth/San Francisco 2009.

Mahler-Werfel, Alma: Mein Leben. Frankfurt am Main 1992.

Mann, Erika/Mann, Klaus: Escape to Life. Deutsche Kultur im Exil. Reinbek 1996.

Mann, Katia: Meine ungeschriebenen Memoiren. Frankfurt am Main 1976.

Mann, Klaus: Tagebücher (1931–1949). Reinbek 1995.

Mann, Thomas: Deutsche Hörer! Radiosendungen nach Deutschland aus den Jahren 1940–1945. Frankfurt am Main 1987.

Mann, Thomas: Tagebücher. Hg. von Peter de Mendelssohn/Inge Jens. Frankfurt am Main 2003.

Marcuse, Ludwig: Mein zwanzigstes Jahrhundert. Auf dem Weg zu einer Autobiographie. Zürich 1975.

Mierendorff, Marta: William Dieterle. Der Plutarch von Hollywood. Berlin 1993.

Mittelmeier, Martin: Freiheit und Finsternis. Wie die »Dialektik der Aufklärung« zum Jahrhundertbuch wurde. München 2021.

Müller, Melissa/Tatzkow, Monika: Verlorene Bilder, verlorene Leben. Jüdische Sammler und was aus ihren Kunstwerken wurde. München 2009.

Nenik, Francis/Stumpf, Sebastian: Seven Palms. Das Thomas-Mann-Haus in Pacific Palisades, Los Angeles. Leipzig 2018.

Nottelmann, Nicole: Die Karrieren der Vicki Baum. Köln 2007.

Österreicher im Exil. USA. 1938–1945. Hg. vom Dokumentationsarchiv des Österreichischen Landesarchivs. Wien 1995.

Omasta, Michael/Mayr, Brigitte/Streit, Elisabeth (Hg.): Peter Lorre. Ein Fremder im Paradies. Wien 2004.

Pacific Palisades. Wege deutschsprachiger Schriftsteller ins kalifornische Exil 1932–1941. Hg. vom Deutschen Auswandererhaus Bremerhaven in Zusammenarbeit mit dem Buddenbrookhaus, Lübeck. Hamburg 2006.

Palmier, Jean-Michel: Weimar in Exile. Exile in Europe, Exile in America. London/New York 2006.

Paris, Barry: Garbo. A Biography. New York 1995.

Pascal, Stephen (Hg.): The Grand Surprise. The Journals of Leo Lerman. New York 2007.

Pfäfflin, Friedrich (Hg.): Berthold Viertel im amerikanischen Exil. Marbacher Magazin 9/1978.

Piatigorsky, Gregor: Cellist. New York 1965.

Piatigorsky, Jacqueline: Jump the Waves. A Memoir. New York 1988.

Popp, Valerie: »Aber hier war alles ganz anders …« Amerikabilder der deutschsprachigen Exilliteratur nach 1939 in den USA. Würzburg 2008.

Prager, Katharina: »Ich bin nicht gone Hollywood!« Salka Viertel – ein Leben in Theater und Film. Wien 2007.

Preminger, Otto: Preminger. An Autobiography. New York 1977.
Reagan, Nancy: »My Turn«. Jetzt kann ich reden. München 1990.
Reagan, Ronald: Erinnerungen. Ein amerikanisches Leben. Berlin/Frankfurt am Main 1990.
Reinhardt, Gottfried: Der Apfel fiel vom Stamm. Anekdoten und andere Wahrheiten aus meinem Leben. München 1992.
Reinhardt, Gottfried: Der Liebhaber. Erinnerungen seines Sohnes Gottfried Reinhardt an Max Reinhardt. Zürich 1974.
Révy, Richard: Ich lebte in apokalyptischer Zeit. Aus Schriften und Tagebüchern. Ausgewählt und kommentiert von Dagmar Saval und Jürgen Rennert. Müggendorf 1996.
Rifkind, Donna: The Sun and Her Stars. Salka Viertel and Hitler's Exiles in the Golden Age of Hollywood. New York 2020.
Rooney, Mickey: Life Is Too Short. New York 1991.
Rosen, Zvi: Max Horkheimer. München 1995.
Schad, Martha: Frauen gegen Hitler. Schicksale im Nationalsozialismus. München 2001.
Schanke, Robert A. (Hg.): »That Furious Lesbian«. The Story of Mercedes de Acosta. Carbondale 2003.
Schebera, Jürgen: Hanns Eisler im USA-Exil … 1938–1948. Meisenheim 1978.
Schenderlein, Anne C.: Germany on Their minds. German Jewish Refugees in the United States and Their Relationships with Germany, 1938–1988. New York/Oxford 2020.
Schirmer, Lothar (Hg.): Theater im Exil 1933–1945. Berlin 1979 [= Schriftenreihe der Akademie der Künste Bd. 12].
Schnauber, Cornelius: Deutschsprachige Künstler in Hollywood. Emigration zwischen 1910 und 1945. Bonn 1996.
Schnauber, Cornelius: Fritz Lang in Hollywood. Wien 1986.
Schnauber, Cornelius: Spaziergänge durch das Hollywood der Emigranten. Zürich [2]2001.
Skierka, Volker: Lion Feuchtwanger. Berlin 1984.
Spalek, John M./Strelka, Joseph (Hg.): Deutsche Exilliteratur seit 1933. Bd. 1: Kalifornien. Bern 1976.
Starr, Kevin: The Dream Endures. California Enters the 1940s. New York 1997.
Stephan, Alexander: »Communazis«. FBI Surveillance of German Emigré Writers. New Haven/London 2000.
Stephan, Alexander: Im Visier des FBI. Deutsche Exilschriftsteller in den Akten amerikanischer Geheimdienste. Stuttgart/Weimar 1995.

Personenregister

G

M

S

T